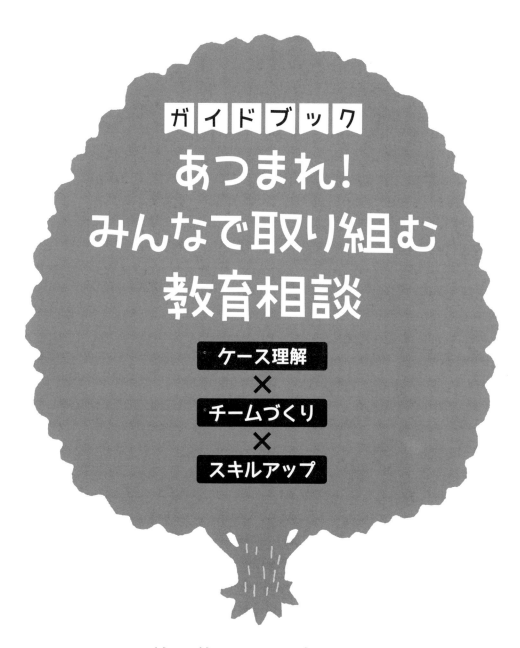

ガイドブック

# あつまれ！
# みんなで取り組む
# 教育相談

ケース理解
×
チームづくり
×
スキルアップ

益子洋人・平野直己 編著

明石書店

# はじめに－教育相談の目指すところ－

**揺れる学校で問われる「オトナの仕事」**

　今、学校は大きく揺れています。学校が存在することの意味や意義がこれほどに危機的に問われることはなかったかもしれません。

　ご存知の通り、しばらくの間、多少の増減はあっても小康状態にあった不登校児童生徒数は、2013年ごろから増加傾向に転じています。2017年には「義務教育の段階における普通教育に相当する教育の機会の確保等に関する法律」が施行され、学校以外の場において行う多様で適切な学習活動の重要性から、不登校の子どもの状況に応じた学習活動を認める方向性が明確に打ち出されました。また、学校には、全ての児童生徒が豊かな学校生活を送り、安心して教育を受けられるような環境の確保が求められました。

　これに連動するかのように、いじめの認知件数も右肩上がりに増えています。これは、2015年のいじめ防止対策推進法の公布によって、いじめの定義が大きく変わったことによる影響です。今やいじめは、加害の意図の有無や攻撃の程度、苦痛の程度などは関係なく、子ども同士でのかかわりの中で起こった「当該行為の対象となった児童等が心身の苦痛を感じる」あらゆるトラブルを含むものとなっているのです。このいじめの定義の変更によって、学校生活の中で心身の苦痛を感じている子どもたち、そして、豊かな学校生活を送り、安心して教育を受けられるような環境として学校を感じることのできない子どもたちが多くいることを学校自らが報告するようになったのです。

　そして、2019年度末から世界中で新型コロナウイルスが猛威を奮い、今もなお、私たちの日常生活に深刻な影響を与えています。本書の執筆者の多くが暮らす北海道では、北海道独自の緊急事態宣言によって2020年2月末に休校措置が実施されました。そして、4月の初めに一旦学校は再開しましたが、またすぐに国の緊急事態宣言が出て再び6月まで休校になってしまいました。ほぼ3か月にわたる長期の学校の閉鎖は、奇しくも学校が単に学習を提供する機能を担っているだけでなく、他の大切な機能も担っていることを明らかにしました。例えば、学校は仲間と顔を

合わせて交流する場であり、働く家族にとって安心して子どもを託せる場でもあります。虐待などといった福祉的な課題に苦しむ家族にとって、学校は子どもに保護と栄養を与えてくれる場でもあるのです。

　学校が再開すると、教師たちは、子どもたちを守るという責任と緊張の中で、日々、葛藤し、もがいています。新型コロナウイルス禍での子どものサポート体制で最も求められているのは、子どもを真ん中に置いてねぎらいあい、支え合う大人同士の関係づくりであることが次第とはっきりとしてきました。なぜなら、このウイルスが心に与える課題は「分断」だからです。

　言うまでもなく、教師にも家族があって、感染のリスクをどこかで抱えながら、毎日笑顔で子どもの前に立っているのです。このことへの気づきは、教師へのねぎらいの言葉を生み出し、また保護者とのねぎらい合う交流へと変化していく力となります。身体的に密にならない距離が心の距離とならないように、緊張と不安が満ちやすい状況に気づき、ユーモアを用いて心の換気をしあえる協力と信頼の関係づくりが、不登校やいじめのみならず子どもたちのメンタルヘルスに肯定的な影響を与えることを実践の中で実感しています。このように、子どもの周りに分断に抗う大人たちが集まってさえいれば、子どもは、そんな大人になりたいと成長していくことでしょう。そして、こうした危機の中でこそ、いろんな大人たちが協力し合って子どもの学びと育ちを支える、この「オトナの仕事」を通して、学校も、そして私たちもが、新しい時代の変化に向けて学びと成長をすることができるはずです。

　このオトナの仕事こそ、本書で私たちが提案したい教育相談という取り組みが目指すものなのです。

**冒険の旅としての教育相談**

　教育相談は、学校の先生だけで行うものでもなく、さらに、子どもの心理や教育の専門家が行うものでもなく、「みんな」で取り組むオトナの仕事だと考えます。従って、この本は、専門家だけでなく、学生や一般の方々にもぜひ手に取ってもらいたいと考えて作られています。そこで、本書では、どんな方にも理解していただけるように、この「オトナの仕事」をドラゴンクエストのようなロールプレイング・ゲーム（RPG）の冒険の旅になぞらえてみることにしました。

　2015 年に、文部科学省は「チーム学校」という考え方を提案しました。この考え方の中には"協働の文化"、つまり、学校教育に参画する専門能力を持ったスタッフと教師が子どもの教育を共に担っていくという意識と相互理解の重要性が謳われています。それぞれの学校スタッフは、児童生徒の成長を手助けするために、チームを組んで問題（例えば、いじめや不登校、虐待のような現象）に挑むことに

なります。彼らは、学校の内外から仲間を募ることができます。ある教師は、不登校の児童生徒を担当したときに、子どもの状態を見立てるために、スクールカウンセラーに協力を求めるかもしれません。そのスクールカウンセラーが児童生徒から、保護者に虐待されているという情報を聴取したならば、担任教師、養護教諭、管理職、医師、児童相談所、そして「子どもと同じように困っている」保護者ともチームを組もうとするかもしれません。

　このような連携・協働は、RPGにおける冒険に喩えることができるでしょう。RPGでは、あなたが主人公となり、この世界に起こっている問題の全体像を知るために旅に出ます。そして、この世界に起こっている大きな問題に関連する様々な課題に挑みます。しかし、この教育相談のストーリーでは、あなたは、自分一人だけの力で子どもを困難（不安な状況に喩えられます）や課題（モンスターに喩えられます）から守れるスーパーヒーローには決してなれません。かわりに、あなたは、課題の性質に応じて、共に旅をしてくれたり、共に課題に立ち向かってくれる仲間を選択できます。どのような仲間を選ぶかは、自分の力量と課題の性質を理解して、選択することが望ましいでしょう。例えば、RPGでは、自分と仲間がともにモンスターを倒すことが得意だったとしても、挑む課題が巨大な迷宮であったならば、そのメンバーだけで迷宮に挑んだら、道に迷ってしまうかもしれません。そのようなときのために、自分にはできない特技や知識を持った（例えば、その土地をよく知っているなど）仲間を選ぶと、この課題を乗り越えやすくなるでしょう。それと似たようなことです。

　このように「チーム学校」という考え方のもとでは、児童生徒の学びと育ちを支える専門家たちは、一方で自分と仲間の得手不得手を理解し合い、もう一方で課題の性質を理解しながら、チームを組んで、長所をいかし、不足点を補い合って、児童生徒を取り巻く課題に挑むことが推奨されます。つまり、課題の性質に関する知識だけでなく、課題に合わせて、どの仲間とチームを組み、自分がどのような役割を担うことが有効なのかを検討する能力も必要とされるのです。

　さらに、単に目の前の課題を解決することばかりに目を奪われて、その課題の原因を子どもや保護者や教師など個人の問題や、家庭や学校など小さな組織の問題に帰するのではなく、それらの背景にある、この社会の大きな問題との関連で捉える視点を持ちたいとも、私たちは思うのです。

　というわけで、このテキストで捉えている「教育相談」とは、大きなプロジェクトを意味することをご理解いただけたことでしょう。これは、学校というフィールドの内外で、同じミッション（子どもの学びと育ちを支えること）を持った仲間たちと出会い、学校の中で日々生じる様々な困難や課題を協力し合って解決していく

ことを通して、子どもとともに自らも成長していく、というストーリーです。従って、あなたがどんな役割や個性や得意技を持った人であるのかを知ることが重要であるとともに、他の仲間がどんな役割や個性や得意技を持っているのかを知っておくことも重要になります。

### 本書の構成について

この本の大きな流れを紹介しておきましょう。

第1章では、教育相談という旅の目的とチームの作り方などの基本的なルールについて取り上げます。つまり、教育相談という概念の意味合いの広さと共に、どういう活動のことを指しているのか、そしてチーム作りに必要な知識にはどんなものがあるのかについて紹介します。それらを知ることにより、わたくしたちが仲間と手を取り、レベルを上げ、モンスターの攻略法を知るべき理由を、理解できるようになるでしょう。

第2章は、教育相談を担う仲間たちについて紹介を行います。子どもが生き生きと学び、安心して生活することを支える専門家ばかりでなく、キーパーソンとなる方々も取り上げます。ぜひ、ご自分がついている職種だけではなく、自分以外の仲間たちの特徴にも、目を向けてみて下さい。自分や仲間たちの特徴が分かれば、旅の途中で困難に遭遇したときにも、どのような仲間を頼ればよいのか、判断しやすくなるでしょう。

第3章は、発達に関する知識と、教育相談で活用される基本的なスキルを紹介していきます。ここは2つのパートに分かれています。前半は児童期と思春期の発達に関する知識として、子ども理解において重要になる身体の成長、認知・学習の発達、仲間関係の発達、そして心の発達についての基本を解説していきます。後半は、教育相談で活用される「基本的なスキル」として、教育相談、教師教育、臨床教育学、コミュニティ臨床、臨床心理学、学校心理学などの領域に造詣の深い先生方に、特定のタイトルに従って、エッセイの執筆をお願いしました。これらは、いわば基礎ステータスです。自分と仲間たちのレベルを上げるために、しっかり身に付けて下さい。

第4章では、いじめ、発達障害、危機対応など、学校生活の中で出会う様々な課題を、専門家たちの協働によって解決していくモデルとなる事例を取り上げます。それは当然、冒険の旅のガイドを行うため。旅の道中でわたくしたちが出会いやすい課題とは、RPGでいえば、いわゆるモンスターです。もちろん、学校で支援者が遭遇する困難には、一つとして同じ困難はありませんが、仲間たちと強みを生かし合い、自分自身の基礎ステータスを鍛えた皆様ならば、モデルを題材として、き

っとそれぞれベターな攻略法を創造できるのではないかと思います。

　これから行われる教育相談の旅は、あなたが主役です。しかし、繰り返しますが、教育相談が提供するストーリーは、あなたが一人の力で子どもを何かから守ったり、原因となる事象を解決し、課題をクリアするというようなスーパーヒーローのお話ではありません。学校というフィールドの内外で、同じミッション（子どもの学びと育ちを支えること）を持った仲間たちと出会い、学校の中で日々生じる様々な困難や課題を協力しあって解決していくことを通して、子どもと共に自らも成長していく、というストーリーです。

　本書が、それぞれの学校における支援のストーリーと、それを担う「チーム」を作る一助となれば、編者としては、心から嬉しく思います。

北海道教育大学札幌校　教授

平野　直己

北海道教育大学札幌校　准教授

益子　洋人

＊目次

# 第3章
# 児童期・思春期の発達に関する知識と基本スキル

# 第4章
# 学校で起きる 諸課題の特徴

# 第1章

# 教育相談とは
## この旅の目的

幽霊というと私たちが思い出すのは、柳の木の下に立ち、手指をぶらぶらとさせて「うらめしや〜」とつぶやく白装束姿の足のない女性の姿ではないだろうか。その真偽はともかくも、古典落語のマクラでは、この姿を幽霊と決めたのは京都の天才絵師・円山応挙ということになっている。

ところで、education を"教育"という訳語に決めた人は誰かと言えば、江戸末期から明治の役人で洋学者の箕作麟祥（みつくりりんしょう）である。そもそも education には"教える"という意味合いよりも、むしろその子どもの"力を引き出し"、"栄養を与え育む"ニュアンスの方が強いことから、福沢諭吉は『文明教育論』（1889）の中で、「学校は人に物を教うる所にあらず、ただその天資の発達を妨げずしてよくこれを発育するための具なり。教育の文字ははなはだ穏当ならず、よろしくこれを発育と称すべきなり」と批判している。もしも、education が発育という訳語に決まっていたら学校と教師の役割や活動はどんなものになっていただろうかと想像してみるのも面白くはないだろうか。

第1章では、このテキストのスタートとして、教育相談というプロジェクトの目的とチームの作り方などの基本的なルールについて取り上げる。具体的には、教育相談という概念の意味合いの広さと共に、どういう活動のことを指しているのか、そしてチーム作りに必要な知識にはどんなものがあるのかについて紹介をする。教育相談とは、子どもの学びと育ち、まさに education の本来の意味である"発育"を綿々と支えつづける学校の組織的な取り組みであることをイメージしてもらいたい。

# 第1節
# 教育相談を捉えなおす

. . . . . . . . . . . . . . . . . . . . . . . . . . . . . . . . . . . . . . . . . . . . . . . . . . . .

## 1　冒険の旅の手引き～『生徒指導提要』

　教育相談を RPG になぞらえるとすれば、これから教育相談という実践を「みんなで取り組む」にあたり、組織的に教育相談を進めていけるように、学校の教員やさまざまな専門を持ったスタッフたちの共通理解を図るための "冒険の旅の手引き" を紹介する。その手引きが、『生徒指導提要』（2010）である。

　生徒指導提要は、7つの章から構成される 240 ページのテキストで、"生徒" とあるが、小学校も含むすべての学校種に向けて書かれている。ちなみに "提要" とは、要点を示した文書のことを指す。つまり、あらゆる学校種の教職員が知っておきたい「生徒指導のポイント」が書かれているのである。

　教育相談の共通理解を図るのに、どうして生徒指導の手引きを紹介するのかと思われる方もいるかもしれない。そこでまずは、生徒指導と教育相談の微妙で多義的な関係について紹介するところから始めよう。

## 2　教育相談と生徒指導との関係

### 生徒指導と教育相談のイメージ

　生徒指導をイメージするとき、私たちはどんな記憶がよみがえるだろうか。また、教育相談をイメージすると、どんな想像をするだろうか。

　例えば生徒指導と聞くと、中学生や高校生の頃に "指導を受けた"、あの身の引

き締まる瞬間を思い出した方もいるのではないだろうか。また教育相談という言葉からは、年に数回進路について担任の先生と個別に話をする機会のことや、相談室にスクールカウンセラーや教育相談担当の先生を訪ね、「しっかり話を聴いてもらえた」、「相談に乗ってもらえた」経験を思い出す方もいるのではないだろうか。

　また、"生徒指導の先生" というと、上下ジャージーを着た体格の良い教員をイメージするのに対して、"教育相談の先生" はスーツ姿や白衣姿の優しそうな教員や養護教諭をイメージする方もいるのではないだろうか。

　このように私たちは学校生活の中で、生徒指導と教育相談とを対照的な児童生徒との関わりだと感じている側面がある。しかしながら、実はそれらは教育活動としての生徒指導と教育相談の関係を示す一つの理解であり、実は両者の関係は、文脈によって異なっているのである。

## 生徒指導という教育機能の中の教育相談

　『生徒指導提要』は7つの章から構成されているが、その中の1章（第5章）に教育相談の章が立てられているのである。また他の章でも教育相談という言葉がしばしば登場する。このことが示すように、教育相談は、生徒指導という教育活動の中の1つとして位置付けられているのである。

　そこでまず、生徒指導はそもそもどのように定義されているのかを『生徒指導提要』から読み取ってみよう。生徒指導提要の最初のページの最初の段落には「生徒指導は、すべての児童生徒のそれぞれの人格のよりよい発達を目指すとともに、学校生活がすべての児童生徒にとって有意義で興味深く、充実したものになることを目指している。生徒指導は学校の教育目標を達成する上で重要な機能を果たすものであり、学習指導と並んで学校教育において重要な意義を持つものと言える。」と記されている。

　これを読むと、生徒指導は最初に述べたイメージとはかなり異なっていることに気づくだろう。生徒指導と学習指導は、学校の教育目標を達成するための「車の両輪」とたとえられる重要な教育機能なのである。そして生徒指導が目指すのは、すべての子どもにとって学校生活が "有意義で興味深く、充実したものになること" なのである。日々の学校生活がワクワク、楽しみに感じられる教育的な働きかけ、それが生徒指導なのである。

　この生徒指導という教育機能の中で、教育相談は「生徒指導の一環であり、しかもその中心的な役割を担うものである」と位置付けられている（生徒指導提要, p.99）。"一環" とは、互いに繋がりを持つ多くの事柄の中の1つという意味である。

つまり教育相談は生徒指導の中に含まれ、しかもその中でも、重要な役割を担っているということがわかる。

## 生徒指導という教育活動と対比される教育相談

　それでは、どうして自分自身の児童生徒としての学校生活を振り返ると、生徒指導が「子どもが学校生活をワクワク、楽しみに感じられる」ものとは異質に感じられたり、教育相談のイメージと対照的であったりしているのだろうか。そこには、教育活動や教育方法としても生徒指導という言葉が用いられているところに事情がある。

　生徒指導提要では、生徒指導とは「一人ひとりの児童生徒の人格を尊重し、個性の伸長を図りながら、社会的資質や行動力を高めることを目指して行われる教育活動のこと」で、それは「教師と生徒の信頼関係及び生徒相互の好ましい人間関係を育てるとともに生徒理解を深め、生徒が自主的に判断、行動し積極的に自己を生かしていくことができるよう指導・援助すること」であると述べられている（p.99）。その具体として、児童生徒の問題行動に対する指導や、学校・学級の集団全体の安全を守るために管理や指導を行う部分を生徒指導の領域が担うとしている。

　これに対して、教育相談は「児童生徒それぞれの発達に即して、好ましい人間関係を育て、生活によく適応させ、自己理解を深めさせ、人格の成長への援助を図るもの」と定義される。その具体を生徒指導からの流れで考えるならば、指導を受けた児童生徒に自分の課題として受け止めさせ、問題がどこにあるのか、今後どのように行動すべきかを主体的に考え、行動につなげていけるように働きかける部分が教育相談の領域の担当となる。

　子どもの人格の成長と、好ましい人間関係の育成、さらには社会生活への適応を促すという点において、生徒指導と教育相談の双方の目的は重なっている。しかし、教育活動という面から見ると、両者には重きの置き方に違いがあると言えそうである。その違いは、生徒指導と教育相談を比較してみた場合、教育相談は「主に個に焦点」を当て、面接や演習を通して個の内面の変容を図ろうとするのに対して、生徒指導は「主に集団に焦点」を当て、行事や特別活動などにおいて、集団としての成果や変容を目指し、結果として個の変容に至るところにあるのである。

## 生徒指導と教育相談の関係のまとめ

　生徒指導との関連で教育相談の位置づけを整理していくと、教育相談の意味する

ところがよりはっきりしたのではないだろうか。教育機能としての教育相談は、生徒指導の一環、つまり教育相談は、すべての子どもたちが学校生活をワクワク、楽しく過ごせるものにするためのあらゆるはたらきかけである生徒指導の1つの、しかも重要な側面ということになるだろう。しかしながら、実際の学校での使われ方、つまり教育活動として見ると生徒指導と教育相談は相補的に用いられているのである。例えば学校生活を安全で安心なものとするための集団行動やルールを指導していくのは生徒指導だろうし、一方で教育相談は学校によっては「教育相談週間」を設定して、一人ひとりの児童生徒の学校生活での困り事や進路等のさまざまな心配や不満に耳を傾け、学校や学級での環境づくりに予防的に役立てたり、または生徒一人ひとりが抱える問題に対応することが多いだろう。つまり、教育活動としての教育相談は一人ひとりの児童生徒に重点が置かれるのに対して、生徒指導は集団の中での行動や態度に重点が置かれる傾向があると言えるのである。

# 3 「学校」における教育相談という位置付け

今度は教育相談という教育活動そのものに焦点を当てて、教育相談の活動の範囲の広さを実感しておこう。そこで「教育相談は一体どんな活動なのだろう？」という視点を持って、『生徒指導提要』を丁寧に、そして批判的に読んでみてほしい。オヤッと立ち止まりたくなるところがいくつもあるはずである。それらをまとめてみたい。

## 学校の内外で行われる教育相談

まずはじめに「学校における教育相談」や「教育相談機関」という表現に立ち止まってみよう。どうやら教育相談は、学校外にも存在していることが示されているのである。

実際、一般に学校以外に独立して存在する相談施設で教育関係者や心理の専門家により行われている相談活動も「教育相談」と呼ばれているのである。具体的には、都道府県および政令指定都市にある公立の教育研究所（教育センターや教育相談センター）や大学に附属している学外の来談者を受け入れる心理教育相談室、民間で行われる教育相談施設などが学校外の教育相談機関として挙げられる。こうした学校外で行われる教育相談 educational counseling と区別するために、学校内で行われる教育相談をスクールカウンセリング school counseling や学校教育相談と

呼んで区別することもある。

## 教師としての教育相談と組織としての教育相談

　教育相談は個別の相談援助としての側面が強調される傾向があるため、教育相談は一人の教師が行うものというイメージが強いかもしれない。しかし、教育相談は、学校が組織的に行うものという側面をもっている。一人ひとりの教師が児童生徒に寄り添い、向き合い、それぞれの児童生徒の個性を生かす関係づくり、集団づくりなどは、教師としての教育相談活動の中でも中心的な取り組みである。

　その一方で組織としての教育相談とは、学校が一体となって取り組む組織的な活動のことを指す。学校の教育目標を達成するために、教職員が学校全体の立場から能率的で合理的に仕事を分担して、処理していく学校内の組織を「校務分掌組織」という。それぞれの学校ごとに、調和のとれた学校運営を行うにふさわしい校務分掌の仕組みを整えることになっており、学校要覧や学校経営（計画）を見れば、この学校の校務分掌組織が掲載されている。一般的には、職位である校長、教頭のもとに、教育課程や学習指導全般についての計画立案や調整を行う教務部、校内外の生徒指導全般と生徒会の指導についての計画立案や調整を行う生徒指導部、進学・就職に関わる計画立案や調整を行う進路指導部、校内外の研修活動に関する企画立案や調整を行う研修部などが、組織図として示されている。

　この校務分掌の中で教育相談部として独立しているものもあれば、生徒指導部や進路指導部、学習指導部、保健部などの中に教育相談係といった形で組み込まれているものなど、学校によってさまざまな形態をとることがある。

　忘れてはならないのは、教師個人としての教育相談と組織としての教育相談は相補的な関係にあるということだ。教員が子ども一人ひとりと向き合うことを豊かにしていくためには、学校内での教育相談における体制作りや組織作りが大切になってくるのは、明白なことだろう。

## 対応としての教育相談と予防としての教育相談

　教育相談を「対応」と「予防」という観点から位置付けてみることもできる。ここではまず、「教育相談」について考える前に「対応」と「予防」という点を整理していこう。「対応」とは問題が起こった後に問題の解決のための活動、主に危機的場面に行われる専門家の仕事であると言える。一方で「予防」とは、問題が起こる前に問題が生じない、大きくならないための活動、主に日常場面に行われる生活

者の仕事であると言えるだろう。「対応」と「予防」という観点で考えた場合、例えば火事を例にして考えてみるとわかりやすいのではないだろうか。火事が起きた場合に、消防士による消火活動は、「対応」に当たるだろうし、火事が起こらないために、住民が参加しての「火の用心」を注意喚起する地域活動や避難訓練などは「予防」としての活動になるだろう。

　さて、教育相談という観点で「対応」と「予防」を考えてみるとどうだろうか。「対応としての教育相談」は、問題解決的（治療的）な教育相談と呼ばれることがある。つまり問題や課題を抱えている児童生徒を対象とした教育相談として位置づけることができる。

　もう一方で「予防としての教育相談」は発達促進的な教育相談とも呼ばれる。つまり何事も生じていない時の働きかけや、ストレスを感じている児童生徒のサインに気づき、早期に介入することや、問題や課題が生じる前にその問題の性質について学んでおいたり、対応のスキルなどを学習する心理教育がこれに該当する。「開発的（発達促進的）教育相談」は児童生徒の学習能力や思考力、社会的能力、情緒的豊かさを支える環境づくり、関係づくりに焦点を当てた積極的な予防的アプローチである。対応としての教育相談活動と比べて、予防としての教育相談活動はわかりにくいと思われがちだが、例えばクラスメイト同士の支え合いを促す学級づくりや、授業の中で児童生徒の中に生じる疑問やわからないことを積極的に表明する勇気を育てるアプローチ、クラスメイト同士の「良いところ探し」などを想像するとわかりやすいだろう。こうしたお互いの理解やコミュニケーション能力を養ったり、高めていくように通常の学校生活の中で育てていくことが重要である。

## 教育相談の専門性と日常性

　教育相談を「専門性」と「日常性」という観点から考えてみることもできる。例えば、『中学校学習指導要領解説（特別活動編）』では「教育相談は、一人一人の生徒の教育上の問題について、本人又はその親などに、その望ましい在り方を助言することである。その方法としては、1対1の相談活動に限定することなく、すべての教師が生徒に接するあらゆる機会をとらえ、あらゆる教育活動の実践の中に生かし、教育相談的な配慮をすることが大切である」とある。これは教育相談の「専門性」と「日常性」という観点から説明されている一文であろう。先ほどの火事の例で、専門性を発揮するのが消防士であったように「専門性としての教育相談」とは、スクールカウンセラー、教師カウンセラーなど、カウンセリングについての専門的な知識や技術を持っていたり、教育相談担当など学校内での1つの役割をも

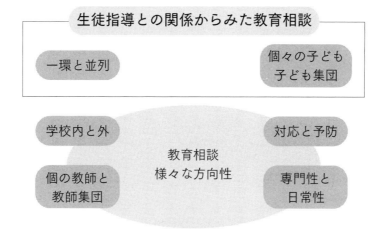

**図 1「生徒指導提要」から解読された教育相談**

出典：筆者作成

つ、特定の教師またはスタッフによる教育相談のことを指す。また「日常の教育活動としての教育相談」とは児童生徒が学校に通い、学び、生活することを支援するために、すべての教師やスタッフが日常的に行うものとしての教育相談を指す。

## 4　まとめ：教育相談とは一体何なのだろう

　図1は、この章で述べてきたことをまとめたものである。

　生徒指導との関係においても、教育相談が持つさまざまな方向性においても、「AかBか」ではなく、「AもBも」という柔軟な姿勢が大切であることを、再度、強調しておきたい。

　また、教育相談について考えてみることは、教師の仕事が知識を教えることだけに留まらず、日々の学校生活がワクワクできるものになるような形で学びと育ちを支えることも含まれるということである。それは、もちろん、教師のみならず、学校に関わる人たちすべての知恵と理解と協力で、生み出され、実現する活動なのである。

［寺崎真一郎・平野直己］

# 第2節
# 教育相談におけるチームづくり

. . . . . . . . . . . . . . . . . . . . . . . . . . . . . . . . . . . . . . . . . . . . . . . . .

## 1　新しいチームをどう考えるか？

### チームとは何か？

　チームとは人の集まりである集団（グループ）の1つの在り方を示すものである。チームとしての集団は、比較的少人数のメンバーから構成され、共通の達成すべき目的・目標・理想を持つが、次の3つの側面によって特徴付けられる。①その目的・目標・理想がどのくらい明確になっているか。②チームのメンバーはどの程度異なる技能・知識・考え方を持った者たちから構成されているか。③メンバーはどの程度役割分担して協力し合えるか。

　言うまでもなく、教育相談におけるチームづくりにおいて、その目的並びに理想は「すべての児童生徒、一人ひとりの個性的な学びと育ちを支えること」である。

　従って、このテキスト全体で読者のみなさんと考えたいのは、①この、言うまでもない教育相談の目的・理想を単にお題目とせず、チームの一員として主体的に受け止めることができるか、②その上で、それぞれに得意とする技能・知識・考え方を持った者たちがいかにして補完的に協力し合うことができるか、という問題である。

　この章は、その導入として、教育相談のチームづくりについて考えていきたい。

### 同質性に基づくチーム・アプローチ

　学校教育において、児童生徒の学びと育ちを支えるチームづくりは、これまでは

どちらかというと同質性を強調していたところがある。このチームのあり方は、同じ考え方、同じ価値観を共有する者たちが同一の姿勢や態度で児童生徒に関わることにより、子どもたちを支え、育ててきたのである。その代表例として、「スクラム型」と呼ばれる思春期の子どもたちに有効とされる発達促進的なチーム・アプローチがある（平野，2003）。

　このアプローチでは、まず子どもたちが大人に対してチャレンジしてくるであろう「決まり事」と、そのチャレンジしたことを賞賛し認めたことを示す「落とし所」を用意する。決まり事の多くは校則が利用される。例えば、「服装（指定のTシャツの色とか、スカートは膝上何センチまで、など）」とか「持ち物（スマホの持ち込み、流行の文房具の使用の禁止）」とか「髪型（染髪、髪の長さ）」とか「行動（休業中の帰宅時間、始業ベルがなったら速やかに席に着くこと）」などといったものである。決まり事は学校や家庭から一方的に与えられたもので、どこか理不尽さを子どもたちに感じさせるところがポイントである。児童期まで親や教師といった権威像の提示する正しいものや良いことに従うことで安心を得てきた子どもたちは、批判力が育つにつれて、正しさの押しつけや決めつけに疑問や不満を持つことができるようになる。つまり自律的な存在になっていくのである。

　そこで、子どもたちは、学校に対してTシャツや髪型を自由にしてほしい、文化祭でバンド演奏をさせてほしいなどと、決まり事の理不尽さにチャレンジをしてくるのである。これに対して、一方で教師や親たちはスクラムを組んで「ダメなものはダメ」と一致した姿勢をとりながら、もう一方で、もし自分たちの主張を通したいならば、生徒会や自治会など社会的に認められる手続きに沿って行うように提案するなど、社会化していく道を指し示しそれを応援するのである。このプロセスを通して、学校はPTAや地域と連携して、落とし所を子どもたちに提供する。好きなTシャツを着用しての登校日を設定したり、学校を開放して行われる町内会のイベントでバンド演奏を行うことを認めるのである。そこで、このような権威にチャレンジする子どもたちの勇気は労われ、子どもたちの自律性は社会に認められるものになっていくのである。

　学校教育相談におけるチームというのは、このスクラム型のアプローチに見られるように、どの児童生徒に対しても同じルールを課してそれに従って公平に扱わなければならないとか、同じ時に同じ行動をみんな一緒に行うことを児童生徒に要求しなければならないというように、横一線の協同的な取り組みを行い、それなりに成果をあげてきたのである。

## 新しいチーム・アプローチが求められる背景

　しかし、この同質性に基づくチーム・アプローチが機能しにくくなっているのである。今や、大人たちでスクラムを組むこと自体が難しくなっているのである。その理由は1つではないだろうし、学校そのものの責任のみに帰すべき問題でないことは読者の皆さんにも理解されるところであろう。

　2015年に中央教育審議会総会において答申された「チームとしての学校のあり方と今後の改善方策について」では、「チームとしての学校」が求められる背景の1つとして、学校を取り巻く複雑化・多様化した課題に効果的に対応できる組織体制の必要性をあげている。

　例えば、いじめ、不登校などの生徒指導上の課題のみならず、発達障害をはじめとした学び方の多様性への気づき、多様なジェンダーのあり方への認識の深まり、異なる文化や習慣を持つ外国籍の子どもやいわゆる帰国子女の児童生徒の増加、貧困問題、虐待やネグレクトなどの福祉的な側面からの子どもへの配慮、アレルギーをはじめとした子どもの健康問題など、学校という場で取り扱わなければならないものは、確かに増えている。しかも、これらの複数の課題を抱えている事例の方が普通である。学校は今や学びの場としてだけでなく、その地域で暮らす子どもと家族の抱える支援を要する課題を発見し、福祉・医療など他領域の支援へとつなぐためのプラットホームとしての役割も担っているのである。そうした課題の複雑化・多様化に伴って、福祉や医療や心理などの専門性を持つスタッフが学校現場において求められているのである。

## 2　新しいチーム・アプローチに向けて

## 課題に応じた専門性に基づくチーム体制

　先に紹介した答申「チームとしての学校のあり方と今後の改善方策について」において、チームとしての学校を実現するために重要な視点の第1にあげられているのが、「専門性に基づくチーム体制の構築」である。対象となる子どもたちの実態を踏まえて、教師が、福祉、医療、心理などの専門スタッフとともに、それぞれの専門性を活かした形での組織的な教育相談を実施するのである。ここで、一番重要なのはその支援の目標をしっかりと共有することである。その目標に向かって、役

割分担、連携、協力しながら組織立って行動することである。

　このチームの特徴は、同質性に基づく協同ではなく、異なる専門性を持ったスタッフによる相補的な協同である。目標の共有が図られている上で、それぞれが得意分野で対象となる児童生徒を異なる面からサポートするのである。したがって、このチームはスクラムを組むイメージよりも、足りないところをカバーしあって対象となる子どもや家族を包み込むパッチワーク・アプローチと言えるかもしれない。別に仲良しグループでなくてもいいのである。みんな同じ価値観や人生観をもっているわけではない。逆に、歩み寄れる面や連携できるところを模索し、お互いを認め合っていくことがチームワークの上で重要である。学校は、このチームワークの拠点となり、学内外で異なる専門性や役割を持つ人々を取りまとめる組織力が求められることになるのである。

## 組織力のあるチームづくり

　従来、教師は「スペシャリストであり、ゼネラリストでもある」と言われ、多くの役割を担うことを求められてきた。また、教師は「五者（学者、役者、易者、芸者、医者）であれ」という“五者論”もいまだに若い教師への心構えに使われている。こうした教師への万能的期待は、児童生徒に対して、総合的な見方に立って指導をすることができるという面でのメリットも大きいが、さまざまな役割を果たすことが求められることによって、その多様な業務の負担により、教師が子どもたちと向き合い、彼らの資質を育む時間が十分に確保できないことにつながりかねない。

　さらに言えば、野球チームに強打者ばかりを揃えたら、必ず強いチームになるとは限らないのと同じく、生徒指導ができ、もちろん教科の指導も素晴らしく、保護者からの信頼もあり、校内でも一目置かれている先生がいたとしても、こういう教師が一人で支えている学校は、組織としては比較的弱いと言われる。なぜなら、この教師がいなくなると一気に学校は力を失ってしまうからである。野球で例えるならば、バントの得意な選手がいて、守備の得意な選手もいる。そうした個性的な選手たちを適材適所で用いて、ベンチから選手たちを鼓舞する監督、コーチがいて、さらには調子の良い時もそうでない時も応援してくれるファンがいてはじめて、チームは強さを発揮する。そのような多様な個性を活かすことができる学校組織が強さを持つのである（片山，2017）。

　妹尾（2015）は、学校の力とは、個々の教師の力量の総和に組織力をかけたものとしている。

　（A先生の力＋B先生の力＋C先生の力…）×組織力＝学校の力

つまり、チームとしての組織力が０だったら、学校の力も０になる。では、組織力を誰が上げていくのか。管理職はもちろんであるが、実践の中では現場の教師たちがその担い手になることも重要である。学校での児童生徒との関わりの中での小さな発見や気づきを言葉にしていくのは、若手教師でも学年主任でも養護教諭でも、もちろん、外部の人間でも構わないのである。組織力とは、明確な目標をもち、一人一人の役割があり、モチベーションが高く、相互の信頼感を持ち、助け合い精神やコミュニケーションがあるということである。さらに、そうしたことが引き継がれていくことが重要になる。

　教育相談において、子どもの指導で苦慮している教師はたくさんいる。でも、その背景には、教師個人の指導力に帰しがちな学校の実態が見えることが多い。教師は勘・経験・過去の成功の３つのＫに頼りすぎて、誰かに教えてもらうことを遠慮してはいないだろうか。「あの先生とは考え方が違う」「この先生とはソリが合わない」と、それぞれの考えや見方の違いを受け入れられずに、居心地の良い仲良しグループを作る傾向はないだろうか。これらはチームとしての機能が低下していることを示す黄色信号なのである。ベテランであっても若手であっても、個人の力量が高くてもあまり高くなくても、みんなが気負わず発信でき、学び合うことができるのがチームの組織力を測る物差しである。

## チームづくりにとっての課題：２つの壁

　妹尾（2017）は、学校におけるチームづくりをする上で、決意と勇気を持って越えて行かねばならない、学校の内外にそびえ立つ２つの壁があると述べている。

　第１の壁は『内部の壁』、つまり校内が１つのチームになる段階で乗り越えるべき課題である。個別の研究教科や教科担任のある中学校や高等学校での『教科の壁』、他の学年についてはあまり関係ないと感じている『学年の壁』、同じ学年の中での『学級の壁』がある。

　学校の組織は、民間企業の「ピラミッド型組織」とは違う「鍋ぶた型組織」と言われている（関根，2016）。教師には「職人気質」な「一匹狼」が多いなどと言われ（草野，2017）、背景には、さほど周囲と連携を取らずとも仕事が遂行できるという、職務上の特性があったからだと思われる。授業や学級経営など学校の中核をなす教育活動については、組織的になされることはほとんどない。そのためみんなでやろうというリーダーもなかなか生まれにくい風土がある。

　教師集団がどこか「われ関せず」か「傍観者」となっている状況にあると、動機づけが持てずに「義務として仕方なくやる」とか「余計なことをやらされていると

【ピラミッド型組織】民間企業など　　　　　【鍋ぶた型組織】学校

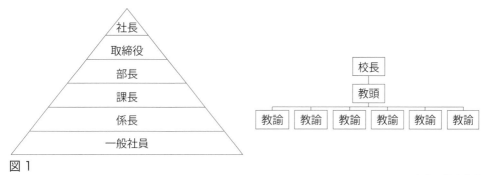

図 1

いう意識」で動くこととなれば、なかなか問題解決に向かいにくい。さらに、個々の教師レベルの能力と裁量性に大きく依存しやすい組織であることを念頭に置くべきである。

　これらの内部の壁を越えるために、学校自体が物事を柔軟に考える自由を保障する工夫がなされてきた。例えば、飲みニケーション（のみニケーション）ばかりではなく、おやつ（もぐもぐ）タイム、カフェ会、夕食会などや、会議や研修会での飲み物・お菓子類持参、職員室の休憩スペースや休憩室の充実など、若手やベテランの区別なく、意見が言えるような環境づくりが取り組まれてきた（八巻, 2019; 中沢, 2017）。

　第2の壁は、『外部との壁』である。校外の専門家や諸機関、地域などと大きなチームを作る段階である。スクールカウンセラーやスクールソーシャルワーカーなどの多様な専門スタッフを入れた、同質性ではなく、多様性のあるスタッフを校内のチームに取り入れ、様々な業務を分担していくのである。ただし、第一段階にある校内のチームがしっかりしていない状態では、第二段階に移っても形だけのものになりがちである。チーム学校は、教師の業務を専門スタッフに振り分けることではない。前述したように、チームの目標が明確化されており、その目標に向けて役割を分担し協働していくのである。目標をあいまいにしているとチームは崩壊する。各自の自律性と情報の共有、実行力こそが、そのチームを支えるのである。


## 3　おわりに


　今、学校は本気で変わろうとしている。新たなチームとしての学校に求められる

人材はどんな人たちなのだろう。研修などでしばしば紹介される次の「5つのワーク」（草野，2017）に、筆者（畠山）なりに考えたものを加えてここにあげておくので参考にしてほしい。

## ┃ ヘッドワーク（頭を使って）

　価値観の違いがチーム化を阻害すると考えがちである。目標が共通であれば、多様な価値観こそ、チームを活性化する。視点の違い、葛藤などから創造的な取り組みの発想が生まれる。ベテラン、若手の考え方の差異がチームの原動力になる。

　学校には根回しの文化がある。「こんなことを考えている」など自分の主張したいこと、わかってもらいたいことのエッセンスを学年や校務部会などへの資料として発信することも有効である。しかし、その発信においては、押しつけにならないように、読み手の気持ちになり、シンプルに、挿絵や吹き出しを入れて、イメージ化しやすくする。一番は自分の考えを整理する機会とすることである。

## ┃ ハートワーク（心を使って）

　「そう思ってるんだ」「そう感じてるんだ」とまずは相手の意見を尊重し、認めること。そのことがチーム化の第一歩である。その中で、自分との共通性を見つけていくことで、組織としての力が培われていくのである。また、人は論理だけでは動かない。『人は理屈でなく、情で動く』のである。自己開示するとともに、気持ちを伝えることが重要である。さらには、このチームが求めているものをプラスワンすること（根拠となるデータを提示するなど）で、理解度や信頼度が上がる。

## ┃ フットワーク（体を使って）

　「言われなくても動いてほしい」「言われたことしかしない」「相談に来ない」。最近の学校で聞かれる言葉である。待っていても何も起こらない。一緒に仕事をするのである。分担した仕事であっても手伝うのである。一緒にいるだけでもいい。相手の先生の負担が減り、お互いに得ることや学ぶことも多くある。一緒にやることで不安も解消される。相手に達成感をもたせるさじ加減も必要である。時間的にも精神的にも余裕のない教育現場でのこうした動きは、学校自体を大きく変えていく原動力になる。

## ネットワーク（情報を使って）

　教育現場では若手もベテランも関係なく担当の校務分掌が決められ、経験年数に関係なく教育活動や子どもの対応は個々の教師に委ねられている。周囲と連携を取らずとも仕事が遂行できるという、職務上の特性が情報の共有を阻んでいる。ありのままの自分をさらけ出したり自己開示したりしながら、お互いの情報を得る機会をチーム内でつくる人的ネットワークは重要である。そのために、情報交流を職員室内で行い、「このことなら〇〇先生が詳しいので聞いてみたら」と周りを巻き込むことである。相談することを習慣化することで、相談される側の自己有用感も高まっていく。

## チームワーク（信頼関係を使って）

　基本的に教師はチームプレイが苦手である。「教えるより自分でした方が早い」「自分一人の方が気が楽」「自分はなんでもできる」と考える限りチームワークはできない。目標を共有した上で、「自分の強みを知る」「自分の弱さを知る」「自分でできること」「仲間とできること」「みんな（学校、地域）でできること」を話し合うことから、信頼関係が生まれてくる。チームになるメリットを実感し、協働意識がもてたとき、チームとして機能する。「やったことがないから一緒にする」という発想がチームの醍醐味である。

　色々と書いてきたが、学校におけるチームとは、新しいことを特別にすることではないし、難しく考えることでもない。助けてほしい人が、周りに助けてほしいと言うことができ、周りにいる人を認め、チームとして、どうすれば解決できるか、一緒になって考えることである。ともすると、人は不安を隠し、その不安で人を非難する。チームとしての学校の取り組みは、「不安だから、困っているから、助けてほしい」と口にできることからスタートするのである。

［畠山貴代志・平野直己］

# 第 2 章

# 教育相談を担う
# 仲間たち

**筆**者は、担当している連携に関する講義で、しばしば受講生に以下のように問いかける。

「あなたは、あるチームスポーツをしています。このスポーツは、チームの仲間とともに、相手陣地にスピーディに攻め込むほど、勝ちやすくなります。あなたもそのルールを知っているので、当然力を振り絞り、相手のチームの陣地に駆け上がっていきます。しかし、ふと気が付くと、チームのメンバーの一人は、味方陣地の奥、相手陣地からもっとも遠いところからほとんど動いていません。そして、自分は動いていないにもかかわらず、やれ【もっと急げ】だの、やれ【こっちへ回り込め】だのと指示ばかりしてきます。あなたはこのチームメイトに対して、どのような気持ちを抱きますか？」

多くの受講生が、この時点では「口ばかり動かしていないで、自分も足を動かせ」「命令ばかりするんじゃない」「サボるな」という感想を抱く。そこで、タネ明かしをする。

「このスポーツはサッカーです。そして、味方陣地からほとんど動かないチームメイトは、チームの司令塔であるゴールキーパーです。ゴールキーパーが一緒に駆け上がってきたら、それこそ役割放棄ではありませんか？」

タネ明かしされた受講生は、チーム戦においては、お互いの役割への理解と尊敬が重要であることを直感的に理解するようである。

さて、教育相談に話を戻そう。サッカーチームと教育相談におけるチームの違いは、何であろうか。それは第一に、教育相談には、サッカーよりも多種多様な役割が存在すること。そして第二に、教育相談で形成するチーム（パーティ）メンバーの上限数には、制限がないことである。これは、児童生徒が抱える問題に対して、サッカーより多くのメンバーが臨機応変に協力しうる一方、それぞれの役割や得意技も複雑であるため、お互いをしっかり知る必要があることを意味する。この点において、教育相談は、より多様なキャラクターが登場する RPG になぞらえるのが相応しい。

第2章では、教育相談の旅路を仲間としてともに歩みうる、キャラクターたちの役割や特徴を紹介する。自分がこれからなろうとする（あるいは、すでに就いている）職種だけでなく、他にどのような特徴を持つ仲間がいるのかを意識しながら読み進めていただきたい。そうすれば、自分がどのような特徴を備えているのかに加えて、どんな場面でどんな仲間を頼ればよいのかについても知ることができるだろう。

# 01 それぞれの シナリオの主人公

# 子ども

## 概要

　それぞれのシナリオの主人公。心理支援の用語でいえば「クライアント」、すなわち問題解決の依頼人であるが、本書が教育相談を RPG になぞらえていることを鑑みれば、魔物退治（問題解決）のために仲間を募る、いわゆる「勇者」とみなせる。子どもたちは、魔物を倒すために仲間を募る勇者のように、問題解決のための支援者を必要とするのである。

　子どもたちは、自分が抱える問題を改善するための方向性とヒントを、さまざまな方法で——症状で（**身体化**）、行動で（**行動化**）、そして、言葉で（**言語化**）——支援者である大人に訴える。また、行った支援が適切だったかどうかの回答は、子どもたちの反応から得られる（**フィードバック**）。それゆえ、支援者は、子どもたちの 3 種類の訴えに耳を傾け続けると、援助方針を定めやすくなるだろう。

　ただし、子どもたちは年齢的にも発達的にも幼いことが多く、自分が「問題」を抱えているということにさえ、気づけないことがある。また、「問題」を抱えているということに気づけていたとしても、それを自分のせいと考えてしまったり、他者に相談するという解決策さえ思いつかず、無力感に苛まれてしまったりする。このような子どもを援助するときには、彼ら／彼女らが問題解決の主人公であることを肝に銘じつつ、事例化の援助から始める必要があるだろう。子どもを問題解決の主人公と位置づけることは、彼らの主体を尊重し、エンパワメントし、自主的な解決力を引き出すと考えられる。その結果、子どもたちは、いずれ本当に自分の人生を主体的に生きられるように成長していくだろう（**成長力**）。

# 特殊スキル

## ●身体化

　子どもたちは、身体症状や行動、言語で、自分が問題に苦戦していることを訴える。問題に苦戦していることを意識化、言語化しにくいとき、子どもたちが（意識的な過程ではないので、彼ら／彼女らの無意識が、というべきかもしれない）苦戦していることを訴える方法の一つが「身体化」である。これには、心因性の（ストレス性の）頭痛や、腹痛、チックなど、さまざまな身体症状が含まれる。

　どのような身体症状の形がとられるにしても、支援者は彼らの身体症状に秘められた、サポートを求める声なき声に、耳を傾ける必要がある。同じ症状だからといって、メッセージの内容まで同じとは限らない。たとえば、ある子どもの頭痛は、「学校に居場所がない」と訴えているのかもしれない。別の子どもの頭痛は、「定期考査が不安で、たまらない」と伝えているのかもしれない。訴えの内容は千差万別なので、子ども一人ひとりのメッセージを汲もうとする姿勢が必要である。

## ●行動化

　児童生徒が問題に苦戦している状況にあることを訴える、第二の方法が「行動化」である。これは、いじめ加害行動や万引きのような「反社会的行動」と、自傷行為や自殺企図のような「非社会的行動」の両方が含まれる。いずれにしても、これらの行動に秘められた「声なき声」に耳を傾ける必要があることは、身体化の場合と同様である。

　行動化を示す子どもにおいては、しばしば「子ども自身」が「問題」とされてしまい、子どもが問題に苦戦している姿が支援者にも見えにくくなってしまうことがある。この場合は、「外在化」のような技法を用いて、「困った子ども」ではなく、「問題に困らされている子ども」などと、リフレーミングできるとよいだろう（森, 2001）。

　一方、激しい行動化を示す子どもに対しては、必要に応じ、教育委員会や警察などの抑止力を活用し、行動化に制限をかけなければならない場合がある。こうした制限の意義とは、周囲の子どもや支援者を守るためだけではない。「本当は行動化したくなかった」のに望まない行動化をしてしまうことによって、その子自身がいっそう傷つくことを防止するためでもある。

## ●言語化

　児童生徒が問題に苦戦している状況にあることを訴える、第三の方法が「言語化」である。身体化や行動化に比べて、子ども自身の希望や考えがもっともサポーターに伝わりやすい方法である。しかし、これができるようになるためには、子ど

も自身の表現力を高めることだけではなく、言語的に表出されたメッセージを尊重しようとする、支援者側の姿勢も重要である。困っていることを言語化できるようにサポートしていくことは、それ自体が支援の目標の一つともいえよう。

●フィードバック

　身体化、行動化する子どもは、支援者からの介入に、身体症状や行動化の変化で答えがちである。よって、身体症状や行動化の変化を、援助に対する子どもからのフィードバックと捉える視点は重要である。もしも、アセスメントと介入が適切ならば、子どもは落ち着いていくだろう。逆に、もしも身体症状が悪化したり、行動化が激しくなったりするならば、アセスメントと介入を変更する必要があるだろう。介入に対する子どもの反応を、子どもからの返答と理解することで、より適切な介入を検討していくことができる。

●成長力

　子どもは成長する存在である。一般的に、適切な援助が得られたときの可塑性の高さと、回復力は、大人のそれよりも高いと考えられている。成長力を内在化していることは、子どもの最大の強みである。

# 弱点

●幼い

　「成長力」と相反する弱点といえる。子どもであるという幼さは、多方面に渡る弱みにもなりうる。たとえば、年齢的にも発達的にも幼いため、辛いという感覚が、困っているという自覚になっていないことがある。また、状況を俯瞰的に眺める視点が十分に育っていないと、問題と自分を切り分けることができず、「困っている自分が問題」と捉えることにもなってしまう。子どもによっては、誰かに相談しようというアイディアさえ思いつかず、一人で困っていることさえある。このような場合は、困っている感覚を代理的に内省して意識化を促したり、子ども自身と問題を切り分けたりしながら、事例化を促す必要があるだろう。

# 相性のいい職種

02 ▮▮担任教師、05 ◀»養護教諭

　子どもを主人公とみなすことを肯定できる人々ならば、すべての支援者が子どもと相性のいい職種となりうる。しかし、その中でもとりわけ子どもが学校内でサポートを求めやすい職種としては、担任教師や養護教諭が挙げられる。子どもとしては、これらの職種は身近な存在であるため、問題を訴えやすいと考えられる。また、サポートを提供する側としても、学校における子どもの生活を中心的に見守る

担任教師は、子どもと直接に接するため、子どもの「声なき声」を読み解く手がかりとなる情報を豊富に有している。また、保健室は学校における身体的不調の相談窓口であり、運営者である養護教諭は、問題を身体化させやすい子どもと関わる機会が必然的に多くなるため、やはり情報を得やすい。それゆえ、担任教師や養護教諭は、とくに相性がよいといえる。

### 16 🏠保護者

　担任教師や養護教諭が学校における子どものメインサポーターであるならば、保護者は家庭におけるメインサポーターといえよう。保護者もまた、子どもを日常的に直接支援することができ、その成果でもある家庭における子どもの情報を豊富に有している。学校と家庭の情報をトータルに活用することで、子どもの「声なき声」の内容を理解する手がかりを得やすくなるだろう。

### 06 🔍スクールカウンセラー、07 ⚒スクールソーシャルワーカー、13 ✚精神科医

　教師や保護者が子どもの学校や家庭での生活を具体的にサポートする役割を担うのに対して、スクールカウンセラーやスクールソーシャルワーカー、精神科医などは、それ以外の人には分かりにくい、子どもの身体化、行動化に秘められた声を、専門的な観点から読み解くことができる。また、子どもが抱えている問題の特徴や、戦い方に関する知識を有している。そのため、教師や保護者に「声なき声」を翻訳し、彼らが日常的にどのように関わったらいいのか、ともに考えることができるだろう。

## 特に有効な【問題】

　子どもを主人公とすることは、教育相談における基本である。そのため、すべての問題の中心に据える必要がある。

［益子洋人］

# 02 学校の最前線の担い手

# 教師（担任）

## 概要

　学校での最前線を支える存在である。雨が降ろうが槍が降ろうが、毎日児童生徒の前に立ち続ける。物語で言えば、勇者の守り手であり、導師であろうか。主人公である児童生徒を時に勇気づけ、時に叱咤し、共に危機を乗り越える。学級集団を 1 年間率いるリーダーとして、進む方向性を示す。また、学校での保護者として、問題の存在にいち早く気づく可能性も高い。他の支援者の多くが、該当児童生徒の問題が生じてから登場することが多いのに対し、問題の予防、あるいは児童生徒の健全な発達を促進するような働きかけ（**一次的支援**）を行うというのが大きな存在意義である。

　児童生徒が安心して学校生活を送るためには、どんな学級集団に属しているかということが大きな要素を占める。その学級集団を育て、方向性を示す（**集団づくり～学級経営**）のが学級担任の大きな使命である。「いごこちのいい学級」づくりには、ルールとリレーションの確立を必要とし、その指導には年間を通じて高度なスキルが求められる。常に研鑽を積もうとする担任教師の姿勢が欠かせない。学年や学校全体の教師間での連携も必要となる。

　一方で、学級担任や教科担任の仕事の大半を占めるのは、各教科の授業とその準備（のはず）である（**授業づくり～教科指導**）。どの子にとっても「わかる・できる・楽しい授業」を構築するために、教師はその技量を磨くのであり、それができれば、上記の一時的支援や集団づくりにも大きく貢献することであろう。

　最近では、責任の重大さに、刀折れ矢が尽きという状態に陥ることもあるやに聞く。しかし、目の前で児童生徒の成長する姿を見ることができるのは大きな喜びであり、それが「教師は 3 日やったらやめられない」とも言われる所以である。

# 特殊スキル

◉一次的支援

　学校心理学の用語。子どもに対する支援を問題で分類するのではなく、子どもが求める支援の程度に応じて3段階に分ける考え方（石隈, 1999）。一次的支援：「すべての子ども」、二次的支援：配慮を要する「一部の子ども」、三次的支援：個別の援助を必要とする「特定の子ども」を対象とする。このうち、一次的支援は児童生徒の学習スキルや対人関係スキルの開発など、学級や学年の子どもがもつ共通の援助ニーズに応じるものであり、担任らによる日常の教育活動を指す。教育の本来の目的である児童生徒の将来の自己実現を目指す。苦戦し始めた児童生徒に対する「早期の危機対応」や対人関係の調整などの二次的支援、個別の支援やチーム支援の必要な三次的支援でも担任が中核を担うのはもちろんである。

◉集団づくり（学級経営）

　児童生徒個人それぞれと同じように、集団もまた成長（時には崩壊）する。学級集団のありようが、属する児童生徒の心身の健康度や学力にまで関係してくるというデータもあり、その教育力に大きな影響を与える。学級担任には計画的に学級集団を育てる責任がある。しかし、多様性が重視され、子どもたちのコミュニケーション能力の低下が言われている現状では、従来と同様の活動を組織するのは難しくなっている。そのため、SGE や SST、ピアサポートその他いろいろな手法が学級活動に取り入れられている。主な活動場面である行事や特別活動は、その成功自体が目的ではなく、あくまでも集団としての向上と個々の児童生徒がそこからどんな力を身につけたかが重要であることを忘れてはならない。

◉授業づくり（教科指導）

　児童生徒が大半の時間を過ごす授業。どの教師も少しでもわかりやすい授業を目指しているのであるが、その道のりは険しく遠い。近年では、アクティブラーニングや「主体的・対話的で深い学び」ということが言われており、実際、学校の授業では、活動場面がかなり増えてきている。特にさまざまな特性を抱えた児童生徒にとっては、苦手なことに取り組まなくてはならない場面も多くある。「授業のユニバーサルデザイン」などのように、発達障害を持つ児童生徒に配慮した授業や「協同学習」などのように集団づくりに関わる授業のあり方が今後さらに必要になってくると思われる。

# 弱点

●多忙感

　一般に、上記の職務の他に部活動、校務分掌やその他の職務を多く抱えている。出席簿の記入や自己評価の提出などの書類仕事、各種研修の義務（免許更新講習はなくなっても……）。児童生徒の休み時間や食事時間なども指導の場面である。不登校児童生徒の家庭への訪問や学習したい子どもへの補習、保護者対応など、良心的にやろうとすればするほど、「働き方改革」に反することになる。いくら遅くまで働き、休日出勤をしてもその分残業手当が出るわけでもない。筆者も「夏休み・冬休みがあっていいね」とは最近言われなくなった。教師たちは自らのワークライフバランスについて考えるべきであるし、他の職種の方々は「話したくてもなかなかつかまらない」ことに注意が必要である。

　多くの教師を支えているのは教育への情熱であり、児童生徒や保護者との関係がうまくいかないなどのことが起きると多忙感が徒労感に変わる。そうなったとき、教師もまたサポートの対象となることも"教育相談を支える仲間たち"には承知していてほしいことである。

●経験則重視の学校文化

　教員免許を取得する際に、学級経営の理論についての講義は必修ではない。生徒指導や教育相談についても、多くは実践の中で、先輩教師から伝授されたり、個々の努力で学んだりしたものである。理論に拠って立つというより、成功体験や若い頃に周囲の教師がしていたということが行動の根拠となりがちである。学校自体が良くも悪くも時代の変化を受けにくく、多くが前年度踏襲であるという組織である。もし上手くいかない状況が生まれてきたときにも、違う視点から見るということや別のやり方を考えるということが教師には難しいという側面に留意すべきである。

●傾聴スキルの個人差

　そもそも教えるのが好きでなければこの職業を選ぶことはないだろう。教師一般の特徴として、自分が話すのは好きだが、人の話を聞くのは余り得手ではないということが言える。児童生徒の問題が生じたときにも、叱責や説教といった手法がとられることが多い。教師はアドバイスしなくてはいけないと考えがちなので、児童生徒自身に考えさせたり、それを聞き取ったりという行動は意外に少ない。生徒指導＝強面、教育相談＝弱腰といったイメージも根強くある。また、クレームは来たと思っただけで構えがちになる。一般的に経験年数が増えるほど、そうした傾向は強くなる。コーチングやブリーフセラピーを学んでいる教師やそもそも共感性の高

い者もいるが、その割合は多くはない。

## 相性のいい職種

06 🔍 スクールカウンセラー

　保護者や同僚教師との連携が必須なのは言うまでもないが、時にうまくいかないこともあり、それは教師たちをかなり苦しめる。スクールカウンセラーは、自分たちが知らない理論を知っている心理支援の専門家であり、困ったときにまず一番に相談する相手として現在、定着してきている。特に、児童生徒の問題解決にあたって、何を目標としたらいいか迷いがちなので、積極的に話し合いたいところである。教師自身が苦しい胸の内を傾聴してもらえるだけでも問題の整理をすることができる。学校外での専門家とは直接担任ともなくはないが、学校内の担当者を通して連携することが多い。

## 特に有効な【問題】

①学習の遅れ

　教師の仕事は本来、授業をすることである。ゆえに、児童生徒が学習に遅れないように、様々な工夫を行う。それでも遅れがちな児童生徒に関しては、個別に面倒を見る。不登校に困っている児童生徒に対しても、その子どもの状況にもよるが、最も得意なのが一緒に学習することを通してのかかわりである。学習についていけているということは、児童生徒の将来の可能性を広げる。また、その自信と自己効力感は、学校復帰のハードルをも下げるだろう。

②各【問題】への初期対応

　いじめも初期段階であれば、対人関係スキルの指導ですむことも多い。どんな問題でも、小さい段階ならば、座席などの環境調整、担任や児童生徒が迎えに行くなどの具体的な取り組みが功を奏する場合もある。また、問題を早期に発見するために、教師の観察のみならず、Q−Uやアセスなどのアセスメントツールを使うのも有効である。

［田辺園枝］

# 03 校内の ギルドマスター

## 学年主任、教育相談担当教員、 主幹教諭

## 概要

　学校には様々な教職員が存在する。その中で、児童生徒に直接向かい合う機会が最も多いのが学級担任である。学級担任は児童生徒と共に過ごす中で、子どもの変化をつぶさにキャッチし、声を掛け相談に乗るなどの対応に真摯にあたる。

　しかし、学級の児童生徒数が数十人規模であると、悩みを抱える生徒が複数になることもしばしばあり、学級担任一人だけでは対応が難しくなる。また、悩みの内容についても学級担任だけでは抱えきれない重いものもある。そこで出番となるのが周りで支える教師である。特に、学年を取りまとめる「学年主任」、教育相談に関わる校内体制の連絡・調整にあたる「教育相談担当教員」、児童生徒の教育のほか、校長・副校長・教頭の補佐を行う「主幹教諭」の役割は大きい。

　これらの教師は教職経験年数が長く、視野の広さが特長として挙げられる。児童生徒の変容のみならず、同僚教師の変容も見逃さないので、児童生徒及び学級担任のサポートにすぐに入ることが可能となる。また、周囲と協力して協働的に取り組むことのよさを実感しているので、外部機関をはじめ様々な人とのつながりを重視している（「きづく（気付く）力」と「きずく（築く）力」）。このように、身の回りの状況を的確に把握して対応したり、人間関係をより豊かに築いて課題を解決したりすることで、児童生徒のよりよい成長に寄与しているのが校内のギルドマスターの役割である。

●学年主任

　文字通り、受け持った学年のリーダーとして活躍する教師。当該学年の教育活動において、各学級の学級担任と連携を図りながら学年運営を進める。自身が学級担

任を兼ねることもあり、自分の学級の児童生徒のみならず、他学級の生徒も含め、常に当該学年に所属するすべての児童生徒の成長に向けて日々奔走している。その実現にあたっては、学年教員団との結び付きを強固にすることが欠かせない。例えば、中学校において前段のように学級担任だけでは抱えきれない重い事案があるとする。そのようなとき、学級担任以外の教員が関わることがある。その際に不可欠なのが、「情報の共有」と「対応方法の共有」。学年主任は、学年教員団の打ち合わせを設定するなどして、これらの共有を図る。そして、適切な手立てを明示し、チームとして解決しようと試みるのだ。このように、学年主任には広い視野をもって現状認識する力や、学年教員団の意見を取りまとめて指針を示す決断力などが求められる。また、状況によっては、他の学年主任や教務主任、生徒指導主事等と連絡を取り合うことも必要になるので、そのような調整能力も不可欠となる。

◉教育相談担当教員

　紛れもなく、「学校内における教育相談の要」である。児童生徒の未来の鍵を握る教師といっても過言ではない。教育相談担当教員の役割は、①学級担任へのサポート、②校内への情報提供、③校内及び校外の関係機関との連絡調整、④危機介入のコーディネート、⑤教育相談に関する校内研修の企画運営、⑥教育相談に関する調査研究の推進などがあげられる。このように役割が多岐にわたることから、教育相談活動に対する理解が深く、校内外の関係機関や専門家等とつながりを構築する力量が求められる。教育相談に関する研修会に積極的に参加したり、大学院等で学びを深めたり、関係機関や専門家と積極的にコンタクトを取って新しい情報を得て、それを校内の教師に還元し、児童生徒の成長に寄与することに、日々尽力する教師である。

◉主幹教諭

　その職務については、自身が担当する校務について一定の責任を持って取りまとめ整理し、他の教諭等に対して指示することができる、と規定されている。管理職と教職員のパイプ役として校長の経営方針を周知するとともに、教職員の意見を取りまとめ校長へ具申する、いわば「内なるつなぎ役」である。主幹教諭が設置されてからは、「学校が抱える課題に対し、組織的に、迅速かつ的確な対応ができるようになってきている」「スピード感をもった情報の共有化が図られるとともに、教諭等のマネジメントへの参画意識の醸成にもよい効果をもたらしている」といった成果が見られる。学校によって主幹教諭の役割は若干異なるが、各学年から児童生徒に関する情報が集約されるので、それを各所に広げることで、児童生徒のケアを素早く行うことが可能となる。

　また、スクールカウンセラーやスクールソーシャルワーカー、外部の専門機関等

と関わる場面も多い点から「外とのつなぎ役」も担っている。

## 特殊スキル

### ●「きづく（気付く）力」と「きずく（築く）力」

　三者に共通して長けている能力といえば、この二つ。教師として大事なことの一つに"注意深い観察力"が挙げられる。児童生徒が抱える諸問題を少しでも早く発見し、問題が複雑かつ困難になる前に指導したり対応したりすることで、子どもたちが安心して学校生活を送ることができる環境を整えることが可能となる。子どもの悩みの「気付き」が、安心・安全な環境の「築き」につながるのである。また、周囲に向けた"注意深い観察力"によって、仲間の教師の困り感に気付くことができ、それが大きな支えになることもある。特に、教職経験が浅い教師にとっては、生徒指導面も含め、どのように子どもに対応すればよいのかに悩みがちである。このような「気付き」は、教師の人間関係の「築き」となり、様々なよい影響を生み出すこととなる。

　なお、特に教育相談担当教員においては、その役割に必要な情報は何かという「気付き」をもとに、外部機関との関係性の構築（「築き」）に尽力し、よりよい教育相談活動を行っていることにも触れておく。

## 弱点

### ●毎日が忙しい

　各教科における学習の指導から日々の生活に関する指導や支援に加え、学校運営に関わる業務、外部対応に関わる業務など多岐にわたっており、多忙を極めている。特に三者に関しては、学校運営の要となっているので、一層負担が増している。管理職や他の教員と相談しながら、業務の見直しや軽減を推し進めていくことが今後求められる。

### ●歯がゆい思いに直面しやすい

　教師は日々子どものために、と高い志をもって職務を遂行している。それゆえ努力を惜しまない。しかしながら、理想と現実の壁にぶつかることが多々ある。そして、その差異が大きければ大きいほどつらさを感じる。そのようなとき、管理職からの温かい声掛けや、同僚からの励ましによって、「また明日から頑張ろう」という気持ちになることができる。また、児童生徒に関する具体的な悩みについては、スクールカウンセラーなどからアドバイスを受け、対応に生かしている。

## 相性のいい職種

06 🔍 スクールカウンセラー、07 📋 スクールソーシャルワーカー

　学校現場における救世主。児童生徒や保護者だけではなく、教師を支え、助ける大きな役割を担っている。専門的な見地からの助言で、教師たちは安心して子どもたちの成長を支えることができる。

00 👥 地域住民、地域の組織

　地域に住み、地域で育つ子どもたちのために、学校と家庭、地域が連携した取り組みが全国各地で行われている。これによって、子どもたちは安全にかつ安心して育つことができる。

## 特に有効な【問題】

①学校不適応全般

　いじめや不登校といった問題を抱える児童生徒、また、学習や対人関係、家庭の問題等で不適応感をもっている児童生徒が、安心して安全に（学校）生活ができるよう支援することが求められる。情報を正確に把握し、適切な対応を迅速、かつ丁寧に行うことが必要である。

②育てる（発達促進的・開発的）教育相談

　①のように、悩みを抱えた児童生徒への対応だけではなく、日頃から児童生徒の学習能力や思考力、社会的能力、情緒的豊かさの獲得のための基礎部分ともいえる心の成長を支え、底上げしていく取り組みを行っている。具体的には、ソーシャルスキルトレーニングやアサーショントレーニング、ストレスマネジメント教育などを、特別活動等の時間を活用して取り組むが、その根底には、学級の雰囲気づくりを大切にしたり、各教科において学習意欲の育成を図ったりすることが不可欠である。

[東岳史]

# 04 学校の責任者

# 管理職

## 概要

　数ある学校の【問題】に挑む、「チーム学校」の総司令官。その中でもトップである校長は、「校務をつかさどり、所属職員を監督する」と法的に規定されている（学校教育法第 37 条 4 項）通り、他の職位とは異なる「学校の責任者」であり、児童生徒に対する教育活動、教職員の人事や労務管理、施設設備の保安、予算執行など、学校で行われているあらゆる業務に目を配ることになっている。それゆえ、校長の学校運営方針や児童生徒理解、心理教育に関する知識などにより、学校の在り方は大きく左右される。したがって、「チーム学校」の実現にあたっては、とりわけ校長の果たすべき役割が大きい。

　具体的には、管理職（とくに校長）は、スクールカウンセラーやスクールソーシャルワーカーが学校で十分に機能できるように、彼らと学校をつなぐコーディネーターを任命する（**コーディネーターの任命**）。また、児童生徒の実態や地域性などを鑑み、学校としてどのような援助サービスに注力していくべきなのか、意思決定を行う（**援助サービスの決定**）。このように、学校というフィールド全体を見回しつつ、各メンバーが十分に能力を発揮できるように采配を振るのが、管理職である。

## 特殊スキル

### ◉コーディネーターの任命

　スクールカウンセラーやスクールソーシャルワーカーが機能しているかどうかは学校によってかなり違っている（山口他，2018）。たとえば、同じスクールカウンセラーであっても、A 校での勤務では、苦戦している児童生徒や保護者との面談が毎回隙間なく入り、常勤の教職員との情報共有も効率的にできているのに、B 校

での勤務では、相談室利用者も少なく、常勤教職員とも何か壁のようなものを感じているといった実態を見聞している。これはなぜなのか。スクールカウンセラーやスクールソーシャルワーカーと毎回密に連携を取り、情報共有をすべきコーディネーターが機能していない可能性が高い。スクールカウンセラーやスクールソーシャルワーカーに力量を十分に発揮してもらうためには、校長は、学校所属の常勤者の中からコーディネーターとしての適材者を任命しなければならない。それができるのは校長だけである。

### ●援助サービスの決定

児童生徒が直面している問題状況の種類や深刻度によって、学校が実施しなければならない援助も異なる。大きな援助ニーズをもつ児童生徒に対しては、学校として緊急に介入が必要となる。現在、多くの学校では、校内委員会などの名称で、コーディネーション委員会（家近, 2016）が設置されている。また、2013 年に「いじめ防止対策推進法」が施行され、いじめ対策に関する常設委員会の設置も義務づけられている。これらの委員会が扱う児童生徒の問題の中には、深刻事例が含まれることが多い。そのため、管理職（とくに校長）はこれらの委員会の構成員として、実際の審議に参加することが望ましい。そして、委員会で各事例の深刻度が検討されるならば、管理職（校長）は、各々の事例における児童生徒に対する援助について、3 段階の援助サービス（石隈, 1999）のうち、どのサービスから始めることが適切かを判断し、関わり方の指針をチームメンバに示すことができるだろう。

## 弱点

### ●孤独である

とくに、校長は孤独である。学校の中で校長だけが自分の責任で校務をつかさどる者とされているため、通常業務における決裁に加え、緊急対応を迫られる学校危機に際しては、その危機が児童生徒および保護者に及ぼす影響を最小限に留めるための適切な措置を講じたり、マスコミ対応を含む情報管理を行ったり、教育委員会（私立学校においては都道府県）に報告したりといったことを、一手に引き受けなければならない。学校危機は校長にとっても最大の危機である。そのような危機に際して、最も頼りになるのは直近の部下である教頭・副校長・事務長である。ピンチこそチャンスとなり得る。そのために必要なことは、普段からの管理職間のチームワークであることは言うまでもない。

### ●教師なのに直接児童生徒と接する機会が少ない

教師であれば誰もが教職に就いたとき、子どもが好きで、児童生徒を相手に教室で授業をすることを主たる業務と考え、自らもそのように児童生徒と直接触れる存

在としての力量を向上させるために、研究・研修を重ねてきたはずである。しかし、校長になってしまうと、クラス担任を持つことはない。授業を持つこともまずない。つまり、普段は直接児童生徒と授業や生活指導を通して関わることがなくなってしまうのである。そのような立場であるにも関わらず、教育相談に関するあらゆる業務の最終責任を負うこととなる。また、前述のように学校危機発生の際には、保護者や、社会全体に対しても説明責任を負う立場となる。こうした事態に遭遇したとき、自らの教育経験のみが拠り所では弱い。これからの管理職は、学校心理学、発達心理学、臨床心理学等について日頃から最新の知見を学び続けている必要がある。しかし、アカデミックに偏ることなく、今いる現場で苦戦している児童生徒については、教師、スクールカウンセラー、スクールソーシャルワーカーと常に情報共有することが肝要である。情報共有をしているだけで、当該児童生徒に対する校長の「まなざし」は変わり、勇気づけにもなり得る。

## 相性のいい職種

### 05 🔊 養護教諭

　「チーム学校」の総司令官が校長ならば、実行部隊は教師である。校長は総司令官として、様々な課題を解決する際に作戦を立てる。その際、配下にあるあらゆる職種から報告や連絡を受け、必要な職種に相談する。校内で最も人数が多いのは普通教諭であり、彼／彼女等と意見交換をすることは頻繁にある。通常の学校では校長室と職員室は近いか、中扉で繋がっているため、顔を合わせることが容易だ。しかし、校長室と保健室は離れている場合が多い。そこで、校長は意識的に養護教諭と話をする機会を持つとよい。なぜなら、保健室は、ケガをした児童生徒だけではなく、体調の悪い児童生徒が出入りする場所だからであり、そこに来る児童生徒は、教室で担任や他の教師に見せる面とは違った一面を見せることが多いからである。心理面で不調をきたし始めた児童生徒がはじめて訪れるのも、相談室ではなく保健室である場合が多い。不登校、いじめ、学力低下の兆候にいち早く気がつくのが養護教諭である場合も少なくない。校長が養護教諭と常に連絡を密に取ることにより、課題の重大化を未然防止できる可能性もある。

## 特に有効な【問題】

### ◉いじめの早期発見・早期介入

　「いじめの防止及び早期発見に取り組むとともに、（中略）適切かつ迅速にこれに対処する責務を有する」（いじめ防止対策推進法第 8 条）とあるように、学校にはいじめを防止する責務があり、各学校には、「学校いじめ防止基本方針」の策定

（同第13条）が義務づけられている。現在の定義下では、いじめはいつでもどこでも誰にでも発生する。しかし、それを早期に発見し、的確な介入ができるかどうかは、最終的には校長の判断に負うところが大きい。その際、校長が保護者、地域住民、児童相談所等関係機関と、連携を取ることが求められる。しかし、その連携の在り方が従来よく見られた役割分担型のものとなってしまうと奏功しない。いま求められている連携は情報共有型の連携である。ここでキーとなることは、保護者もチームの一員であるという意識を、校長は全教職員と共有し、実際にそのしくみを構築することである。なぜなら、教師が教育の専門家であるように、保護者は「自分の子どもの専門家」であるからである（石隈・田村，2018）。保護者と学校が、児童生徒を中心に、子どもたちの成長を願いながら、互いに専門家としての敬意を払い合い協力関係を維持できれば、いじめは長期化・深刻化を避け、それを契機として児童生徒が成長するチャンスにもなり得る。しかし、保護者と学校・教師が協力できずに、対立構造となってしまうと、いじめは大人の世界の悶着へと変化してしまう場合もある。それを避けるためにも、いじめが発生した場合、早期介入の段階から、当該児童生徒の保護者を、「チーム学校」の第一メンバーとして迎え入れることを念頭に置きたい。

## ●児童虐待の早期発見と通告

学校は児童生徒が虐待されていることを発見しやすい場であるため、課せられている早期発見の義務（児童虐待防止法第5条、同第6条）を果たす必要がある。虐待を発見した場合、時間を置かずに通告することが重要であるので、多くの場合、電話での通告となる。その際、詳細については、実際に虐待を発見した担任、養護教諭、スクールカウンセラーなどに話させることはあるにしても、まずは通告の第一声を告げるのは管理職（とくに校長）の極めて重要な義務である。

［大矢正則］

# 05 心身の
リスクセンサー

# 養護教諭

## 概要

　養護教諭は、子どもたちの「養護をつかさどる」教員であり、基本的には、各学校に1人配置されており、児童生徒数の多い大規模校や特別支援学校などでは複数配置が進む一方、小規模校では未配置校もあるのが現状である。

　社会環境や生活様式の変化は、子どもたちの心身の健康に大きな影響を与え、いじめや不登校、性に関する問題、児童虐待、新型コロナウイルス感染症の世界的流行等、さまざまな問題が顕在化する状況の中、養護教諭は、学校内の誰でもいつでも安心して利用することができる保健室において、心身の健康に課題をもつ子どもたちのみならず、全ての子どもたちを対象として心身の健康課題の対応に当たっている。

　養護教諭は、保健室において、子どもたちの身体的不調の背景に、例えばいじめ・虐待などの問題がかかわっていること等、サインに気付きやすい立場にあり（**変化に気付く**）、養護教諭としての専門性に基づき、状況を的確に捉え、判断し、対応することが求められており（**情報をとりまとめる**）、対応の際には、子どもたちを取り巻く関係教職員のみならず、学校外の関係機関や関係職種をつなぐ連携の窓口としてコーディネーターの役割を担っている（**コーディネートする**）。

## 特殊スキル

●変化に気付く

　養護教諭は、日常の健康観察により、子どもの体調不良や欠席・遅刻などの日常的な心身の健康状態を把握することにより、感染症や心の健康課題などの心身の変化について早期に発見し、対応するなど、日頃の子どもたちの様子を把握するよう

努めている。それは、保健室だけにとどまらず、登校時の様子や校内の様子を見てまわるなど、子どもの様子や声かけなどを通して日常的に行われている。養護教諭の強みは、子どもたちの日常の様子を把握していることである。だからこそ、子どもの様子がいつもと違うことを察知し、些細な変化に気付くことができる。特に、自分の気持ちを言葉で表現できない子どもは、心の問題が顔の表情や行動に現れたり、頭痛・腹痛などの身体症状となって現れたりすることがある。こうしたいつもと違う様子に対して、まずは、その原因として考えられることについて丁寧に聞き、医療機関の受診が必要かどうか確かめる。日頃から保健室に頻回に来室する子どもや、訴えの多い子どもに対して、先入観にとらわれ、最初から心の問題と決めつけてしまうことのないように注意が必要である。

◉背景情報をとりまとめる

養護教諭は、子どもの様子について、学級担任をはじめ関係する教職員と、互いの情報を共有する。それぞれの視点での子どもの様子を共有し、情報をとりまとめることにより、その子どもを取り巻く背景が見えてくる。そういった中から、次へのステップのヒントが得られることがある。

◉コーディネートする

学校において一人職であることが多い養護教諭は、日頃から、学校内はもとより、学校外の関係機関や関係する職種、専門職などとつながりをもっていることが多い。学校内において、学級担任や教科担任、部活動の顧問など関係教職員と情報を共有し、さらに、スクールカウンセラーやスクールソーシャルワーカーと情報を共有することで、専門家の立場からの支援が得られたり、教職員への助言が得られたりする。また、子ども本人との相談のほか、保護者との相談や、学校以外の関係機関や専門職との連携の必要性などについて検討する。

そういった一連の流れにおいて、連携をはかる必要性や、どういった関係機関または関係職種と連携をはかることがよいのかを、養護教諭自身が学校内の教職員や関係教職員とスクールカウンセラーやスクールソーシャルワーカーをつないでいく中で協議していく。場合によっては、養護教諭自らが、学校以外の関係機関と連携していく窓口となることもある。

## 弱点

◉抱え込んでしまう危険性

養護教諭が、子どもやその保護者の相談を直接受ける機会がある。相談を続ける中で、その経過が学校内で共有されていない場合に、養護教諭と子どもの間だけで、あるいは養護教諭とその保護者との間で関係が成立し、他の教職員等との関係

づくりが進まないということがある。養護教諭自身が、冷静かつ客観的な現状の把握が難しく、また先の見通しをもち、そのことが関係者の間で共有されない場合に起こりうることである。そうすると、子どものみならず、場合によっては保護者をも養護教諭一人が抱え込み、学校の中で、孤立してしまいかねない状況となる。そういう危険性があることを念頭におきながら、養護教諭は常に、教職員やスクールカウンセラーなどと情報を共有しながら、子どもとその保護者を支援していく必要がある。

## 相性のいい職種

### 04 🔍 管理職、00 👥 教職員等

　養護教諭は、学校組織の一員であるとともに、他の教職員とは異なる専門性をもつ。そのことを生かした視点で子どもをとらえ、教職員等の視点とともに多角的に子どもを見て、判断することとなる。日常をともに過ごしている仲間として、日頃のコミュニケーションが子どもの様子を共有する場面においても役立つと考える。それぞれの役割を明確にしながら、子どもたちの支援へとつなげることができる。

### 06 🔍 スクールカウンセラー、07 📧 スクールソーシャルワーカー

　外部の関係機関や専門職とつながる窓口となることが多い養護教諭にとって、スクールカウンセラーやスクールソーシャルワーカーと問題を共有し相談できることは心強いことである。養護教諭はもとより、学校の教職員は、地域の保健福祉的な資源やその内容について、情報を持ち得ていないことがある。子どもたちやその保護者との関係性の構築、教職員への助言、地域の関係機関との連携などにおいて、スクールカウンセラーやスクールソーシャルワーカーとの連携は必須である。

### 00 👥 学校医、00 👥 地域保健師

　学校医は、学校で行われる健康診断などに従事するほか、子どもたちの健康管理に関する指導・助言が職務として規定されている。また、地域の関係機関に所属している保健師からは、その地域の保健福祉の情報をもとに、専門的な助言を受けられる。いずれも地域の特性に詳しく、養護教諭にとっては、健康診断や感染症の対応についてなど日常的に連携を図っている職種でもある。医療面や保健福祉面において、専門的見地からの助言は有効である。

## 特に有効な【問題】

●日常の些細な困りごとから子ども自身では手に負えない緊急事態まで

　養護教諭が日々ベースとしている保健室は、誰でもいつでも安心して利用することができる場所であり、自覚症状があって利用する医療機関や専門の機関とは異な

るところである。つまり、たとえば病院などの医療機関は、明らかなけがや病気といった自覚症状があって利用するが、保健室は、心身の不調など自覚症状がなくても、利用することができるところである。

　困っている自覚のある子どもたちには、そのことに速やかに対応することができるとともに、自分が何に困っているか自覚できていない子どもたちや言葉で表現できない子どもたちとは、一緒に考え、内容によっては、関係する教職員やスクールカウンセラー等につなげることができる。また、子どもにとって緊急かつ重大な事態においても、早急に関係者と連携のもとに動くことが可能である。

　つまり、子どもが困っていることの内容やその重さにかかわらず、困っている子どもたちにとって相談の入り口として、また支援の入り口として養護教諭は機能しうるだろう。

[髙田真弓]

## 06 学校の作戦参謀

# スクールカウンセラー

## 概要

　おもに教育委員会に雇用される心理職。公認心理師が誕生する以前は、ほとんど「臨床心理士」の資格保持者だったが、公認心理師の誕生とともに、徐々に公認心理師の採用が始まっているようである。今後の動向が注目される。

　心理発達についての深い知識を有しており、行動観察や面談、心理検査の結果などから、クライアント（児童生徒）を困らせる問題の性質を理解し、「教師」をはじめとする大人がそれにどのように取り組めばよいのか、方針を立てることができる（**心理アセスメント**）。また、スクールカウンセラーは、それをチームメンバーと共有することで（**コンサルテーション**）、チームが問題に効果的に取り組めるようになることを支援する。たとえば、チームにスクールカウンセラーを加えることで、メンバーはクライアントにどのように関わればよいのか、心理検査や服薬が必要か、などに関する情報を早い段階で手に入れられるようになるかもしれない。このように、いわば「学内のチームメンバーの対応力の底上げ」を、スクールカウンセラーは担うことができる（たとえば、伊藤・平野, 2003）。

　また、学内メンバーの一員として個人カウンセリングやグループカウンセリングなどの心理学的な技法を活用し、自ら子どもを支援することもできる（**心理支援**）。ただし、それを求める場合には、スクールカウンセラーが学校で活動できる時間が少ないことを考慮する必要がある。

　一方、児童相談所や精神保健福祉センターのような学外のメンバーに呼びかけて、チームを構成するスキルに関しては、個々の裁量に任されている部分が大きく、全体的には本職（スクールソーシャルワーカー）に一歩及ばない感がある。

## 特殊スキル

●心理アセスメント

　行動観察や面談、心理検査の結果などから、児童生徒が困っている問題の種類や根深さの程度、対処方法、経過や予後に関する見通しなどを把握する。たとえば、児童生徒の問題が、アタッチメントに基づくものなのか、発達障害に基づくものなのか、精神的疾患に関わるものなのかなどを見立てる。そして、関わりを工夫すれば学校だけで対処できるのか、さらなる心理検査が必要なのか、受診が必要なのかなどを理解する。精神科医もほぼ同様の子ども理解をしていると考えられているが、精神科医が学外にいることを鑑みれば、学内のメンバーはスクールカウンセラーの方がアクセスしやすいだろう。

●コンサルテーション

　元々は「専門家同士の意見交換」という意味であった。教育相談の文脈では、スクールカウンセラーがアセスメントを通して理解した見立てを学内のチームメンバーと共有し、チーム全体の支援力を底上げすることを意味する。これにより、メンバー全員がアセスメントの効果を得、見通しをもって児童生徒に関われるようになるだろう。スクールカウンセラーが「学校の作戦参謀」と言われる所以である。

●心理支援（個人カウンセリング / グループカウンセリング）

　カウンセリングには、個人カウンセリングとグループカウンセリングがある。個人カウンセリングは、従来、スクールカウンセラーにもっとも期待されてきたものである。根深い問題に悩まされている児童生徒には有効だが、時間がかかるため、すべての児童生徒を個人カウンセリングで援助しようとすると、後述する弱点（時間制限）との兼ね合いで燃費が悪いと感じられることもある。一方で、グループカウンセリングは、構成的グループエンカウンターやソーシャルスキルトレーニングのような方法を用い、問題の予防や成長促進を目的とする。個人の根深い問題を扱いにくいが、集団を対象にできるため、コストパフォーマンスに優れる。

　学校の特性（たとえば、根深い問題に悩む児童生徒の多さ、紹介先の有無など）や目的に応じた使い分けが必要である。

## 弱点

●勤務時間の制限が厳しい

　公立学校の場合、一般にスクールカウンセラーの勤務時間は最長でも週1日8時間である。自治体の方針によっては、それを周囲の学校と分け合う形態をとる場合もある。いずれにしても、十分な勤務時間が配当されているとは言い難い。こうし

た現状は学校とスクールカウンセラー自身に対し、どのようにスクールカウンセラーを活用するのがもっとも問題解決につながりうるのかという判断を強いる。すべての問題を個人カウンセリングで解決しようとするならば、あっという間に時間切れを起こすので、注意が必要である。

◉単身では成果を実感しにくい

　スクールカウンセラーの拠って立つ理論が、元々は単身で問題と取り組む臨床心理学である以上、彼らは単身で問題に挑めないわけではない。しかし、先述のように、彼らのスキルの効果は、最前線で児童生徒の困り事と関わる職種（たとえば教師）と連携したとき、最大限に発揮される。よほど特殊な理由がない限り、単身で問題に挑ませるべきではない。

◉社会資源の活用は「とりたてて上手くない」

　スクールカウンセラーも、社会資源を活用するべきという言説がある。実際、スクールソーシャルワーカー導入以前は、スクールカウンセラーが、学校と、病院や児童相談所との橋渡しを担うことがあった。そのため、やってやれないことはない。しかし、今では、より社会資源の活用に長けたスクールソーシャルワーカーが導入され始めている。可能なら、スクールカウンセラーは学内メンバーの支援に当たる方がベターかもしれない。

## 相性のいい職種

02 📊 教師、05 🔊 養護教諭、04 👓 管理職

　スクールカウンセラーの長所を生かしやすい職種として、最初に挙げるべきなのは、教師陣であろう。アセスメント、コンサルテーション、心理支援の恩恵を、彼らが行う日々の指導援助に、直接的に生かしうる。このような観点で見れば、スクールカウンセラーは教師陣のために存在していると言っても過言ではないかもしれない。

07 🏹 スクールソーシャルワーカー

　スクールカウンセラーを「学校の作戦参謀」と呼ぶのならば、スクールソーシャルワーカーは「学校コミュニティの遊撃手」と呼びうるだろう。すなわち、スクールカウンセラーが学内のチームを力づける傍ら、スクールソーシャルワーカーは学外のチームが有機的に動けるよう、各機関に働きかける。これは、アタッチメントや虐待などの、社会資源の活用がカギとなる問題に挑むときに、特に有効な布陣となるだろう。

13 ✛ 精神科医

　学外のメンバーに呼びかけてチームを構成することに関して、スクールソーシャ

ルワーカーに一日の長があることは、先述した通りであった。しかし、精神科医との連携に関しては、スクールカウンセラーにも期待できる。なぜなら、この二者は医療領域でも一緒に仕事をすることが少なくなく、共通言語を有するからである。特に、抑うつや不眠、心身症のような疾患や、発達障害の二次障害の症状を緩和するために、薬物療法を行うべきときに、スクールカウンセラーが精神科医と連携することは、問題の解決に役に立つだろう。

## 特に有効な【問題】

### ①不登校

　不登校に困っている児童生徒と関わる教師たちを頻繁に混乱させることの一つに、彼らの再登校を目指すために、どの程度の目標を設定するべきか、ということが挙げられる。スクールカウンセラーは、適切な目標を設定し、それを関係者間で共有することで、児童生徒の学校復帰のための動機づけや自己効力感を高めることができる。

### ②発達障害やアタッチメントの問題に伴う二次障害

　発達障害やアタッチメントの問題は、自信の喪失や他者への不信感、不安、抑うつの高まり、自傷行為や自殺企図などの、深刻な二次障害につながりうる。スクールカウンセラーは、発達障害やアタッチメントの問題に困っている児童生徒を早期に発見し、教師たちや保護者が早い段階で適切に関われるようになることを支援するので、二次障害を予防する。また、学校全体の環境的な養育能力を高めることで、このような問題に困っている児童生徒であっても、安心して学校生活を送れるようになることをサポートする。

［益子洋人］

# 07 学校コミュニティの遊撃手

# スクールソーシャルワーカー

## 概要

　おもに教育委員会に配属される社会福祉職。社会福祉士と精神保健福祉士の資格保持者が半数を占めるが、教員免許所有者や心理士なども少なくない。近年は、社会福祉士または精神保健福祉士の資格保持者が条件となる傾向にある。

　社会福祉とソーシャルワークについての幅広い知識を有しており、子どもが抱える問題の背景に焦点をあて、子どもと周囲の人との関係性や子どもを取り巻く環境を理解するための手立てを提供する（**アセスメント**）。そのアセスメントをもとに、子どもが表出している、あるいは表出されにくいニーズを引き出し、教師やスクールカウンセラー、福祉関係機関、地域の関係者などと協働して、子どもの生活の質が向上するための取り組みを計画する（**プランニング**）。そして、子どものニーズを中心に関係者が共同の目標を設定し、役割分担ができるよう支援する（**介入**）。その際、大人側の都合などで計画が進みそうになったときは、子どもの声なき声やニーズや権利を擁護したり（**代弁**）、互いの主張をまとめ、得意なこと、苦手なことをすり合わせたり（**調整機能**）、必要なサービスをつくり出したり（**開発機能**）、弱っている人を勇気づけたり（**支援機能**）する活動を行う。子どもが生きやすい社会へと変革するマクロな使命も有している。

　これらの取り組み状況や新たに生じた課題について、関係者が定期的に振り返り、見直すためのカンファレンスも開催する（**モニタリングや評価**）。そこで話し合われたことをもとに、新たに必要になった人や資源にアクセスし、終結に向けたプロセスを調整し、支援活動の舵取りをしていく役割も有する。

## 特殊スキル

**◉社会的側面に関するアセスメント**

　本人との面談を中心に、保護者や教師、関係者からの情報収集の結果にもとづいて、子どもが困っている問題の背景にはどのような関係性や環境要因が作用しているかを把握する。たとえば、不登校という現象の背景には、子ども自身が抱える学業や人間関係に対する不安、メンタルヘルスの課題などのほかに、保護者が学校とトラブル関係にあるために積極的に登校させない場合や、貧困により生活環境が整わず保護者が登校を後押しできない場合、虐待の影響により登校に至らない場合、学校環境との間に不調和が生じている場合など、子どもを取り巻く関係性と環境による複合的な要因が存在する（山野ほか，2016）。これらを、関係者が協働で紐解いていくための視点や方法をスクールソーシャルワーカーは提供する。教師は、学外の情報にアクセスする物理的・時間的ゆとりが持ちにくい。一方、スクールソーシャルワーカーは包括的な情報収集のためのフットワークの良さを特徴とする。

**◉社会資源の活用**

　特に福祉的な制度やサービスに関する知識が豊富なため、学外の社会資源を紹介し、つなげることができる。社会福祉の制度とサービスは多岐にわたり、変容も著しい。法制度に関する知識を含め、最新の情報を収集し、どのような機関やサービスにいかにつながることができるか、その具体的な手続き方法まで提供できるスキルを有している。

**◉ミクロからマクロまでの実践（支援機能／調整機能／開発機能）**

　ソーシャルワークの中心的な支援活動は、人々を支え（支援機能）、つなげ（調整機能）、新たな仕組みをつくる（開発機能）ことを中心とする（空閑，2016；山野ほか，2016）。支援機能では、傾聴による心理的な支援のほか、情報提供や代弁、エンパワメントなどのスキルを発揮する。調整機能では、関係者の持つ強みや限界を踏まえて、さまざまなマッチングをすることができる。校内でのカンファレンスのために、多様な人々と情報をつなげることも、その役割の一つと言えるだろう。開発機能では、既存のサービスや資源では支援活動に限界がある場合、人々と協力して新たなサービスや仕組みを生み出すように働きかける。地方自治体や国、社会へのソーシャルアクションも行う（坂本ほか，2021）。

## 弱点

**◉人材と活動時間に制約がある**

　全国には約1万校の中学校があるが、スクールソーシャルワーカーの実人数はそ

れよりも少ない現状が指摘されている。おもに教育委員会に配属されるスクールソーシャルワーカーは、一人で複数校を担当することが一般的であるため、少ない人数でたくさんのケースを抱え、活動時間に制約が生じている。また、教育委員会に配属され相談があれば派遣されるタイプのほかに、特定の学校を拠点に活動するタイプ、定期的に巡回するタイプなどがある。自治体によってタイプが異なるため、地域によって格差が生じる場合もある。学校スタッフがスクールソーシャルワーカーを活用する場合は、どのような目的でいかなるタイプで活動しているかを把握して依頼することが必要となる。

◉教育的価値観との摩擦が生じる場合もある

　スクールソーシャルワーカーは、どちらかと言えば、個別的な視点、結果よりも過程を重視する、長期的な視野に立つなどの価値を有している場合が少なくない。そのため、福祉的視点と教育的視点との間で摩擦が生じる場合があることが指摘されている。特に複合的な課題を背景に有する場合は、視点の違いによって多様な見方が生じることから、問題解決に困難が伴うことがある。そのため、専門職の有する視点や価値の違いを互いに認め合うことが重要である（大友，2019）。

◉短期決戦での劇的な効果は得にくい場合がある

　ソーシャルワークにも危機的介入が存在するが、通常は対症療法としてではなく当事者の視点に立った根本的課題に向き合おうとする。そのため、アセスメントに時間がかかったり、時には介入を見直したり、機が熟するのを待ったり、関係者との視点をすり合わせたりして、時間を要する場合が一般的である。目の前の現象を早急に解決したいと考えて依頼した場合、そのギャップに戸惑う場合が想定される。短期的な視野と長期的な視野を持って活用することが望ましい。

## 相性のいい職種

00 👥 関係諸機関の社会福祉職

　同じ社会福祉をベースとする職種とは、ソーシャルワークの共通基盤を有するためにつながりやすい。自治体の子ども部局や障害部局の社会福祉職、児童相談所の児童福祉司、福祉事務所のケースワーカー、児童養護施設のファミリーソーシャルワーカーなどと、特に結びつきが強い。学校だけではつながりにくい場合に、スクールソーシャルワーカーを介することで円滑に関係を形成することができる。

02 📊 教師、05 🔊 養護教諭、04 👓 管理職

　スクールソーシャルワーカーは、校内で単独で動くのではなく、常に教師と協働して支援活動を行う。担任のほかに、養護教諭や管理職とも情報のすり合わせを常時行っている。スクールソーシャルワーカーの窓口になる担当教師を指定する学校

も増えており、その場合には情報管理がしやすくなる。

06 🔍 スクールカウンセラー

　「学校の作戦参謀」であるスクールカウンセラーに対して、スクールソーシャルワーカーはフットワークある「学校コミュニティの遊撃手」や「校内外の調整役」とも呼びうるだろう。すなわち、スクールカウンセラーが学内のチームを力づける傍ら、スクールソーシャルワーカーは学外のチームが有機的に動けるよう、各機関に働きかける。個別的支援ケースについても、心理的な見立てと福祉的な見立てを統合するため、スクールカウンセラーとの情報共有は欠かさない。

## 特に有効な【問題】

①不登校

　不登校は「問題」ではなく一つの現象であるが、先述のとおり、不登校の背景にある子どもを取り巻く関係性と環境要因に焦点をあて、多面的な理解に基づいた支援のあり方を、スクールソーシャルワーカーはコーディネートしていく。登校するという選択肢以外にも、子どもの生活の質が向上するための関わりと居場所を見出していく活動を展開する。

②家庭や学校の環境から派生する問題

　貧困や虐待など、おもに家庭環境から派生する問題に対して、関係者と協働で解決の糸口を見出し、対応していく。また、いじめや校内暴力などの学校環境から派生する問題にも、学校内外の人間関係をアセスメントし、介入する。このように、ソーシャルワークとは、関係性と居場所を再構築していく活動でもある。

［大友秀治］

# 08 学校の側面支援基地

# 教育相談センター

## 概要

　教育相談センター（教育相談所あるいは室：以下センター）は子どもに関する教育上・生活上の悩みについての相談を行う地域の公立相談機関である。各自治体の教育委員会所管であることが多い。学校の中にいるスクールカウンセラーと異なり、その外にあって、側面からの支援を行う「学校の側面支援基地」である。

　自治体によってその組織や機能には大きな違いがある。相談の対象は、地域在住・在学の3歳前後から18歳（中学卒業までの自治体もある）までの幼児、児童生徒、その保護者、教員である。相談の内容は、発達上の気がかり、登校渋りや不登校、非行、いじめ、情緒的な問題、対人関係のトラブル等、多岐に渡る。こうした相談内容に対して、子ども本人との面接相談、プレイセラピー（遊戯療法）、保護者との面接相談、学校との連携等を通して支援を行う（**継続的な心理相談**）。適切な子ども理解や支援方法を探るために心理検査の実施も可能である（**多角的な心理アセスメント**）（高野，2012）。

　公認心理師や臨床心理士などの心理職や教職経験者（校長職経験者など）が相談を担当する。地域の行政サービス機関であり、地域住民にとって相談（検査を含む）が無料で距離的にもアクセスしやすいこと、一定の時間（1回50分程度）を確保した継続的な相談が可能であること、地域資源や他の行政サービスとの繋がりが強いこと、学校の外に位置しているためスクールカウンセラーよりも外部性が高く、学校に対して一定の距離を置いて関わることが可能であること等の特徴がある（**地域の支援機関の橋渡し**）。しかし、保護者からの申し込みが必要で、申し込みのない場合はセンターからアプローチできないことが難点である。

# 特殊スキル

●継続性のあるコンスタントな心理相談

　毎週、隔週、月1回など、相談する人のニーズに合わせて継続的かつコンスタントに相談できる。保護者は面接相談、子どもはプレイセラピーや面接相談をそれぞれ別の担当者がついて同時並行で行うことも多く、親子同時にアプローチできる。相談員は、保護者面接では、日常とは離れた場でじっくりと時間をかけて話を聴きながら、保護者自身への心理支援も含めて相談を行う。必要に応じて、両親面接、子ども同席の家族面接等、多様な面接の形が可能である。子ども本人へは、プレイセラピーや面接相談を通して自分の気持ちを表現したり整理しながら、自身の持てる力を発揮していくための手伝いをする。保護者や子ども本人の了承のもと、学校に出向き担任教員や関係者との情報交換やコンサルテーションも行う。

●多角的な心理アセスメント

　継続相談だからこそ可能なのが丁寧で多面的なアセスメントである。子どもの生育歴や家庭での様子、親子の具体的なやりとり等を丁寧に聴き、子ども理解を深めることに加え、学校では実施が難しい心理検査も行うことができる。やみくもに検査を行うのではなく、継続相談のなかでその目的と必要性を見極め、検査を受けることについて本人や保護者の納得を得てから、適切な時期（進学や転学等）を見計らって実施することができるのもセンターの強みである。検査結果と生育歴、現在の学校や家庭の環境も含めて総合的に検討しアセスメントを行う。保護者や本人への結果のフィードバックや家庭・学校への支援プランの提案は、センターの欠かせない機能であり、学校の側面支援基地としての重要な役割である。

●地域の支援機関の橋渡し

　学校の外部に位置しているため、スクールカウンセラーと比べて学校と一定の距離を保ったやりとりや学校と保護者の間を調整する役割を担うことができる。地域の行政サービス機関の一つであることから、地域の社会資源の活用は得意である。児童相談所、子ども家庭支援センター、民生児童委員、医療機関等の地域の資源を熟知しており、日ごろから機関同士の連携も行われている。他機関を紹介した後も並行してセンターも利用でき、相談を終結した場合でもフォローアップ面接を行って、適切な支援が行われているかどうかの確認も可能である。相談終結後、子どもの成長に伴い新たな形で支援が必要となることもある。その場合、子どもの年齢や居住地が相談対象であれば再来という形で「帰ってくる」ことができる場でもある。センターは地域の支援を繋ぐ場、いつでも帰ってこられる場として子どもや保護者の心理支援の定点となっている（高野, 2012）。

# 弱点

● 来てくれないと始まらない

　保護者が相談を申し込んでから始まる相談であるため、保護者がセンターに相談しようという気持ちにならないと関わることが難しい。医療機関よりも心理的な敷居が低いとはいえ、「相談」に対して保護者の抵抗感が強い場合も多い。その場合、センターについての情報を学校から保護者に対して提供したり、相談を促してもらう等、教員やスクールカウンセラーとの緻密で丁寧な連携プレイがキモとなる。そのためには、学校やスクールカウンセラーが日頃からセンター機能を適切に理解していることに加え、センターと事前に打ち合わせて紹介のタイミングを適切に計り、紹介の理由を保護者に丁寧に伝えることが必要である。

● 機動力が乏しい

　学校の外にあるため、学校内での事故・事件等が起きた時や児童虐待が発見された時の子どもの心理ケアに即座に対応することが難しい。機動力に優れたスクールソーシャルワーカーや学校内にいるスクールカウンセラーの活動のバックアップ、また、継続的な支援が必要な場合の連携先として力を発揮する。

# 相性のいい職種

06 🔍 スクールカウンセラー

　「学校の作戦参謀」であるスクールカウンセラーと「学校の側面支援基地」であるセンターが協働し、センターが関わる子どもについての見立てや見通し、支援案などを同じ心理職であるスクールカウンセラーから教員にわかりやすく解説してもらったり、学校の状況にあわせた支援にアレンジしてもらうなどすると、より効果的な支援が可能となる。また、学校の内と外で一貫した支援方針があることは、子どもや保護者にとって安心感につながり、支援者への信頼も高まる。

02 📊 教員、05 🔊 養護教諭、04 👓 管理職

　日々子どもたちと接している教育の専門家である教員と、非日常の場で心理支援を行うセンターは、「教育と心理」「日常と非日常」という専門性や立場の違いがある。その違いから、行き違いや反発が生まれることもあるが、心理職が「学校現場」を知る努力を怠らないこと、学校や教員に対して自身の専門性（心理支援）について分かり易く説明する力を磨き、丁寧に伝えていくことによって、お互いの専門性や支援のあり方の違いを理解することが可能になるだろう。異なるスキルを持つ者同士がタッグを組み、両者の合わせ技で問題の攻略に向かうことができれば、より多面的で深い子ども理解・保護者理解や新たな気づき、より効果的な支援のヒ

ントが得られ、問題解決に大きく寄与できる絶妙のコンビとなる。

14 ⛪児童相談所・子ども家庭支援センター

　問題の背景に家庭の養育困難や児童虐待等がある場合、心理支援に加え福祉的な支援を行うことで家庭が安定し、状態が改善することが多い。福祉機関はアウトリーチが得意技でありセンターの機動力不足を補う心強いパートナーである。

# 特に有効な【問題】

### ①不登校

　不登校にはその背景に様々な要因が絡まりあっていることが多い。相談では「登校」を目指すことが当然だろうと思われがちだが、「登校」が根本的な問題解決にはならない場合も多い。センターが学校の外にあるからこそ、「登校」をゴールとするのではない支援（文部科学省，2016）のあり方が可能である。本人にとっての「不登校」の意味を長いスパンで考えてみる場にする、「教育支援センター（適応指導教室）」や「フリースクール」等の学校ではない居場所を探す、メンタルフレンドなど家庭訪問をするボランティアの活用等、多様な選択肢を視野に入れ、長期的見通しを持つと新たな解決が見えてくる場合も多い。

### ②発達の特性（発達障害を含む）やアタッチメントの問題に伴う二次障害

　これらは、その背景に長い歴史があることが多い。親子間の辛い「関わり合い」が繰り返され、親子共々に身動きできずにいることもある。センターでは親子双方に同時並行で継続的に関わり、こじれた親子関係を少しずつ解きほぐすことが期待できる。特に保護者面接では、相談員が保護者の不安や様々な思いを受け止め支えることで、保護者の気持ちが安定すると同時に親としてのあり方やこれまでの関係性についての見直しがなされ、親子関係が変化して状態改善に繋がっていく契機となる。こうした親子双方への心理支援はセンターの得意技といえよう。

[高野久美子]

# 09 眠れる資質を 引き出す祠

# 通級指導教室

## 概要

　通級指導教室とは、通常の学級に在籍する児童生徒が、当該学級に在籍したまま、障害（すなわち苦手なこと）に応じた指導を受けるために通う、いわゆる「通級による指導」を行う場である。通級による指導は、学校教育法施行規則第 140 条及び第 141 条に基づき行われ、対象となる障害種別は、言語障害、自閉スペクトラム症、情緒障害、弱視、難聴、限局性学習症、注意欠如・多動性障害、その他の障害（肢体不自由、病弱及び身体虚弱）である。通級指導教室は、通ってくる児童生徒に対して、個別に丁寧な関わりを行う場である（**一対一及び少人数での支援**）。本稿では、執筆者が所属する札幌市立小学校の言語障害通級指導教室（以下、ことばの教室）を紹介する。なお、通級指導教室では、ことばに限らず、障害に応じた支援が可能であり（**伸ばしたい資質に特化した支援**）、それらはまた異なる名称で呼ばれる。

　ことばの教室での支援の対象はことばに心配のある幼児と小学生、そしてその保護者である。まずは保護者からの教育相談申し込みから支援が始まる。初回教育相談で子どもの観察や保護者面接を行い、ことばの状態を把握し、どのような時に心配と思われる症状が出ているかを観察する。

　その過程で、実はことばそのものの心配だけでなく、「友達と遊べない」「自信がない」「落ち着きがない」等の様々な心配も見えてくる。初回教育相談後、通級による指導を重ねていくと「こちらの働きかけにあまり興味を示さない」「一方的に話しをしたり、動いたりする」「自分の気持ちより相手の気持ちに合わせようとする」「気持ちがわかりにくい」など、人との関わりの中で上手く自己表現ができない様子が見られ、ことばの心配とことば以外の心配が一緒に起きていることやどちらの心配も大きいことに気付かされる。更にこれらのことば以外の心配は友達関係、自信、積極性、思いやりなどに影を落として

いる。ゆえにことばの教室では、ことばの心配だけでなく、社会生活で大切なことに関わる心配についても支援を行っていくのである（**ことばと心と人をつなぐ支援**）。

## 特殊スキル

**●一対一及び少人数での支援**

　ことばの教室の支援の形態は個別指導である。小学生は週に１回程度、決まった曜日の決まった時間に、在籍学校から通ってくる。幼児は週に１回から月に１回程度、小学生の指導の合間をぬって午前中に通ってくる。慣例的に幼児は母子（親子）同室、小学生は母子（親子）分離で支援が行われる。指導室は小学校の教室よりプレイセラピーを行う心理相談室の一室に近いつくりである。たくさんの遊具があり、子どもにとっては遊びに来ている感覚で支援を始めることができる。

**●伸ばしたい資質に特化した支援**

　支援の内容には訓練的にことばに直接アプローチする支援と「遊び」を大切にした支援がある。前者には、正しい音の聞き分けや模倣、発音・発語の指導、流暢に話す練習、吃音との向き合い方に関わる指導、読み書きに関する指導などがあり、子どものニーズや発達段階に応じて行われる。発語器官の働き、耳の聴こえ、知能の発達、心身の健康などが伸ばしたい資質と言えよう。

**●ことばと心と人をつなぐ支援**

　一方で「遊び」を大切にした支援はほぼ全ての子どもの支援に取り入れられる。ことばの教室で行われる遊びは、ことばの発達に大切な人と関わる資質を伸ばし、「人に対する安心感・信頼感」と「自分の存在を肯定する心」を育てていくことに大きく寄与しているからである。その結果、ことばの心配とことば以外の心配が一緒に改善されていくことが多いのである。「『遊び』はことばである」と捉えて関わると「この子は何を感じているのか？」や「何を伝えたいのか？」をあれこれと考えることができる。そして、その時々で担当者はことばや行動で子どもたちに応じていくことになる。

　当然、担当者は子どもの心を正確に捉えているわけではない。しかし、大切なことは子どもの心を推し量る姿勢だと考える。この営みがあるから、「最近、『カ』の音が出るようになったね」とか「必死になったら、ことばがつまるようだね。つまる時って、自分でもわかるの？」など、ことばのことを自然に聞くことができ、子どもたちもそれに応じてくれる。"全然気がつかなかった"という反応の子もいれば、「わかるよ。話が長くなると『点』と『まる』がごちゃごちゃになって、息が

つまって、（吃音に）なっちゃうの」と答える子もいる。

　ことばの教室での遊びから生じるやりとりは、親が赤ちゃんの思いを細やかに察して応じるような親子のやりとりに似ている。そこから「人に対する安心感・信頼感」と「自分の存在を肯定する心」が育っていき、遊びの中から自然発生的に様々な会話が生じてくる。この担当者と子どものやりとりが、まさにことばと心と人をつなぐ支援と言えるだろう。

# 弱点

### ◉集団での子どもの姿を把握しにくい

　子どもの姿は個別指導の時と集団内では違っている。そして、幼稚園・保育園での子どもの様子、在籍学級での子どもの様子は、通級時に保護者から聞くことがほとんどである。そこで担当者は学級担任を訪問したり、授業参観したりするが、頻度は年に1～2回ほどと少なく、集団内の実態把握は難しい。ニーズに応じた支援を行うためにもことばの教室と学級担任の間で子どもの様子を定期的に交流していく手だてを検討する必要がある。

### ◉医療的アセスメントをもらいたい

　教員である以上は当然の弱点である。ことばの発達と聴力や口腔機能は密接に関係しているので、耳鼻科や口腔外科との連携は必須である。また、ことばの心配と発達障害を併せ持った子どもや選択性緘黙の子どもの場合、児童精神科を定期的に受診していることがある。ここで述べた医療機関からは、聴力検査、構音検査、心理検査などの各種検査の結果や所見は保護者を通して手に入る。これらのほかに、支援について医療の立場からの助言をもらいたい。

### ◉臨床心理的アセスメントをもらいたい

　通級している子どもと保護者が在籍学校のスクールカウンセラーと関わりがあったり、大学の心理相談室に通ったりしている場合には、連携の一環で心理職の方と情報交流できる。しかし、まだまだ心理職の方たちとの関わりは希薄なのが実態である。プレイセラピーに近い関わりをしているだけに専門の方からスーパーバイズを受けられないのは不安が大きい。心理職の方からの助言が定期的にあると支援の幅が広がり、効果も期待できる。そして、何よりも担当者自身が安心して支援を続けることができる。

## 相性のいい職種

02 📊 在籍学校の学級担任、03 🎓 教師（特別支援コーディネーター）、06 🔍 スクールカ
ウンセラー

　ことばの教室担当者が抱える弱点を補ってくれる重要な連携相手である。学級担
任や特別支援コーディネーターから、集団での子どもの様子や学力の実態などを教
えてもらい、スクールカウンセラーより子どもと保護者への心理援助について助言
を受ける。通級している子どもへの支援者という意味でも、ことばの教室担当者の
大切な仲間たちといえよう。

16 🏠 通級児童生徒の保護者

　保護者も支援の対象であるが、同時に子どもの支援を協力して行う、強力なパー
トナーでもある。なぜなら、子どもの育ちやことばを誰よりも身近に見て、感じて
いる存在だからである。保護者との話し合いから、子どものことばと心との関わり
の変容を再確認し、支援の方向性を随時探っていくのである。保護者との連携なく
して支援は成立しないのである。

## 特に有効な【問題】

①発話・発音に心配がある。

　発話・発音の心配とは次のとおりである。特定の音を誤って発音し、それがある
程度習慣化されている状態（器質性・機能性構音障害）、ことばの理解力及び表現
力が年齢相応の段階に達していない状態（言語発達の遅れ）、話すときに同じ音を
繰り返したり、引き伸ばしたり、つまって出てこない状態（吃音）がそれである。
これらの心配のある子どもたちがことばの教室の支援の対象となる。

②話すことが不安。特定の場所で話すことができない。

　家庭では話すが学校では話せなくなるなど、他の状況で話しているにもかかわら
ず、話すことが期待されている特定の社会的状況において、話すことが一貫してで
きない状態（選択性緘黙）の子どもは、ことばの教室の支援の対象である。なお、
発達障害を併せ持っていても、話すことができない状態が主訴ならば、ことばの教
室の支援の対象となる（発話・発音に心配のある子どもも同様である）。

[濱崎健]

# 10 折れた勇気を
蘇らせる修行の場

# 適応指導教室

## 概要

　増え続ける不登校児童・生徒の学校復帰を支援する目的で文部科学省（1992
〜）が整備を推進している教育機関。「教育委員会が学校以外の場所や学校の
余裕教室などにおいて、児童生徒の在籍校と連携をとりつつ、個別カウンセリ
ング、集団活動、教科活動などを行うところ」と定義されている。小中校生が
対象である。

　指導主事、心理相談員（臨床心理士等）、集団指導員（退職教員、教員を目
指す若者等）で運営されているが、退職教員を中心とした形態もあり、スタッ
フの構成は一律ではない。指導主事は全体のマネジメント・コーディネートを
行う役割を持ち、学校との調整及び適応、事例の管理及び運営を行う。心理相
談員の役割は心理的支援が主で、児童生徒や保護者への面接（**カウンセリン
グ**）、教員へのコンサルテーションを担う。集団指導員は学習を含めた集団適
応指導を行う教育的支援という役割を持つ。心理相談員は児童生徒の内的世界
を理解し、本人らしさを大切にしながら自己治癒力を支援。一方集団指導員は
登校や受験など現実的な課題や現実適応のための支援に関わる。この心理的支
援と教育的支援のコラボレーションが実現した場合、児童生徒の学校復帰率は
劇的に高くなり、高校進学など進路保障につながっている。子どもたちは、適
応指導教室に通うことで自分の居場所を得て、指導員や同じ通級生との人間関
係の中で自信を取り戻し、外の世界（学校）に踏み出すだろう（**学校復帰のプ
ランニング**）。適応指導教室で活動した日数は 在籍校の出席日数として認めら
れる点においても、学校復帰へのステップ台として最も有効な機関と言えよう。

# 特殊スキル

●心理的支援（個別面接）

　児童生徒に対してプレイセラピー及びカウンセリングを行う。保護者へは親カウンセリングを実施。教員にはコンサルテーションを行う。小学校の時期は保護者との関係が密接なので、親子で面接を行ったり、学校と連携して親子での部分登校を試みたりする等、保護者の相談・環境調整を同時進行で行える。中学校では不登校が長期化すると引きこもり傾向が強くなるので、まず保護者の面接からスタートすることが多い。親としての自信を回復し、親としての役割をとれるようになると家庭環境が改善され、生徒の精神が安定し来室につながる。来室から集団適応、学校復帰、受験の悩み相談など心理的支援を丁寧に行える。

●教育的支援（集団適応指導）

　小集団の中で対人関係を学び、教育面に配慮した様々な活動を体験させることによって児童生徒の自信を回復させ、学校復帰へつなげることができる。教科学習、体育の授業、表現活動（音楽・習字・美術等）、家庭科（調理実習）、植物栽培、清掃活動等、学校復帰に向けての教育的支援が受けられる。また、筍掘りやサマーキャンプ、登山、遠足等を実施している教室もあり、豊かな体験と楽しさの共有を味わうことができる。高校受験という大きな目標に向かう中学3年生に対しては、学校と連携しながら進路指導を行うことができる。親子共に不安を抱える時に、心理的支援とコラボレーションすることでより強力な支援体制がとれる。

●学校復帰のプランニング

　不登校状態から学校復帰途上状態にある児童生徒の心理的変化や学校への要望を、指導員を通して学校側へ伝えることができる。また、担任が適応指導教室に訪れることによって、児童生徒とのコミュニケーションを図り学校復帰への環境調整のプランニングに役立てることができる。

# 弱点

●心理的支援と教育的支援のバランスの難しさ

　2015年には1300か所の適応指導教室が設置されたが、様々な運営形態があり活動内容は統一されたものではない。主に心理的支援を中心に運営されている所では、事例を丁寧に見るという利点はあるが、心理的に回復し学習を希望した際に教育的支援を受けるプログラムが整っていないという問題点を持つ。教育的支援を中心に行っている所では、個々の心理的な回復段階を見極め、在籍校の教員へのコンサルテーションを含めた心理的支援のマネジメントが明確にされていない場合があ

る。学校復帰には心理的支援と教育的支援のコラボレーションが最も必要だが、その視点でマネジメントを行っている教室はまだ少ない。心理的支援と教育的支援のコラボレーションを実現するためには、心理と教育両面の専門性を持ち合わせた人材が必要である。子どもたち一人ひとりの心理的回復を見極め、教育的支援で自信をつけさせ、学校復帰へつなぐマネジメント力のある人材が望まれる。

◉通級生の割合が低い

　全国の適応指導教室で指導を受けた児童生徒は 1 万 5000 人。これは不登校児童生徒の数 11 万 9617 人（2015）の 1 割程度の人数である。不登校になった心的背景が複雑化し、高度な心理的支援が必要になったにも関わらず、人材が不足していること。「無理に登校を促すのは良くない。学校に行かない生き方もある」等の風潮に流されていること等、様々な原因が考えられる。児童生徒の進路保障に真剣に向き合い、学校復帰への一番の力になれる適応指導教室の明確なガイドラインが早急に望まれる。

　何より大切なことは、子どもたちが在籍する学校の教師集団の認識にある。子どもたちは、今は不登校の状態であるが「自分の学校の子」「自分のクラスの子」であることはまぎれもない。教師集団が適応指導教室というステップ台を通して、子どもたちや保護者・相談員や指導員と主体的に関わり、学校復帰への環境を着実に整えてこそ適応指導教室の意義が生かされる。その認識は、ガイドラインづくりの欠かせないベースである。

## 相性のいい職種

02 📖 教師（担任）

　担任の協力なしでは児童生徒の学校復帰は実現できない。不登校児童生徒を抱える担任にとって、適応指導教室は、復帰途上の状態を最も把握しやすい場である。再登校への不安 や期待を持ちつつ活動している児童生徒が今どのような心的段階にあるのか、その理解につながる情報を得ることができる。それを基に復帰に向けてクラス環境を整え、養護教諭・学年集団・進路指導担当教員等とサポート体制を組むことができたら、児童生徒の居場所作りを実現できる。

05 🔊 教師（教師集団・養護教諭等）・03 👕 教科担当教員

　不登校児童生徒の学校復帰という共通の目標に向けて、お互いに連携し合う最も強い関係性を持つ。学校側にとっては、学校復帰途上にある児童生徒の活動を直接目にすることができるのが適応指導教室である。出前授業や個別のテストの実施等を通して児童生徒とコミュニケーションをとりやすいのも大きな利点である。また、心理指導員のコンサルテーションを受けたり、集団指導員から児童生徒の活動

報告を受けたりすることによって、学校復帰に向けて環境を整え復帰後のサポート体制も具体的にプランニングできる。

### 16 🏠 保護者

不登校状態が長引くと保護者も気が引けて学校から遠ざかる傾向にあるので、解決への一歩として適応指導教室での面接は有意義になる。自分の子どものために今何をすれば良いのかに気付くことで家庭が安定し、再登校へのエネルギーを満たす基盤づくりを保護者も学ぶことができる。

# 特に有効な【問題】

### ①不登校

不登校児童生徒の学校復帰を目指すステップ台として適応指導教室の果たす役割は大きい。個々のケースによって回復への道は様々であるが、以下の過程を経て児童生徒は学校への復帰を果たしている。

Ⅰ　不登校時期：指導員による訪問指導、心理指導員による保護者面接

Ⅱ　来室・個別面接開始時期：心理指導員による面接、指導員との関わりによる大人への信頼回復、居場所の確保

Ⅲ　集団活動参加時期：指導員による学習支援や集団適応指導、来室者同士の関わりによる自信回復、必要に応じて心理面接、学校の先生との関わり

Ⅳ　再登校（登校途上）時期：学校での居場所の確保、学校の行事参加、必要に応じて適応指導教室指導員による支援

［安川禎亮］

# 11 可能性を秘めた村人

# 学校ボランティア

## 概要

　学校現場に赴き、様々な方針に沿って活動するボランティアのこと。多くは教職課程の大学生や、将来心理職として学校現場で働こうと考えている心理系の学生・大学院生、学校現場に興味がある学生・社会人・地域住民などからなる。基本的には教育委員会からの募集により応募・登録・派遣という段階を踏むが、各学校単位や地域の教育相談センター単位でのボランティア登録の形をとる場合や、大学の授業の一環として、大学と連携している地域の小中学校に学生・大学院生が派遣される場合もある。ボランティアとして依頼される内容は様々であり、児童の登下校の見守りや放課後の学習支援なども活動に含まれる。本章では心理的に課題を持つと思われる児童生徒に対して教室内外で活動していく学校ボランティアについて説明をしていく。

　活動時間は基本的には、児童生徒の在校する時間となり早ければ朝の 8 時から活動を開始し、放課後 15 時程度まで活動が続くものもある。一方で、授業科目単位のように 3 時間目と 4 時間目の時間だけ教室で児童生徒の授業補助をするような活動もあるが、基本的には「**自由な時間割**」の中で活動を行う。現在の学校ボランティアの主な対象となる児童生徒は、教室で授業内容についていけない子どもや、授業中に立ち歩いてしまい場合によっては教室外に出てしまう子ども、またカッとなりやすく周りの子どもたちにちょっかいを出してしまうような子どもなどである。どのような対応が子どもたちにとってより良い学校生活となるのか、慎重に見極めて活動を行う必要がある。また不登校傾向の子どもたちが保健室・相談室登校をした際に、学習補助としてともに過ごすことや、話し相手になることも求められ、子どもたちの置かれた状況に「**ひたむきに向き合う**」ことが求められる。学校での様々なボランティア体験が彼ら自身の人生を大きく「**クラスチェンジ**」させることも多く、より良い活動とな

るよう学校側からのサポートも必須となる。

## 特殊スキル
. . . . . . . . . . . . . . . . . . . . . . . . . . . . . . . . . . . . . . . . . . . . . . . . . . . . . . . . . . . .

◉「自由な時間割」

　基本的には学校内の時間的制約（例えば時間割）の中でボランティアも活動をしていくが、支援をしている学級・子どもたちに新たな対応が必要となった場合（例えば、対象児童が授業中に逃げ出すなど）、時間割や時間的制約に縛られず、彼らに付きそうことができる。多くの教員が、支援が必要な子どもたちに関わりたいと思う一方で、教室運営のために関われない中、ボランティアの自由な時間割は子どもたちにとっての安心材料や、教員にとっての「ボランティアの人が見てくれるから、今は教室に、授業に集中しよう」という気持ちを持たせることができ、非常に重要なスキルとなる。

◉「ひたむきに向き合う」

　ボランティアのもつ最大のスキルは、子どもたちに対して真剣にひたむきに向き合うことである。教職員と異なり特殊技能を持たない彼らは、目の前にいる子どもたちに対して誠心誠意向き合うことを活動の中心に据えることとなる。このひたむきさがあることで、子どもたちも彼らに対して親しみをもち、単なるボランティアではなく、教室にいる「〇〇さん」という認識をもって接し、関係が徐々に深まる契機となる。またこのスキルは更なるレベルアップを遂げる。評価が行われやすい学校にいながら子どもたちを評価しない大人としての、ボランティアへの認識である。評価をしない存在であり、さらには信頼できる大人がそばにいることで、子どもたちの学校生活は今まで以上に安心で、安定的に送れるようになる。

◉「クラスチェンジ」

　ボランティアは様々な「上級職へのクラスチェンジ」が可能である。教員の道や、学校臨床の専門家、もちろん会社員など、様々な立場へのクラスチェンジを行うことが可能である。またボランティアとしての学校現場での体験は、彼らをかつての教えられていた児童生徒という立場から、学校職員としての立場への変容を促し、社会化の過程を促すことに加え、学校を客観的な視点で見ることができるようになる。もちろん、ポジティブな体験だけとは限らないが、ボランティアとしての体験をより良いものとして彼らが昇華できるようにボランティア自身をフォローすることも非常に重要である。

# 弱点

**◉不安定な立ち位置**

　ボランティアの弱点が「不安定な立ち位置」である。子どもたちと年が近いことも多いボランティアは、思春期世代の生徒からは相談だけではなく反発・反抗の対象になりやすく、なめられることも多い。また何らかの教育技能やカウンセリング技能を持つわけではないため、教師の真似をし教育的に振る舞うことや、カウンセラーのように振る舞うことも効果がみられないことが多い。なめられながらも、教室内外でボランティアとしての活動を真摯にやり続けることが重要となる。また、基本的に学校現場での活動は教職員の指示のもと行うため、臨機応変な対応は得意ではない。突発的な出来事も事前に想定をし、ボランティアとしての行動ルールを教職員とともに作っておくことが非常に重要となる。ルール作りを含め、不安定な立場を安定的にするためにも担任をはじめとした教職員との連携は必須である。しかし、ボランティアとしての活動時間が担任の授業担当時間と重なることも多く、情報交換や連携がしにくい場面も多い。場合によっては活動時間後まで残り担任との情報共有を行うことや、文書やメール等を用いて情報共有を行う必要も出てくるため、情報管理上の注意も必要となる。

**◉「現場」に必ずしも歓迎されない**

　ボランティアを引き受けたものの、実際に支援の必要のないクラスへの派遣となる場合や、担任は支援を必要としていないが管理職からの指示でボランティアが派遣された場合、担任からの指示が全くない形で活動が始まることがある。指示がないと動きにくいボランティアは、教室で完全に浮く存在となる。加えて担任のボランティアに対する態度を敏感に察知する子どもたちは、不要とされたボランティアに対してなめた態度をとることとなる。こうなった場合、ボランティアの活動はただただ疲弊するだけの悲惨な活動となることが多い。仮に支援は不要とされた場合も、担任とよく相談し（実際は人がいると助かることが多いため）、ボランティア活動での目的を見出していくことが求められる。

# 相性のいい職種

**02 ⚒クラス担任・03 ⚕教科担当教員**

　基本的には教室内で個別に児童生徒に関わることが多いため、クラス担任や教科担任とはよく相談をし、活動をする必要がある。コミュニケーションも必然的に増えるため、相性の良い職種の一つである。

06 🔍 スクールカウンセラー・05 🔊 養護教諭

評価しない大人という点で、ボランティアもスクールカウンセラー・養護教諭と同じ特性を備えている。そのため、子どもたちへの視点が似通ったものになることが多くあり、子どもたちへのアセスメントや対応について、情報共有をすることも多く、非常に相性の良い職種である。

### 16 🏠 保護者

子どもたちの保護者も重要な存在である。ボランティア活動が軌道にのり、子どもたちとの関係性もしっかりと築けている場合、ボランティアの存在は保護者も知るところとなる。場合によっては、子どもに関する個別の相談をしてくる場合もあるが、そうした際には担任と相談の上、返答をする必要がある。

# 特に有効な【問題】

### ①「発達障害」の傾向がある児童生徒

発達障害の傾向がある子どもたちは、1対1対応が可能なボランティアが最も関わりやすい。ただし、言うことを聞かせよう、指示通りにさせようとするとうまくいかないことが多い。自由な時間割特性を活かして、子どもたちの傾向を見極め、その特性や背景にまで思いをはせ、行動につきそうことで多動傾向の改善や学習状況の進展へと向かう場合が多い。個別に丁寧に接する中で、その時々の必要な関わりをしていくことが非常に重要である。

### ②「不登校」傾向がある児童生徒

学校臨床希望のボランティアの最も得意とする問題。なんらかの問題で不登校状態になりかけている子どもたちに対して、心理的ケアを行うことができる。ただし初級レベルのケアしかできないため、話をきき、人生のちょっと先輩として自分の体験などを話す程度にとどまることが多い。良き話し相手として居続けることが重要である。

［駒屋雄高］

# 12 隠れ里の賢者

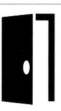

# フリースクールスタッフ

## 概要

　人の育ちを保障する、学校以外の場を運営している人たちを指す。ここでは「オルタナティブスクール」「デモクラティックスクール」「サドベリースクール」「フリースペース」「居場所」などの呼び名を持つ団体も総称する。不登校対策を行う公設の教育支援センター（適応指導教室）とよく勘違いされるが、私設であるところがほとんどであり、教育の目標は学習指導要領にとらわれず、各々の考えに基づいて人と関わる。

　総じて一人の児童生徒と関わる時間は長く、担任や指導担当者が異動で変わってしまう学校とは違う時間の流れを持つ（**継続的なサポート**）。また、児童生徒に対する指導指示は少なく、カリキュラムは児童生徒の自主性により決定されるところが多い。学校とは違う時間の流れと人間関係の中で、個人の成長を保障し、育まれていく様を見守っていく。一か所あたりの利用人数は 10 名前後のところが多く、発達上の課題を持つ児童生徒への対応に長けているところも多々ある（**個性に合わせた活動のサポート**）。

　職員は多種多様な背景を持ち、教職・心理職の資格を持つことも多い。また、ボランティアとして若者に関わってもらう団体もあり、児童生徒にとっては家族・教師以外の大人モデルと出会う場になる。

　不登校児童生徒を学校復帰させることを目標にするフリースクールもあるが、基本的に利用者は学校から逃れる場として選択するので、「チーム学校」が児童生徒へ紹介することに抵抗感を持つことが多い。故に学校が児童生徒に提示する例は少ないが、スクールカウンセラーやスクールソーシャルワーカー、医療福祉関係者とは相性がいい。ケース会議のような連携の場を設ければ、共に活動しやすい。

　学校関係者からすると、どのようなことをしている場所なのかわからない

が、そこでは児童生徒が気楽な時間を過ごしていて（「ただ居る」ことの保証）自分たちは入ることが難しい伝説の国のように映っているかもしれない。

## 特殊スキル

◉継続的なサポート

　フリースクールの年限はスクールごとに違うが、義務教育から高校年齢くらいまでは在籍可能なところが多い。クラス替えや担任交代のような個別の対応が切れるようなシステムを持つところも少ない。一人ひとりがどのように変化・成長していくかをゆっくりと見ていく体制を作る。また、利用を終了した後にも、スクールを訪れて過ごす、ボランティアとして活動を支援する、様々な相談に乗ってもらうことが可能であるなど、関わりを様々な形で続けることがよくあり、サポートが継続されるスクールは多い。

◉個性に合わせた活動のサポート

　学習指導要領にとらわれることのないカリキュラムを実施するフリースクールでは、学校で身に付くスキルとは全く違うスキルを身につけられる。カリキュラムを持たないタイプのフリースクールだと、個人が持つ特性を伸ばす形でスキルアップしていける。伝説の武器や強力な呪文、特技を身につけるようなものだ。一般の人とは違う能力を身に付けた人は、ほとんどの人が太刀打ちできないような苦境や解決策が一見見当たらない問題で力を発揮できることが期待できる。このサポートは、フリースクールに教員以外の様々な経歴の人が集うことで可能になっている。スタッフは福祉関係の資格のある人、音楽や絵画など芸術的な能力に優れた人など技能的な多様もさることながら、経歴上社会との多くの接点を持っていることが多い。これはフリースクールから社会に繋がろうと進路を考える時に威力を発揮する。いわば、それまでと全く違う土地へのワープができるようなものである。

◉「ただ居る」ことの保障

　ゲームなら一晩の宿や薬草で人は癒されるが、現実で傷ついた心を癒すには時間と場所が必要だ。フリースクールは、特に、いじめや発達障害などで対人関係構築に難しさを持ち、自信を失っている人が所属できる場所として機能する。少人数の仲間と特性を理解したスタッフの中でゆっくりとした時間を過ごすことができる、子どもの休息権を保障する施設である。家・学校以外のサードプレイスとして、何者かになることを求められない時空間を提供し、癒しと成長をもたらし新たな探索行動に向かう気力を蘇らせる。

# 弱点

## ◉費用がかかる

制度的には学習塾と同じため、公的な支援制度は確立されていない。そのため、経営は利用料で賄わねばならず、月謝の全国平均は三万円以上となっている。一部団体では経済的に利用が困難な家庭に対する独自の支援制度やきょうだい割引を設けているので、利用前に調べてみることを勧める。

## ◉相性がある

それぞれの団体が教育について独自の考え方を持っているので、「フリースクール」という名前であればどこでも同じ活動であるとは言えない。周囲からすると学校復帰を目指すフリースクールは魅力的だが、当事者はそれを歓迎しないことは多い。逆に、当事者が良いと感じたフリースクールが教師や保護者からすると活動に不満が出ることもある。フリースクール利用前には、子どもが信頼をおける関係者を交えてフリースクールに何を求めるかを話し合い、はっきりさせておくことが望ましい。その上で、見学・体験を行えば相性が合わなかったということを極力防げるだろう。

## ◉情報と数が少ない

教育機会確保法が制定されたことで今後は状況が変わると思われるが、教育委員会でフリースクールの情報をまとめてネットや紙媒体で紹介しているところは少ない。そのため、見つけるためには、自分自身でネット検索したり親の会などの口コミで探したりする必要がある。また、フリースクールは市民活動としての側面があるので、自治体の市民活動を支援している部署に尋ねると繋がることもある。

# 相性のいい職種

## 06 🔍 スクールカウンセラー

学校の中にいながら子ども自身の思いに基づいて、学校以外の選択肢を視野に入れてアドバイスができる職であり、フリースクールと繋がると子どもの成長を共に考えその変化・成長に付き合っていくことができる。心理的サポートができる専門的知識がフリースクールスタッフの助けになることも多い。

## 07 ✎ スクールソーシャルワーカー

フリースクールに対して学校が抵抗感を持つこともある。子どもの成長や進路決定の際に学校以外の選択肢が必要なこともある。フリースクールは公教育と距離があるために、その利用を巡って学校とトラブルになることもある。一方で様々な社会資源と繋がり易くもある。スクールソーシャルワーカーは子どもがフリースクー

ルを使う時に、トラブルに介入して乗り越える支援を行うことができる。変化・成長に資する社会資源と繋がる支援もできる。

## 特に有効な【問題】

### ①学校が適応できない人全般

　元来フリースクールは不登校に対応するためにできたのではなく、学びの当事者が何にも縛られず学びを自由に組み立てる中で最も成長できるという理念に基づいて、海外で100年近く前に生まれたものである。しかし日本では、1980年代に不登校などで学校教育から外れた子どもの成長をどう考えるかという課題に向き合った人たちによって運営されることとなってきた経緯があったため、社会的にもフリースクールは不登校に対応する機関として認識されていると言える。学校や公教育とは別の軸で人の成長を考えるという立場で、フリースクールは公教育以外の教育についての情報が集まり易い。それは、全ての子どもを対象にすると言いつつ実は限界がある公教育の限界を補完するものである。

　公教育の限界が一番わかりやすい形で現れているのが不登校であるが、フリースクールは不登校のみを対象としているわけではない。登校はしていても辛い時期を過ごしている人、特別支援教育のような既存の教育システムを使ってみたが合わない人、いじめなどで教育から排除されている人、知的発達が進み過ぎて公教育のスピードでは遅すぎる人など学校が適応できない人に対応して教育を考えていくことができるのがフリークスールである。

[山田大樹]

# 13 「剣」を活かす癒し手（ヒーラー）

# 医師

## 概要

　6 年制医師養成プログラムで学び医師国家試験に合格し医師免許を持つ。行政で働いたり大学等で研究したりしている者もいる。病院では特有の服装や装備を持っているがそのほかでは判別し難い。得意分野ごとに能力が細分化されている。学校と接点を持ちやすいのは小児科医だが比較的少数で、地域によっては内科医や外科医等であることもある。都市部に多く分布し、それ以外の地域では不足しがちである。患者の心身の不調を**診断**し、適切な**治療**方法を選択できる。また、他の専門家に**指示**を出し、チームをまとめる。スキルの持つ力が比較的強大である一方、繊細な運用が要求され、レベルアップには経験値をかなり多く稼ぐ必要があり、育成に時間がかかる。

## 特殊スキル

◉診断

　基本の技は心身の不調についてお話を聞き、様々な技法を駆使して「診断」し、それにふさわしい治療を施すことである。「診断」は英語で "diagnosis" だが、語源的には「その状態が正常かそうでないかのどちらかに分けること」である。そのスキルを使用されたものは「切り分けられた」気分を味わうことがしばしばあるが、適切に切り分けて「診断名」をつけることにより、治療や支援の方向性が決めやすくなる利点がある。

◉治療

　お話をするだけで良い場合もあるが、薬物を使ったり、文字通り「剣」としての刃物やレーザー、放射線等を用いて病巣部位を取り除いたり、形の不具合を修正したり健常な臓器と取り替えるなどの方法を用いる。治療は自宅から通って進める場

合（外来通院）が多いが、寝泊まりしながらの場合（入院）もある。「副作用・副反応・合併症」といった状態異常が発生する場合もあり、どのようなスキルを用いるかは回復の見込みと状態異常発生のバランスを勘案して決められる。時には副作用があるとわかっていて使うこともあるが、責任の所在を自らと覚悟して使っており、それについての疑問はネットなどからの情報で判断せず直接相談していただける方が有難い。

### ●指示

「ほかの専門家に指示を出す」スキルもまた強大である。疾病への対応という点で医師は指揮系統の最高位に常にいることを求められる。だから結構孤独である。

## 弱点

### ●多忙

生老病死が時を選ばないためどうしても労働時間は長くなる。日々研鑽を積むことだけでなく、一定の学会参加がレベルの維持と専門資格維持のために要求されている。したがってHP（編集者註：RPGの用語で、体力の意）の回復が追いつかない医師も多い。主治医制ではなくチーム医療制にする、勤務時間の上限を設けるなどのほか、文書作成を医療クラークに依頼する、保健師や教師に子どもの日常の観察とフィードバックを依頼する、心理士（師）の面接を活用するなどの工夫を模索しているところでもある。

また、医療は医師だけでなくほかのスタッフも揃い、チームとなって初めて成り立つ支援サービスである。人手の不足する夜間休日に病院のフルパワーが発揮できるものではない。フルパワーでの支援ができるよう、ぜひ通常の営業時間内にいらしていただきたい。

### ●ケアとキュアのバランスを取ることが難しい

医師資格を取得後、研修を経て何らかの専門分野を選択する場合が多い。必要な知識やスキルがまた膨大にあり全体を俯瞰しにくくなっていく。ケアというスキルは患者に近い立場の学生時代に最大でその後減弱し、免許取得後は医師としてのキュアのスキルが強くなっていくと言われることもある。

### ●他職種との連携が苦手である

医療の仕組み上、医師は資格取得時から「先生」と呼ばれ、その指示に他のスタッフが従うという基本スタイルの中で仕事を行う。他職種との対等な立場でのやり取りや、個々の専門性を尊重することについては発展途上な若い医師も多い。

医師はヒエラルキーのかなり上にいるようなイメージが強く、医師というキャラクターをパーティに加えることは難しいと思われがちだ。けれど、子どもたちに辛

い思いをして欲しくないという思いは人一倍強く、共感するあまり自分も辛くなることが時々ある。パーティに加わってもらえたならその強大なパワーは心強いと思う。医療の場には学校と同じく特有の歴史と方法論があるので、戸惑うことも多いだろうが、それでうまく連携できないのでは大変もったいない。医師とのコンタクトには、一般的には地域連携室や MSW（メディカルソーシャルワーカー）を利用していただくと良いと思う。また教育委員会と地域の病院との間に普段から連携体制ができていると、いざという時に個々の学校現場とも連携を取りやすいだろう。

## 相性のいい職種

いつもありがとうございます、と書かずにはいられません。

### 02 ●▮担任、03 ☂ 学年主任

直接子どもたちと接しているため、相互のやりとりが最も発生しやすいと思われる。ところが双方の文化が異なるために時々お互いに理解しあえない時もある。その子の幸せを願うという点で思いは同じであるから、ぜひ協力して取り組みたい。スクールカウンセラーやスクールソーシャルワーカー、MSW 等の介入があるとうまくいくこともあるので、ご活用いただきたい。

### 04 👓 管理職、03 ☂ 主幹教諭

指揮系統の上位にいる者同士ということで、どうしても管理職との連携が多くなりがち。

### 05 🔊 養護教諭

子どもたちの健康管理を職務とするという共通点があるので接点を持ちやすい。同じ専門用語を使って話がしやすいという点で医療側にとっては期待が大きくなりやすい。

## 特に有効な【問題】

### ①身体の不調

特に熱中症や痙攣、意識消失等一刻を争う場合は基本的な救命救急措置を行いながら直ちに病院で医師の援助を受けなければならない。感染症流行時には学校医の判断のもとで学級・学校閉鎖を行う。定期健診、尿検査や体格検査の二次検査依頼、心電図健診、運動会での医療班、学校環境整備に関する助言指導を行うこともある。

### ②発達障害や不登校など、心の不調についての診断治療、学校への助言

発達障害や愛着障害は、自信の喪失や他者への不信感、不安、抑うつの高まり、自傷行為や自殺企図などの、深刻な二次障害につながりうる。いじめ、クラスメイ

トや教師との関係に悩む子どもなども相談の対象となるだろう。起立性調節障害の
ような、年齢依存性に増加する身体の機能的な不調も不登校の原因となりうる。知
的に低くても行動が穏やかなためになかなか気づかれず、学習場面で不適応を起こ
してはじめて知的障害の診断に至るケースも時々見かける（本来は不適応になる前
に気づいてあげたい）。中学生以降は本格的な精神疾患発症の時期とも重なってく
る。スクールカウンセラーは心のトラブルを生じているにもかかわらず適切にアウ
トプットできずにいる児童生徒を早期に発見し、教師たちや保護者が早い段階で適
切に関われるようになることを支援するほか、医療機関受診の要否についてまで助
言することを期待されている。地域の医師は紹介があれば適切に診察し、必要なら
ば診断して治療や療育、心理的な介入へつなげるなどの方略を決定して治療を開始
したり、必要な専門家にリファーしたりすることを期待されている。身体疾患・精
神疾患のいかんを問わず、地域を離れての専門的な治療の後、再び元の地域に戻
り、学校へ復帰する場合、学校生活に関してどんなことに注意しながら関われば良
いか、どの医師に相談したら良いのか（難しい病気になればいくつもの科にまたが
って診療されていることもあるため）学校独自には判断しづらい場面もあるだろ
う。そうした時には地域の医師を仲間にしておくと、相談のためのコーディネート
をしたり、医師同士で相談して内容を説明したりしてくれるなど、その子どもが学
校で居心地よく過ごすための力になってくれる（と期待したい）。

[藤根美穂]

# 14 子どもの福祉を守る 最後の砦

## 児童相談所／ 児童養護施設

## 児童相談所・児童養護施設

　児童相談所と児童養護施設はともに児童福祉法に基づいて設置されている。児童相談所は18歳未満の子どもの福祉に関わるあらゆる相談に対応する機関である。相談内容は、養護相談、障害相談、非行相談、育成相談、その他に分けられる。職員は、ソーシャルワークを専門に行う児童福祉司、子どもの心理アセスメントや心理治療を行う児童心理司などをはじめ、嘱託の医師や弁護士もおり、様々な角度から支援にあたっている。基本的機能は、市町村援助機能、相談機能、**一時保護機能、措置機能**である。近年の児童虐待問題対応件数の増加に伴い業務が増大したこともあわせ、全ての相談に対して直接対応するだけでなく、特に専門的な知識及び技術を必要とする事例への対応や市町村の後方支援を重点的に行う方向に軸足を移している。各種手当や制度を活用することができる知的障害手帳の発行など重要な業務を担っているが、現在は児童虐待問題への対応が中心といっても過言ではないほど、その業務に忙殺されている。

　児童養護施設は保護者がいなかったり病気であったり、また虐待されているなど、様々な理由から家庭で生活することができない子どもを養育する施設である。主に2～18歳までの子どもが多く生活している。家庭で育つことができない子どもを社会が代わりとなって育てる仕組みを社会的養護というが、里親と同じく家庭的な養育を子どもに提供し、家庭に代わって子どもを育て自立に向けての様々な援助を行っている。多くの子どもが慣れ親しんだ環境や大人との別れ、虐待などを経験し、心に傷を持っていることも多い。また、逆境的環境から、発達の偏りや遅れなどの課題を示す子どもも多く存在している。そのため、衣食住や子どもとの関係形成などの基本的な養育機能だけでなく、トラウマやアタッチメントの問題への心理治療的支援や、子どもの発達状況に応

じた特別支援、学校や児童相談所、地域などの子どもを取り巻く環境との調整
や連携、離れて暮らしている家族との再統合など、専門的かつ多面的な支援を
子どもに提供することが求められる（**専門的養育機能**）。児童指導員や保育
士、心理療法担当職員や栄養士、看護師、非常勤の医師など、子どもの生活を
支える様々な職員が働いている。

## 特殊スキル

### ●一時保護機能（児童相談所）

　児童福祉法に基づき、子どもの福祉のために必要であると認められた場合には、
たとえ親の同意が得られなくとも子どもを一時保護所に一時保護することができ
る。子どもの安全を守るという目的のほかにも、子どもと家庭の心理社会的なアセ
スメントや今後の援助方針を検討するために行われる。

### ●措置機能（児童相談所）

　児童養護施設、児童自立支援施設、児童心理治療施設、知的障害児入所施設など
の児童福祉施設や里親などに、子どもを入所、委託させること。家庭で暮らすこと
ができない、または不適当だと思われる子どもにとって、適切な暮らしの場を検討
し措置するという、責任の重い機能である。

### ●専門的養育機能（児童養護施設）

　一般的な子育てに関する知識と技術に加えて、被虐待体験に由来するアタッチメ
ントとトラウマの問題、発達障害などの特別なニーズをもつ子どもを養育するため
の専門的な技術と知識を持っている。生活を通してこれらの心理的課題にアプロー
チするとともに、子どもを取り巻く人や機関、制度などの環境との調整を図るレジ
デンシャルソーシャルワークの機能を有している。

## 弱点

### ●保護者との相談関係の維持が難しい（児童相談所）

　特に児童虐待問題への対応においては、児童相談所には親を支援する役割と子ど
もの安全を守る役割の両方が同時に課せられていることから、親子の利益や意向が
相反する場合には相談関係の維持が困難となることが多い。特に子どもの安全と福
祉を優先し、親の意に反する一時保護を行う場合など、親との間に生じる緊張関係
はすさまじく、相談関係を維持することが極めて困難である。児童虐待への対応に
おいては、学校側に時に「児相にお任せ」というような姿勢が見られることがある
が、学校は子どもの見守りや継続的な支援を提供していく上で重要な機関である。

自らも問題対応のチームの一員であることを忘れず、児童相談所との相談・連携を密にとりながら、支援関係を継続するためにどのような役割を取るべきか関係機関と共に作戦を練っていくことが必要である。

◉**責任が極めて重い（児童相談所）**

児童相談所と児童相談所のもつ一時保護機能は、「子どもの福祉を守る最後の砦」とも呼ばれ、ひとつの判断ミスが子どもの命に関わるという重要な任務を背負っている。判断ミスがあった場合には社会から一斉に批判を浴びることになる。また、子どもを守るために親と対立せざるを得ない場面もあり、心理的のみならず身体的なプレッシャーに曝されることもある。よく「児相が〇〇してくれない」という不満を関係機関から聞くことがあるが、学校をはじめとした関係機関は児童と同じチームであり仲間である。どうしたらチーム全体で最大のパフォーマンスを引き出すことができるか、同じチームの仲間をサポートするという視点を持ち、主体的に行動していくことが重要である。

◉**件数増加と専門性維持の課題の間で板挟みになりがち（児童相談所と児童養護施設）**

この数年、前年度比 1 〜 2 割増の勢いで、児童相談所の児童虐待対応件数が増加している。職員の拡充が図られているものの現状に追いつかず、それぞれ多忙を極めている。また同時に、児童相談所では増員に伴う職員の専門性の維持も課題となっている。児童養護施設でも虐待による心の傷を抱え専門的な対応が必要な子どもたちが増えており、職員の専門性のいっそうの向上が求められている。多忙さに加え業務内容の困難さから、職員の疲弊が両施設とも大きくなってきていることが知られている。

## 相性のいい職種・機関

〇〇 ♟ 保育所・〇〇 ♟ 学校

子どもにふさわしい支援方策を調査のうえ決定する児童相談所と、それを受けて実際の子どもの支援を行う児童養護施設などの児童福祉施設は、子どもの福祉という共通の目的のもと両輪として働く相補的な関係にあるといえる。一方で、子どもが日中を過ごす生活の場として、保育所や学校の果たす役割は大きい。地域で生活する子どもや家庭の見守り支援、あるいは児童養護施設に入所している子どもの成長を支援する上においても、学校と児童相談所も児童養護施設と子どもの様子について情報を共有し、対応を相談していくことは重要である。

〇〇 ♟ 市町村の一次的な相談窓口と要保護児童地域対策協議会

（子ども家庭支援センターや児童家庭相談室、保健所及び市町村保健センターなど）

児童虐待対応をはじめとした子どもと家庭に関わる相談は、一次的には主に市区

町村が対応することとなっており、その後方支援としてより専門的な知識が求められる重篤な児童虐待ケースや一時保護が必要となる可能性のあるケースを児童相談所が担う。そのため両者は常に緊密な連携のもと業務を進めていく。またその実行の要となるのが、関係機関で形成される要保護児童地域対策協議会である。

07 ✂ スクールソーシャルワーカー、06 🔍 スクールカウンセラー

　スクールソーシャルワーカーとは、福祉に関して専門的な知識・技術を持ち、学校内だけでなく、家庭や関係機関と連携して支援を行う要となる職種である。ソーシャルワークの専門家である社会福祉士、精神保健福祉士等であることが多く、昨今学校への配置が年々すすめられている。スクールソーシャルワーカーが配置されている学校や地域では、スクールカウンセラーと共に、さまざまな子どもや家庭に関わる支援について児童相談所や児童養護施設と相談していく。

## 特に有効な【問題】

①重篤な児童虐待問題への対応

　児童相談所は、地域の子育て支援機関や虐待対応機関にはない一時保護機能（一時保護所）をもっている。そのため、子どもの安全の確保や、支援策の検討のため一時的に親子分離を図ることが必要となるような重篤な児童虐待問題への対応は、現状では法律的な規程も含め児童相談所しか行うことができない。また、児童養護施設は、虐待などにより施設入所となった子どもの生活を支え、生活を通して子どもの抱える心理的課題へのアプローチを行う役割を果たす。

②社会福祉制度の提供

　知的障害手帳の発行をはじめとし、子どもと家庭を支えるさまざまな社会福祉制度の提供は、市区町村の行政機関と共に児童相談所が行う重要な業務である。また、法律に基づき社会的養護の担い手として子どもを養育することも、児童養護施設が果たしている重要な業務である。

[加藤尚子]

# 15 憑き物落としの プロフェッショナル

# 警察・司法関係者

## 概要

　少年非行に対処する専門機関の大半は、表1のような公的な機関に勤めている公務員によって構成されている。臨床心理士や公認心理師、その他社会福祉士などの資格を持ったものが働いている。そして、**少年相談活動**や**街頭補導活動、非行防止教室、ぐ犯などの取り調べ**などを武器に、子どもが犯罪行為に取り憑かれることから守っている。

### 表1　学校と関わりの深い、公的な非行臨床機関の概要

| 臨床機関 | 対象となる少年（子ども） | 臨床機関の特徴等 |
| --- | --- | --- |
| 警察の少年相談（少年サポートセンターや警察署少年係など） | 非行や問題行動のある少年。犯罪被害に遭った少年。 | 少年相談専門職員や少年警察補導員等による、保護者を中心とする面接相談のほか、各都道府県に配置されている電話相談を行っている。 |
| 児童相談所（都道府県、指定都市に義務設置） | 問題行動やそのおそれのある18歳未満の少年。 | 児童福祉司や児童心理司による調査・診断に基づき、相談のほか児童福祉施設への措置を行う。家出中の児童などを保護する一時保護所を付設しているところも。 |
| 家庭裁判所（地方裁判所に対応して置かれる） | 警察で補導・検挙された少年。 | 非行を犯した少年の資質や家族・学校など少年を取り巻く環境を調査し、非行事実の認定と少年の処分の決定を行う。 |
| 少年鑑別所（法務省所管、全国52施設） | 家庭裁判所の観護措置の決定により送致された少年。 | 家庭裁判所での審判のために、少年を最長8週間まで収容し、法務技官等が資質の鑑別を行う。また、観護措置ではない一般相談の窓口も設けている。 |
| 児童自立支援施設（国立2、全国54、法人立2施設） | 児童相談所や家庭裁判所の決定により送致された少年。 | 職員が児童と生活をともにし、開放的な雰囲気の中で生活指導や学科指導を行う。 |
| 保護観察所（法務省所管、全国50か所） | 家庭裁判所で保護観察に付された少年および少年院を仮退院中の少年。 | 保護観察官とボランティアである保護司が協働し、地域社会との連携により、生活指導や家族調整などの社会心理的援助を行う。 |
| 少年院（法務省所管、全国51施設ただし6分院を含む） | 家庭裁判所で少年院送致となった少年。年齢、犯罪状況、心身の状況に応じて、第一種〜第四種の少年院のいずれかに収容される。 | 生活訓練に加え教科指導や職業教育などを行う男女別の矯正施設。収容年齢は概ね12歳から20歳だが、犯罪傾向が進んでいる者は23歳未満、心身障害のある者は26歳まで収容することができる。 |

出典：生島（2003）, 飯田（2007）作成の表を一部改変

なお、昨今の刑法犯少年（「少年」という用語は「少年法」で規定されており、20歳未満の男女を指す）の人数には激減がみられる。したがって、警察・司法関係者には、非行防止だけではなく、非行の抑止や子どもたちが成長していくためのさまざまな施策が求められるといえよう。

## 特殊スキル（警察）

◉少年相談活動

　専門的な臨床心理技術をもつ少年相談専門員（少年心理専門官）や少年警察補導員、警察官が、電話や面接、場合によってはメールで、20歳未満の子ども自身や保護者・関係者などからの少年問題に関する相談に応じる。相談活動を通じて、子どもや保護者などが自分の行いを内省し、新たな行動を考えていく契機となるような配慮が必要であろう。

◉街頭補導活動

　主に少年警察補導員や警察官などが繁華街や子どものたまり場を中心に、街頭補導活動を実施している。喫煙・飲酒・怠学等の不良行為少年に対して、補導活動を通して、保護者に知らせていくとともに、子どもたちが重大な悩みなどを抱えていた場合には、継続補導（定期的に家庭訪問をしたり、警察に来てもらったりする）を行うこともある。

◉非行防止教室（少年の居場所づくり活動を含む）

　学校に警察職員を派遣して、犯罪被害に遭わないための心構えや行動を身に付けてもらうことを目的とした非行防止教室や、子どもの薬物乱用の根絶に向けた規範意識を醸成することを目的とした薬物乱用防止教室などが行われる。さらに、非行に頼らなくても地域社会で生きていけるような、少年の居場所づくり活動が行われることがある。

◉ぐ犯などの取調べ

　ぐ犯少年とは、法定のぐ犯事由があって、将来、罪を犯しまたは刑罰法令に触れる行為をするおそれのある子どものことを指す。将来の担い手である子どもを健全に育成していくために、犯罪の未然防止に寄与するものである。これらの取調べについて、警察官や少年警察補導員が担当する。

## 弱点（警察や家庭裁判所、少年院、保護観察所など）

◉保護主義の視点を世間に理解してもらうことが難しい

　「保護主義」とは、子どもの可塑性を信頼し、子どもがみずから非行から立ち直

るために、福祉的・教育的な働きかけを行うことを目的とした理念である。しかし、重大な犯罪が起こったりすると成人同様の処罰を求める傾向が世間にあり、保護主義の視点を理解してもらうことには困難が生じる。それでも、子どもに携わる支援者は保護主義の重要性とともに世の中に訴えていくことで、子どもは大人や社会を信用していく契機となろう。

◉慎重に情報共有しなければならない

　進行中の事件などにおいて、学校から要請があったとしてもどこまで伝えることができるのか難しい場合がある。しかし、集団守秘義務なども活かしながら、子どもたちの情報を関係機関で共有することはとても大切なことである。

## 相性のいい職種

02 ▮▮担任、03 ▼ 生徒指導担当教諭、04 ⑥ 管理職

　非行を犯した子どもたちのことをよくわかっている担任が警察や家裁の調査官などとやり取りすることは、正確な情報を伝えるということはもちろん、子どもたちも担任が警察等のやり取りに参加してくれていることで心理的安心感を形成しやすい。また、生徒指導担当教諭は、地域の学校教護協会などで、警察職員と情報交換をすることがある。最後に、学校の責任者である管理職が、警察や家裁とのやり取りを通して、その子どもが学校に戻ってきた場合、どうやって受け入れ体制を整えていくのかを考えることに重要な役割を担うことになる。

06 🔍 スクールカウンセラー、07 ◣ スクールソーシャルワーカー

　スクールカウンセラーは、これまで面接などしてきた子どもたちが警察等と関わっている場合、守秘義務に配慮した上で子どもの特性などを伝えることができる、貴重な存在だといえる。また、社会福祉士や精神保健福祉士などの資格を持つスクールソーシャルワーカーも子どもの環境に働きかける役割を担うことから、警察等と関わっている子どもたちの状態を把握することに長けているといえる。

## 特に有効な【問題】

①いじめ・非行

　警察や司法機関が扱う最も多いものは非行といえる。最近はSNSに関するトラブルによるいじめや誹謗中傷などが、侮辱罪や傷害罪に発展することもある。法律に抵触することが認められた場合は、家庭や学校のみで処理するのではなく、警察の少年サポートセンター（名称は地域によって異なる）や警察署少年係に相談することが望ましい。

②犯罪被害

　近年、自画撮り被害と呼ばれる、自分の裸や下着姿の画像・動画を送るように脅され、それがネットなどに拡散される現象がみられる。被害にあった子どもたちは、なかなか親や教師に言えない場合が少なくない。子どもにかかわる専門家は、日ごろから、子どもたちの状況に敏感であることが求められよう。また、SNSなどによる誹謗中傷により心身にダメージを受けるなども、場合によっては犯罪被害といえる。

　その他、従来からみられる、いじめや脅迫・強要などの被害についても、場合によっては警察に相談し、事件化などを試みることで解決することがある。

　最後に、援助交際と呼ばれる行為も、もし、子どもたちから売春などの呼びかけがあったとしても、子どもたちは結果的に「福祉犯被害者」と呼ばれる。買った大人が処罰されるのはもちろんであるが、援助交際を止めさせるためにも、警察でぐ犯通告などをはじめとする対応について相談できることから、援助交際をしている可能性のある子どもたちがいる場合は、参考にしていただきたい。

［飯田昭人］

# 16 ケースの命運を左右する キーパーソン

# 保護者

## 概要

　すべての始まりにして最も重要な役割を担うキーパーソン。子どもにとって生活の基盤であり（**衣食住のサポート**）、情緒的、身体的、道具的なケアを求める対象である。相談に行く、病院受診をする（**援助希求**）といった子どもについての最終的な判断の責任を負う。対象となる子どもの年齢が幼いほど保護者の影響力も大きい。子どもがより良い支援を受けていくには、保護者との適切な連携が重要である。

　しかし、保護者はいわゆる「専門職」ではなく、持っているスキル、子どもへの関わり方などは非常に多様でばらつきが大きい（**多様な強み**）。そのため保護者と関わる支援者は保護者がどういったスキルを持っているのか、どのように子どもと関わっているのか、そして子どもに対してどのような願いを持っているのかなどの保護者の情報を集め、アセスメントすることが大切である。

　保護者と支援者がともに信頼関係で結ばれた際には、困難な問題にも立ち向かっていくことができるだろう。

## 特殊スキル

◉衣食住のサポート

　保護者の基本スキルであり、支援対象である子どもの生活を支える最重要スキルである。もしもこのスキルがうまく発揮されていない時は保護者自身や家庭に何か困っていることがあると思われるので、丁寧にアセスメントし、抱えている問題によって公的機関への相談、福祉サービスの利用、保護者自身の受診やカウンセリングの利用を勧めることになるだろう。

## ●援助希求

　保護者がわが子のことを心配したり、問題に思ったりして、周囲の人や専門家に相談するということは、支援につながる第一歩である。相談するという援助希求行動は状況を変化させるための強力なスキルである。保護者がこのスキルを発揮して相談機関に訪れた際は、その勇気をねぎらい、支援の方向性を探り、状況の改善を図りたい。支援者はくれぐれも保護者が自分で相談に来られるうちは大丈夫と楽観視してはならない。

## ●多様な強み

　先にも述べた通り、保護者は多様である。落ち込んだ子どもを励ますにも、話を聴いたり励ましたりするのが得意な保護者、情報収集するのが得意な保護者、おいしい料理を作るのが得意な保護者、一緒に遊ぶのが得意な保護者、といったようにそれぞれに得意なやり方がある。時には保護者自身のアイディアや工夫で事態を好転させている例にも出会う。支援者としては、そのような保護者の個性を尊重し、保護者に自信と主体をもって問題に取り組んでもらうように援助することが、限られた相談の機会を有効に生かすコツである。

# 弱点

## ●客観性に乏しい

　強みでもあり、弱みでもあるが、保護者は本当の意味でわが子を客観的に見ることはできず、色眼鏡をかけて見るのが当然であるし、一方で子どもは、保護者に自分を一番に見てもらいたいと願う子が多いだろう。そのため、特に他児とのトラブルや、いじめなどの問題においては、保護者はわが子の言い分を重くとらえ、子どもは自分にとって好ましい情報を保護者に伝える傾向がある。特に近年、子どもや自分の意見や要望のみを声高に主張したり、学校に一方的にクレームを入れたりするような「モンスター化」する保護者が存在すると言われている。クレームを受ける側としては対応に苦慮するが、楠（2008）によれば、保護者の「その要望は無理かどうかということよりもその要望の背後にある『本心』は何なのか」を考え受容していくと、「『わが子の最善の利益』を一致点として共同関係を築いていく」ことができるようになるとしている。

　逆にわが子を厳しく見すぎる保護者は要注意である。しつけが厳しすぎたり、常にきょうだいや他の子どもと比較されていると、子どもは寂しさや、プレッシャー、不満等を抱えていることがある。保護者に内外からのプレッシャーがかかっていたり、保護者自身の評価不安が強かったりすることが予想されるので、その子の良い面、保護者の関わりの良い点を特に伝え、保護者が安心できるように関わる

とよいだろう。

●知識、行動力、子どもと関わる能力にばらつきがある

　上述したように、保護者は専門職ではないので、ばらつきが大きい。保護者も子どももそれぞれ十人十色であり、その組み合わせとなるとさらに多様である。その親子にとっての最適な関係性が構築されていくことを願ってサポートするのがよいだろう。そのために、子ども、保護者それぞれの個性を丁寧にアセスメントしたうえで、個々の性格や特徴を生かした関わりを提案してみよう。また、子どもの心の発達に関する知識や、発達障害に関する一般的な知識について保護者が理解できるように、適宜心理教育していくことも保護者の力を高めるうえで大切である。

●不適切な関わりをした場合の影響が大きい

　児童虐待や「マルトリートメント（不適切な養育）」（友田, 2017）のように、家庭という、安全基地になるべき場所で子どもの安全感が脅かされ続けることの影響は計り知れない。特に、虐待の後遺症としての多動と、ADHD（生物学的）要因に基づく多動との区別は難しい（杉山, 2009）ので注意が必要である。もし虐待の事実を発見したら、関係者で慎重に情報を共有し、児童相談所に通告しなければならない。現実には虐待とまでは言えないような、判断に迷うケースも多い。その場合にも、関係者で情報を共有することはもちろん、念のため児童相談所や自治体の子ども関連の部署に相談しておくのがよいだろう。程度の差はあっても、保護者は、自身の病気やトラウマなどによって子どもを適切に養育できなかったという負い目を持っていることが多く、一見敵対的に見える言動も罪悪感の裏返しであることがある。子どもの安全を守ることが最優先だが、保護者と関係を作り根気強く支援していくことも結果的に子どもの安全につながるだろう。

## 相性のいい職種

00 👥 子どもと関わるすべての支援者

　必要に応じてどんな支援者とも関わらなければいけないのが保護者である。しかし、子どもや保護者の個性、問題の種類によって、また支援者個人との相性によって、重点的にかかわる支援者は異なるだろう。時には複数の機関や福祉サービスを同時に利用することもありうる。多様な支援者と関わることで、一人で抱え込まず、異なる視点で子どもを見られるようになるだろう。

00 👥 他の保護者など保護者自身の人脈

　保護者は、いわゆるママ友など、保護者自身のネットワークを持っていることも多い。医療機関の情報や、担任やスクールカウンセラーの評判など様々な情報を交換している。また、共通の悩みや問題を持つ保護者同士でつながりを持っているこ

とも多い。また保護者の職場のつながりなど、意外な支援者を持っていることもある。

### 02 ♠♪ 学級担任

　子どもが問題行動を起こしたり、支援が必要な状態にあったりするときは、子どもが在籍している学級の担任とは特に密に連携を取る必要がある。連絡帳やメモ、電話等でお互いに子どもの様子を伝えあったり、時には対面で今後の方針や注意事項などを話したりすることもある。学級担任との話し合いの中でスクールカウンセラーや自治体の教育相談機関、適応指導教室など公的な相談機関につながるきっかけにもなりうる。

## 特に有効な【問題】

### ①わが子に関わることすべて

　わが子の問題にはすべて対応しなければならないのが保護者の大変なところである。その保護者が問題に向き合おうと決意し行動を起こすことは、問題の改善に向けての大きな一歩である。特に親子関係や家庭の問題については有効である。

### ②発達障害

　発達障害では、その子の特性を理解している保護者の関わりが、子どもの日常生活や社会的なスキルの獲得に重要な力を持つ。子どもの年齢が幼い場合、保護者が発達障害について理解し、ペアレントトレーニングなどの方法で保護者の関わりの力を強めると、問題が目に見えて改善していく子どももいる。

［益子香織］

第 3 章

児童期・思春期の
発達に関する
知識と基本スキル

『ピーターパンとウェンディ』にこんな一節がある。「お医者さんに子どもの心の地図をつくらせてごらんなさい。手こずりますから。子どもの心というものは、たいへんわかりにくいばかりか、しょっちゅうぐるぐるまわっているのです」（石井桃子訳）。

　第3章は2つのパートに分かれていて、最初のパートは、子どもの心の地図にあたる部分である。つまり、児童期と思春期の発達に関する知識として、子ども理解において重要になる身体の成長、認知・学習の発達、仲間関係の発達、そして心の発達についての基本的なことがらを解説していく。これらはかなり役立つものだけれども、教条的にとらえないようにしてもらいたい。今、私たちの目の前にいる子どもが示してくれていることの方が確かなのである。ピーターパンと出会うことのできるネヴァーランドは、子どもの心の中にあるけれども、それはどこにあるのか、そこに何があるか、どんなものであるかは、それぞれの子どもによって異なっているし、子どもと出会う場所や立場によって、その景色も異なって見えることを忘れないで読んでほしい。

　そして後半は、教育相談で活用される「基本的なスキル」として、かかえる、語り合う、問う、傾聴する、つなぐ・つながる、わかりあうという5つのキーワードに対して、教育相談、教師教育、臨床教育学、コミュニティ臨床、臨床心理学、学校心理学などの領域に造詣の深い先生方にエッセイの執筆をお願いしたものである。そこには読者の皆さんが、実際に子どもたちとかかわる上でのヒントとなる宝物が隠されている。今はよくわからなくとも、何度も立ち返って読まれると新しい気づきや自分の成長を確認することができるかもしれない。簡単に捨てたりせずに大事に旅のアイテムとして取っておいてほしい。

## 第1節
# 身体の成長

・・・・・・・・・・・・・・・・・・・・・・・・・・・・・・・・・・・・・・・・・・・・・・・・

## 1　教育相談と身体

　「教育相談」と名の付く専門書を眺めてみると、心の発達について書かれているものはよく目にするが、「身体」の成長について書かれているものは少ない。このことは、教育相談が主に心やカウンセリングに関係するというイメージがあるからであろうか。しかしここでは、あえて「身体の成長」というテーマを取り上げる。

　子どもの発達において、身体の成長は重要な意味を持つ。例えば、教師の経験も持つ一方で、児童分析家として子どもの発達や心理支援に関わる活動を行っていたアンナ・フロイト（1965）は、子どもの発達全体を捉えるために、①乳幼児の全面的な依存関係から青年の情緒的・身体的に自立した愛情関係に進むライン、②身体的な独立へと向かって食事や排泄、身体管理の自律性を獲得するライン、③自己中心的な対象世界から脱却して他者を認めて仲間関係を持てるようになるライン、④エネルギーの向く先が自分の身体いじりからおもちゃ、勉強、仕事へと外に向かうライン、という身体の要素を取り入れた発達ラインを考えた。

　特に児童期や思春期の子どもにとって身体の成長は学校で適応するための重要なテーマであり、また身体を巡ってさまざまな悩みや困難を持つ。文部科学省も、教育相談と身体のかかわりについて言及している。例えば、2007 年の『児童生徒の教育相談の充実について－生き生きとした子どもを育てる体制づくり－』において、「児童生徒の相談内容は、心身の成長過程における身体的特徴や性格、友人関係、学業の成績や部活動、将来の進路に関すること、家庭生活や病気に関することなど多種多様である」と触れているし、2010 年の『生徒指導提要』の「第 5 章 教育相談」において悩みや不適応のサインとして表れる「身体症状」に関する記述

が複数なされている。

　また筆者自身が臨床心理士として出会ってきた児童期・思春期の子どもを振り返ってみても、成長による身体の変化や身体的特徴に対する戸惑い・悩み、身体的な症状として表現される心の問題など、身体をテーマとした相談に多く直面してきた。

　以上のことから、児童期・思春期の子どもの教育相談を行う上で、知っておいてもらいたい「身体の成長」にかかわる知識を取り上げていく。


## 2　児童期の身体・脳の成長


　児童期とは主に6、7歳から12歳くらいまでを指し、学童期とも言われるように、国や文化を超えて、初等教育が始まる時期である。なぜこの時期に教育が開始されるのか。それは身体の成長と大きく関係している。

　精神分析を創始したフロイト（1905）は、児童期に当たる時期を「潜伏期」と表現した。潜伏期とは、①乳幼児期の急激な身体面での変化のスピードが緩やかになったことで、内的な突き動かしに振り回されることが少なくなり、自身の行動を自分でコントロールして積極的・自主的に活動できるようになる、②親に対する抱っこやしがみつきなど身体接触によって愛情の確認や安心感あるいは情緒エネルギーの回復を求めることが少なくなり、親と長時間身体的に離れていても不安を感じずに済むようになる、③基本的生活習慣（食べる、寝る、排泄するなど）を自然なこととして行うようになり、そこに費やしていたエネルギーに余裕が生まれる、という特徴を持つ（平野，1997）。以上のように児童期は、親から離れて自主的に活動できることと、身体の成長が穏やかになりそれに費やしてきたエネルギーを他のことに使えるようになることから、学習の開始に適した時期と言われるのである。

　図2は、スキャモンの発育曲線という。身体の発育パターンをリンパ型（扁桃、リンパ節などリンパ組織の発育）、神経型（脳の重量、感覚器官の発育）、一般型（身長、体重、臓器の発育）、生殖型（男児の陰茎、睾丸、女児の卵巣、子宮など生殖器の発育）の4種類に分け、出生時から20歳までの発育の増加量を100として、各年齢時の増加量をパーセンテージで表している。実際に発育曲線の児童期に当たる年齢の部分を見てみると、第二次性徴の発現と関連しているリンパ型を除いた発育パターンはどれも穏やかな曲線となっている。

　しかし、児童期の子どもは身長も体重も成長している実感を持つ者もいるだろう。文部科学省が毎年実施している「学校保健統計調査」の2020年度のデータによると、6歳から10歳まで子どもは、身長が約5〜6cmずつ伸び、体重が約3〜

4kgずつ増加している。また児童期の運
動発達について「体格的には非常に向上
してきたにもかかわらず、運動能力の面
では伸び悩んでいる」（岩川ら，2000）
との指摘もあるが、スポーツ庁で行って
いる「体力・運動能力調査」の結果によ
れば児童期の子どもの運動発達は右肩上
がりの伸びを見せている。特に９〜12
歳の時期は脳の神経回路の発達に伴って
スポーツ技術の習得に適したゴールデン
エイジとも呼ばれている。ただそれで

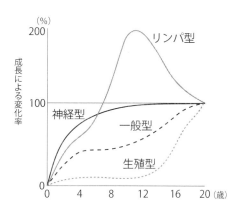

図２　スキャモンの発育曲線

も、生後５年間で身長が約２倍、体重が約５倍に成長する乳幼児期の発育のスピー
ドに比べると、穏やかであることは間違いない。

　次に脳の発達についても説明する。脳は６歳と10歳の時期に２つの大きな発達
の節目を迎えると言われている（杉山，2009）。スキャモンの発育曲線においても、
神経型は０歳から６歳頃までに急激な変化を見せ、その後10歳頃まで緩やかに変
化する。１つ目の節目である６歳は、大脳前頭葉の機能が高まる時期である。前頭
葉は本能（食欲、性欲）や情動のコントロールをし、意思決定や創造性、推論など
の機能をつかさどる部位である。したがって６歳くらいになると欲求や感情のまま
行動することなく自制的に行動できるようになっていく。もう１つの節目である
10歳は、シナプスの刈り込み（剪定）が完成する時期といわれる。脳の神経細胞
同士の情報を伝達するシナプスは、出生後から急激な勢いで増加し、生後８か月で
ピークを迎え、その後頻回に使われたシナプスは残り、使われなかったシナプスは
消えていくというプロセスを辿りながら最終的に10歳頃までに大人と同じシナプ
スの密度になる。この脳の変化に伴い、幼児期からみられる多動性や不器用さの問
題などは、10歳頃までに次第に減少していく（阿部，1997；杉山，2009）。蛇足だ
が、自閉症スペクトラム症患者はシナプスの過剰形成と刈り込み不足が起こってい
ることを指摘する研究結果もある（渡邉ら，2016）。

　また脳の発達に関連して、虐待との関連も少しだけ触れておきたい。虐待は脳の
発達にダメージを与えることはよく知られているが、さらに虐待を受ける年齢によ
ってダメージを受けやすい脳の部位は異なることがわかっている。記憶や情動にか
かわる海馬は３〜５歳、左右の脳の情報をつなぐ脳梁は９〜10歳、意思決定を行
う前頭葉は14〜15歳の時に虐待を受けることで重篤なダメージとなる。一方、ダ
メージを受けた脳が後に適切な支援や治療を受けることができれば、再生や回復の

可能性もあるとも言われている（友田，2016・2017）。

　児童期は学習に適した時期と説明してきた。ただこの時期は学習だけをしていればよいわけではない。いろいろなものの見方ができるようになったり、家族とは異なる仲間を作るようになるなど心の面においても児童期に行わなければならないことは多い。その学習や心の作業を行うためには、身体の成長速度の落ち着き、脳の発達、虐待などのない安定した環境が前提となるのである。

## 3　思春期の身体・脳の成長

　思春期はとても身体と関連した時期である。「思春期」という言葉を英語にすると "puberty" や "adolescence" という言葉が当てはまるが、一般的に "puberty" を「思春期」、"adolescence" を「青年期」と区別することが多い。皆川（1980）は、puberty を第二次性徴の発現に始まり骨端線の閉鎖をもって終結する身体的成長の過程、adolescence を子ども時代と成人期の中間にあり精神発達上の時期を意味するものと整理している。実際、身体が大人になっていくことと、心が大人になっていくことのあいだには発達のズレがある。

　児童期が終わり始めると、身長の急激な伸びと体型の変化、および第二次性徴を含む性的成熟が始まり、発育スパートを迎える。思春期の身体的成長は乳幼児期に次いで人間の一生の中で2番目に著しく、身体的変化は女子が10〜11歳、男子が12〜13歳で頂点に達する。またその発達のスピードは年々早くなっており、これを「発達加速現象」と呼ぶ。実際に女子の平均初潮年齢を見てみると、1900年以前には14.5〜15.3歳（守山ら，1980）だったのに対し、2008年は12歳2.3か月（日野林ら，2009）と低年齢化していることがわかる。

　運動の発達においても、思春期に入ると男女によってその成長の変化に違いが現れる。図3は前述した「体力・運動能力調査」において2020年度に実施された新体力テストの男女別の合計点の年齢的変化だが、児童期が男女ともに直線的な発達を見せるのに対し、思春期は男子が18歳まで上昇傾向にある一方で、女子は13歳頃から横ばい傾向であることが見て取れる。女子は一般的に早く身体的成長が始まるが、体力や運動能力の成長が落ち着くのも早いのである。

　この思春期の成長の原動力となるのは性ホルモンであり（高石ら，1981）、ゴナダーキ Gonadarche、アドレナーキ Adrenarche の活性化によって身体は変化する。ゴナダーキとは、性腺軸（視床下部−下垂体−性腺）を活性化し、生殖能力を獲得するまでの過程をいう。女性が8〜14歳、男性が9〜15歳に始まり、卵巣と

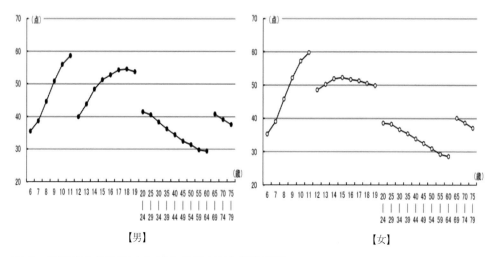

**図3　2020年度新体力テスト合計点の年齢的変化**

注1. 図は、3点移動平均法を用いて平滑化してある。
注2. 合計点は、新体力テスト実施要綱の「項目別得点表」による。
注3. 得点基準は、6〜11歳、12〜19歳、20〜64歳、65〜79歳で異なる。

出典：スポーツ庁，2021

　精巣が成熟すると性腺ステロイドホルモンであるエストロゲン（女性ホルモン）と
テストステロン（男性ホルモン）を分泌し、生殖器を変化させ第二次性徴の発現と
なる。アドレナーキは女性で6〜9歳、男性は7〜10歳とゴナダーキよりも早期
に始まり、20代前半のピーク時まで副腎のアンドロゲンが分泌され、腋下や陰部
の発毛、汗腺や体臭の変化といった第二次性徴の要因となる（田村，2012）。

　以上のような性ホルモンの活性化により、身体的な性の成熟が起こる。表2は、
女性の陰毛と乳房の発達、男性の陰毛と生殖器の発達から思春期の段階の評価に用
いられるタナーの性成熟度分類である。タナー（1989）は、思春期における身体の
成長の順序について男女別に次のように説明している。男子は睾丸の増大が最初の
徴候で、その後陰毛が生え、ペニスが大きくなり、そして身長も伸び始め、思春期
の後半になると声変わりが緩やかに起こる。それに対し女子は乳房の成長が始ま
り、遅れて陰毛が生えることが多いが、陰毛の出現のタイミングは個人差が大き
い。身長の伸びは男子と比べてかなり早い時期から起こり、乳房の成長の始まりと
ほぼ同時期に始まる。そして身長の伸びが落ち着いてきた頃に初潮が起こる。

　一方でタナーは、男女ともに成長速度や順序には大きな個人差があることを指摘
している。実際に同じ年齢でもタナーの分類の成熟度1と成熟度5の子どもではホ
ルモン分泌量が異なる。また「寝る子は育つ」とことわざがあるように睡眠中にホ
ルモン分泌量は多くなるため睡眠時間の長さによって成長の個人差が生まれる（征
矢，2012）。このことから思春期の身体の成長は、一概に年齢や身体の外見だけで

表2　タナーの性成熟度分類

| 陰毛 | |
|---|---|
| 1度 | 陰毛なし |
| 2度 | 長くやや黒さを増したうぶ毛様の真っ直ぐな又はややカールした陰毛を認める（女児：主として大陰唇にそって観られる、男児：陰茎基始部に観られる） |
| 3度 | 陰毛は黒さを増し、硬くカールして、まばらに恥骨結合部に拡がる |
| 4度 | 陰毛は硬くカールして、量、濃さを増し成人様となるが、大腿中央部までは拡がっていない |
| 5度 | 成人型、陰毛は大腿部まで拡がり逆三角形となる |

| 乳房 | |
|---|---|
| 1度 | 思春期前　乳頭のみ突出 |
| 2度 | 蕾の時期　乳房、乳頭がややふくらみ、乳頭輪径が拡大 |
| 3度 | 乳房、乳頭輪はさらにふくらみを増すが、両者は同一平面上にある |
| 4度 | 乳房、乳頭輪が乳房の上に第二の隆起をつくる |
| 5度 | 成人型、乳頭のみ突出して乳房、乳頭輪は同一平面となる |

| 男性外性器 | |
|---|---|
| 1度 | 幼児型 |
| 2度 | 陰嚢、睾丸は大きさを増し、陰嚢はきめ細かくなり、赤みを帯びる |
| 3度 | 陰茎は長くなり、やや太くなる。陰嚢、睾丸はさらに大きさを増す |
| 4度 | 陰茎は長く、太くなり、亀頭が発育する。陰嚢、睾丸はさらに大きさを増し、陰嚢は黒ずんでくる |
| 5度 | 成人型となり、大きさを増すことはない |

出典：征矢，2012

判断するのではなく、複合的な視点から個人差にも考慮しながらとらえる必要がある。

　最後に脳の発達にも触れたい。脳の発達は児童期までにある程度完成するという見方が多く、思春期特有の脳の変化はほとんど明らかになっていないという意見（田村，2012）もあるが、ミュージック（2011）は思春期にも多くの脳の発達や再編成が起こると述べている。その1つに前頭葉における脳神経細胞の髄鞘化があり、神経細胞の軸索という部分に白い覆いができ、神経細胞上を流れる情報がそれまでの100倍の速さになる。そのため思春期の脳はより効率的になる一方で順応性はなくなるので、新しいことを学ぶのであれば乳幼児期や児童期には及ばないが、すでに身につけたことについて専門性と技術を磨くことに適している時期といえる。

　以上、思春期における身体や脳の成長について述べてきた。この時期の身体面の成長は男女で現れは異なるし、さらに個人でも異なる。教育相談では、それぞれ異なる成長の現れを個性として認めながら、子ども自身がその違いを自分らしさとして受け止めていく過程を支えていくことが重要となる。

## 4　児童期・思春期に起こる身体を巡るトラブル

　ここまで身体をテーマに児童期と思春期における成長や発達について説明してきた。しかし成長や発達が持つ意味は、必ずしも前向きなものとは限らない。成長・発達とは変化することであり、その変化への適応が求められるため、成長途中の子どもにとっては大変な負担になる。また子どもの中には、身体の成長が滞ったり、身体的な制限が生じるような「障害」や「小児疾患」を抱える場合もある。

　ここではわずかではあるが、児童期や思春期に身体を巡って起こる悩みや困難について説明したい。

### 身体的変化による心理的不適応

　レヴィン（1951）は、思春期は社会的にも身体的にも自分という地盤が不安定になり、羞恥、敏感、攻撃的な心理状態となると述べているが、思春期の身体の成長における男女差や個人差はさまざまな心理的な影響を及ぼし、時には不安や戸惑いも引き起こす（表3）。

　例えば、向井（2010）は中学生への調査から、男子よりも女子の方が身体的発達の否定的な影響を受ける可能性があるとし、身体的成長が早熟な女子は早く体格が向上することによって身体的満足度が低下し、抑うつ傾向が高まると述べている。一方男子は、社会的に望ましいとされる男性的な体格に近づくことやスポーツなど

**表3　思春期の身体的成長による心理的影響**

| | |
|---|---|
| 男子 | 行動の範囲が広がり課題達成が可能になる：<br>体型や筋肉、運動能力の変化により不可能だった課題が可能に |
| | 身体と心理のズレ：<br>体型と筋肉の発達のズレと、それによって生じるぎこちない行動からの自尊心の傷つき |
| | 生殖器の成熟：恥毛や精通による不安、子どもとしての自己から大人の身体を持つ自己への変化 |
| | 自己愛の問題：<br>外見的な変化であるひげなど体毛に対する戸惑い・恥じらいと男らしさ・大人の証の感覚 |
| 女子 | 男子より早く始まる：男子より2歳ほど早くおとずれる変化への戸惑い |
| | 丸みをおびる身体と太ることへの不安：皮下脂肪の増加とボディイメージの揺れ |
| | 初潮：<br>子どもを産めるという大人になったプライドと自分の意思に反して身体的に制限される不自由感 |
| | 自己愛の問題：<br>体毛の処理、化粧、服装など他者の目を意識し、周りから認められる価値のある自分に |

出典：溝口，1997 を参考に作成

でも体格の良さが有利となることから、早熟で体格が良いと身体的満足度が高く、抑うつ傾向は低い。

　身体の成長のタイミングに対する受け止め方は男子と女子で異なっており、特に女子にとって身体の成長の早熟はネガティブな体験となることは他の研究者も述べている（加藤ら，1985；上長，2007）。

　しかし子どもが各々のスピードで成長していく中で次第にその個人差は埋まり、心の発達も進むことで、不適応感も落ち着いてくることが多い。子どもの抱える戸惑いや不安を受け止めながら、この不適応感は思春期にとって当然のことであることを伝え、そして落ち着いていくことを「待つ」姿勢が必要といえる。

## 身体や行動で表現される心の問題

　児童期の子どもは自分の心の内を上手に言葉にして表現することが難しいため、また思春期の子どもは「思春期危機」「疾風怒涛の時代」と呼ばれるように心身の激しい変化とそのコントロールの困難に直面するため、心の中に生じる悩みや困難は身体症状の他、さまざまな行動となって現れることがある。表4はその一覧である。以下に、表4にある「身体反応の問題」「習癖の問題」「行動の問題」からそれぞれ1つずつ紹介したい。

❖夜尿

　膀胱を引き締める筋肉が発達し、排尿をコントロールできるようになりトイレットトレーニングが完成する年齢（一般的に3〜4歳頃）を過ぎても、就寝中に排尿することを夜尿症と呼ぶ。児童期後期には宿泊学習や修学旅行、キャンプなど宿泊

表4　児童・思春期に現れる心とかかわる身体・行動上の問題

| 身体の問題 | 神経系 | 頭痛、偏頭痛、起立性調節障害（朝起床困難、立ちくらみ） |
| --- | --- | --- |
| | 循環器系 | 動悸、心臓痛、不整脈、血圧の不安定 |
| | 呼吸器系 | 気管支ぜんそく、過喚気症候群、神経性咳嗽 |
| | 消化器系 | 嘔吐、嘔気、過敏性腸症候群、腹痛、下痢、便秘 |
| | 皮膚系 | 円形脱毛、じんましん、アトピー性皮膚炎、口内炎 |
| | 泌尿器系 | 夜尿、頻尿、勃起不全 |
| | 婦人科系 | 月経前症候群、月経困難症、月経不順 |
| | 感覚器系 | 耳鳴り、めまい、メニエール病、心因性難聴、心因性視覚障害 |
| 習癖の問題 | 睡眠 | 不眠、夜驚、悪夢、夢中歩行、ナルコレプシー、過眠 |
| | 食事 | 偏食、拒食、過食、食欲不振、哺育障害、異食、会食恐怖 |
| | 言語 | 吃音、緘黙、失声 |
| | 身体、運動 | 指しゃぶり、爪噛み、自慰、抜毛、チック |
| 行動の問題 | 癇癪、自傷行為、強い攻撃性・破壊性、万引き、嘘をつく、規則違反、家出、徘徊 | |

出典：筆者作成

を伴うイベントへの参加が多くなり、問題が顕在化・深刻化することが多い。

夜尿症の原因は、ⓐ尿を十分に貯めることができない小さな膀胱、ⓑ夜間の尿量の多さ、ⓒ就寝前に水分を多くとる習慣、ⓓ夜間の尿意に覚醒する習慣の未形成、ⓔストレスや葛藤、といった生理的原因と心理的原因が挙げられる（関根, 2012）。

グッドマンら（2005）は対応として、①5、6歳であれば夜尿はよくあることで成長とともに落ち着くことを説明し安心させる、②就寝前に水分を控えたり、夜中に子どもを起こしてトイレに行かせる、③排尿があるとアラームがなり子どもを起こすアラーム療法、④抗利尿剤ホルモン（6歳以上）や少量の三環系抗うつ薬による薬物治療、⑤心理的問題を持つ場合には問題に対する適切な評価と支援、を挙げている。これらの対応は、いきなり薬物療法や心理的問題への対応から始めるのではなく、①から順番に子どもの反応を見ながら、改善が見られなければ次の方法へと段階的に行うことが望ましい。


❖食事の問題（摂食障害）

子どもが現す食事の問題は、異食や哺育障害、過食の問題や拒食の問題など多岐にわたるが、いずれにしても著しい痩せの状態を招きやすい。さらにそれが常態化することで消化器系機能への悪影響、身長の伸びの停止、長期の月経停止など身体的な問題、また不安や抑うつ気分、焦燥感、注意力散漫、希死念慮や自殺企図など心理的な問題につながるリスクも指摘されている（氏家, 2009）。

摂食障害の背景を、滝川（2017）は次のように説明している。もともと摂食障害は女性に多く、1970年代は食べないことで大人の女性として身体が成熟することを拒む心理として理解されてきた。しかし1980年代以降、親子関係・家族関係の中で生じる微妙な葛藤や軋轢、緊張への反応として、その空気を鋭敏に受け取る思春期に摂食障害を現す事例が多くなり、数は少ないものの男子にも見られるようになった。さらに最近では若者が抱える自己不全感と関連して、スリムな肢体を持つ自分、身体のコントロールを貫く自分によって自己不全感を克服しようという努力の結果、摂食障害となる。しかし実際は、極端なダイエットで自己不全感を解決することはできず、反動でリバウンドし過食嘔吐を繰り返すようになったり、それでもダイエットに固執し続けたりすることで身体的・心理的問題を深刻化させ、家族に迷惑をかけるなど関係も悪化し、さらなる自己不全感に陥るといった悪循環になっていく。

摂食障害の対応として、まず生命の危険が及ぶような体重低下が起こっていないか注意し、もし生命の危険があれば栄養療法といった身体的なケアを優先する。栄養療法は入院治療が一般的となるが、下坂（1983）は隠れ食いをしている場合には

入院することで隠れ食いができず衰弱する危険性もあると指摘し、形式的に"まずは身体的ケア"ではなく、それぞれの子どもの食生活を把握する必要があると述べている。要するに、子ども1人1人と向き合い、目の前の子どもが拒食や過食の背景にどのような問題を抱えているのか思いを巡らし、身体のことも心のことも家族の対応も含め取り組むことが求められる。また青木（1996）は摂食障害が治癒した割合は4か月で5％、1年で12％と回復には長期的な視点が必要とし、出席日数や成績についても学校と家庭、医療機関などとのあいだで相談が必要と指摘している。

❖自傷行為

　警察庁によると2003年には3万4427人いた日本の自殺者は、2020年に2万882人となり、2009年から2019年まで10年連続で減少していた。減少していることは何よりだが、高橋（2004）は若者の場合は自殺既遂の100〜200倍の自殺未遂者がおり、「死んでしまいたい」気持ちと「なんとかこの苦しみを止めて欲しい、もう一度生きていきたい」気持ちのあいだで揺れ動いているという。

　ただ、この自殺未遂者が持つ「生きたい」気持ちが自殺と自傷行為との違いといえる。実際に自殺の大半が首吊りを方法とするのに対し、自傷を繰り返す子どもは手首や腕などを刃物で切る方法を用いる点で方法自体が異なる（ちなみに刃物刺傷による自殺の割合は1％程度）。このような視点から松本（2014）は、自傷行為を「自殺以外の意図から、非致死性の予測をもって、故意に、そして直接的に、自らの身体に対して非致死的な損傷を与えること」と定義している。

　また自傷行為は、周囲の関心を集めるための「アピール行動」だとよく言われる。しかし、この理解は必ずしも正しくない。なぜなら自傷行為の96％が1人の状況で行われ、そのことを誰にも告白しないからである（ホートンら，2006）。むしろイライラや不安、緊張、絶望感、孤立感など不快な感情を自分の力でなんとかしようとした結果が自傷行為となっていると考えられる。神田橋ら（2010）はリストカットをする人たちとのかかわりの経験から、リストカットは「死にたくないから手を切る」「自殺を防ぐために自殺の真似事をする」と理解し、「苦しさに対処するための行動という面がある」と述べている。

　自傷はその行為を止めさせることに関心が向けられがちであるが、むしろ自傷行為をしなければならないくらいの不快な感情を抱えていること、不快な感情を誰にも相談できずにいること、自分を傷つけることでしか対処する術がないことが深刻な問題なのであり、これらの問題への対応が必要である。またもう1つ、子どもは決して死ぬために自傷しているわけではないが、彼らが「消えたい」「死にたい」という思いをまったく持っていないわけではない。子どもの中にある「死にたい」

気持ちにも敏感であって欲しい。

## 身体的な障害を抱える子どもの対象喪失

　児童生徒の中には肢体不自由や弱視、難聴、病弱・身体虚弱といった身体的な障害を抱える子どももいる。障害について、中司（1988）は「生活や学習の妨げとなるような機能障害や喪失（形態不全も含める）を持つ」と定義し、障害児・者が抱える心理的問題を図4のように示した。児童期・思春期の子どもが障害を抱えた場合、健常児・障害児関係なく直面する発達上の心理的問題に加え、障害全般に共通する問題、さらにその子どもが持つ障害独自の問題の3つの心理的問題を抱えることになる。周囲の大人は、表に目立って現れる障害の問題やその改善にばかり注目するのではなく、本来の子どもの発達の諸側面や子どもの全体像を見失うことがないよう留意しなければならない。

　肢体不自由の原因の7割以上は脳性疾患であり状態は永続的なものが多く、病弱・身体虚弱児の背景には悪性新生物（小児がん）を含む小児慢性特定疾患を持つ子どももいる（文部科学省，2013）。彼らは長期間もしくは慢性的に生活や行動上の制限を受けながら生きていかなければならず、また命を落とす可能性を抱える者もおり、何らかの機能を失うだけでなく、子どもとして当たり前の生活や行動を送れない、また将来の可能性まで縛られるという意味で、多くの対象喪失を経験している。小此木（1979）は「身体は自己の最も大切な所有物でありながら、最も深い愛情の対象であり、それなしでは生きられぬ依存の対象である。しかも身体は、自己そのものである」と述べ、その身体に関わる対象喪失はハンディキャップを克服し人生に適応しようと努力する中で、劣等感とそれを補償しようとする心理、失った身体の喪失に対する悲しみやうらやみ、人を責める気持ちなど喪失反応の心理を繰り返し体験すると説明している。

　このようなさまざまな対象喪失と複雑な情緒体験を持つ身体的な障害を抱える子どもに対する1つの支援として、「そらぷちキッズキャンプ」という難病の子

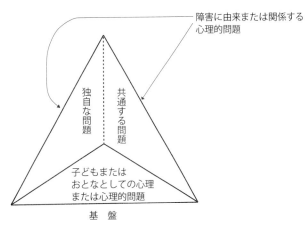

図4　障害児・者が抱える心理的問題

出典：中司，1988

どものための医療ケア付キャンプ場を、佐々木ら（2011）の論文やそらぷちキッズキャンプのホームページ（http://www.solaputi.jp/index.html）から紹介したい。そらぷちキッズキャンプは、「外で遊びたい」それが夢だという難病とたたかう子どものため、さまざまな分野の専門家らが2004年に有志で集まったところから始まる。その後、北海道滝川市から無償提供された丸加高原内の16haの草原と森の中に、医療棟をはじめ、食堂・浴室棟、宿泊コテージ、ツリーハウスや動物と触れ合える場をつくり、2012年に本格的に活動が開始された。難病とたたかう子どもやその家族が病気を忘れ、笑顔で楽しいときを過ごし、「楽しい思い出」「すばらしい仲間」「生きる力」「希望」を得ることができる場所を提供している。

## 性をめぐる悩み

　思春期になると、身体の成長は男・女に区別されることが多くなるが、同時に自分の性や性別をめぐって悩む子どもも現れる。恋愛をする中で自分の性指向が異性愛ではないと気づいたり、日常生活の中で男子・女子という分け方や服装をめぐって違和感を持ち始める子どもがおり、それは13歳頃と言われている（葛西, 2014）。異性を愛する人や身体と心の性が一致している人に対して、彼らは「セクシャル・マイノリティ（性的少数者）」と呼ばれる。

　性をめぐる悩みについて、医療では米国精神医学会による「DSM-5　精神疾患の診断・統計マニュアル」が発行された2013年以降、「性別違和」という名称が用いられている。それ以前は「性同一性障害」（DSM-Ⅲ・DSM-Ⅳ）と呼ばれていたが、身体的にも心理的にも男性か女性かという枠を超え、“個人の病理や障害”というニュアンスから社会的偏見や差別による影響も含んだ「障害」という言葉を使わない表現に変わってきている。

　一方、セクシャル・マイノリティの当事者たちが自己規定する活動の中で、「LGBT」や「LGBTQ」という言葉が生まれた。Lesbian（同性愛女性）、Gay（同性愛男性）、Bisexual（両性愛者）、Transgender（身体的性と心理的性が異なる者）、Questioning（自分の性指向や性自認を模索している者）のそれぞれの頭文字を取っている。さらにセクシャル・マイノリティはこれらの言葉に収まらないとして、「LGBTQ＋」などその表現はさらに広がりを見せている。性を規定する枠組みはさまざまであり、その分だけ性のあり方は多様である。図5はそれを整理するに有用であろう。

　教育現場でも彼らへの対応が考えられるようになってきた。文部科学省は2010年に「児童生徒が抱える問題に対しての教育相談の徹底について（通知）」におい

表5　性を規定する枠組み

| 戸籍上の性別 | 女性 | 男性 |
|---|---|---|
| 身体的性別 | 女性的特徴 | |
| | 男性的特徴 | |
| 性同一性<br>gender identity | 女性 | |
| | 男性 | |
| | 規定されない性別 | |
| 性役割<br>gender role | 典型的女性役割 | |
| | 典型的男性役割 | |
| 性的指向<br>sexual orienta-<br>tion | 女性に対して | |
| | 男性に対して | |
| | 規定されない性別に対して | |

出典：佐々木，2016

て性同一性障害を抱える生徒にも言及し、さらに2016年には「性同一性障害や性的指向・性自認に係る、児童生徒に対するきめ細やかな対応等の実施について（教育向け）」として「性同一性障害に係る児童生徒についての特有の支援」と「性同一性障害に係る生徒や『性的マイノリティ』とされる児童生徒に対する相談体制等の充実」が提言された。

　ブランク（2000）は、ジェンダー・アイデンティティ（心理的性・性同一性）は、①生まれつきの一次的男性性・一次的女性性、②両親による乳児のジェンダーの認証（通常は身体的属性と一致）、③生後2年目の子どもによる自分と同性の親との同一化、④思春期、の4つの段階を経て確立されると整理している。要するに思春期は、これまで身体的に、また社会的に規定されてきた性を見つめ直し、心理的な意味で自分の性についてのアイデンティティを獲得しようとする時期なのである。この時期のかかわりとして葛西（2014）は、性のあり方について肯定的で受容的な環境があることで、肯定的な性についてのアイデンティティを形成することが可能になると言い、さらに後に彼らが抱えやすい精神的な問題の予防にもつながると述べている。

## 5　おわりに：教育相談を行うポイント

　児童期・思春期の子どもは、心と相互的な関係を持つ身体の成長過程の中で、心の内容を身体で表現し、身体に起こる変化に戸惑いや不安を覚え、自身の身体の持つ性質に対して心を揺らし、自身の身体をめぐる悩みや困難に直面しながら生きている。それは小倉（1996）の「身体の成長というものは、（中略）生物学的な現象

でありながらも、それにとどまらず、精神的・心理的・情緒的な意味あいを併せもったものであり、本人にとってはもっと人格的な意味、時には生き方考え方にも影響を及ぼしてくるほどのものであろう」という言葉が的を射ている。

最後に児童期・思春期の子どもへの教育相談を行う上でのポイントを述べて締めたい。

## ポイント①：子どもの問題は身体の視点から

教育相談の場で、出会う子どもの問題の原因は心と見定め、自分の心を自分でコントロールできるよう促すアプローチがよく見られる。また一方で、子ども自身でコントロールが難しい場合、それは脳の問題であり誰のせいでもないというアプローチもよく見られる。このようなあり方について塚本（2018）は、心をコントロールするのは誰のためで、コントロールできているかどうかを判断するのは誰か、全てが脳のせいではなく社会・環境や関係性に起因することはないかと述べ、「心を操るな、脳に責任を負わせるな」と警鐘を鳴らしている。

この課題を解決するために参考になるのが、問題を「身体因→内因→心因」の順で考える精神医学の伝統的なアプローチである（成田，2010）。まずは身体の問題がないか、なければ脳や遺伝性など内因性の問題はないか、その上で心の問題へと原因の可能性を広げていく。児童期・思春期は成長の途上であり、個人差や男女差の大きい時期でもある。すぐに心や脳に原因を求めず、身体の成長とともに脳や心が発達することを待つことや、そのための環境調整をすることで解決する問題も多くあることはこれまで述べてきた通りである。

## ポイント②：情緒的な体験を育むかかわりを

むしろ重要になるのは、子どもが抱える成長や発達を待つことへの苦しみ、目の前のどうしようもできない困難に対して、支援者は何ができるのかである。その1つは彼らとともに居続けることではないだろうか。1人で成長を待ち、困難に耐え続けるのは苦しいが、誰かが側で寄り添い、苦しみに理解を示し、彼らの成長に向かう努力をポジティブに映し返してくれる存在がいれば、子どもの体験は変わってくるかもしれない。

精神分析家であり児童精神科医であるエムディ（1999）は、発達的な変化において生じる混乱の中で、その体験をまとめ、発達を促すのは情緒であると述べている。人は年齢にかかわらず、不慣れなよくわからない状況の中では、信頼できる他者の情緒的情報を頼りにして、その状況を理解しようとするが、このことをソーシ

断崖側　　　　　　　　　　　断崖側　　　　　　　　　　　断崖の手前
　　　　　　　　　　　　　　床の模様が　　　　　　　　　　模様の上に
　　　　　　　　　　　　　　ガラスを通して　　　　　　　　はられたガラス
　　　　　　　　　　　　　　透けて見える

図5　ギブソン＆ウォークの視覚的断崖の実験

ャル・レファレンシング（社会的参照）と呼ぶ。

　ここでソーシャル・レファレンシングを説明するために「視覚的断崖」の実験を紹介したい（図5）。赤ちゃんが乗せられたテーブルの半分がガラスになっていて、赤ちゃんがハイハイをしてテーブルの真ん中まで行くとその先が断崖のように見えて止まる。実験では、断崖の先に母親が立ち、母親が笑顔で声をかけると赤ちゃんは断崖を渡り、母親が恐れや驚きの表情を見せると断崖の手前で止まったままという結果になる。

　児童期や思春期の子どもが、身体の成長に伴う個人差や男女差、身体の成長と心の発達とのあいだのズレ、また様々な身体を巡って現すトラブルなどに直面した時、ソーシャル・レファレンシングや視覚的断崖の実験が次のことを教えてくれる。それは、教育相談に携わる支援者が、その不慣れでよくわからない体験に戸惑う子どもを情緒的に受け止め、"一緒に成長していこう"とポジティブな情緒で応答することの大切さである。このような情緒応答性により、子どもは混乱を落ち着かせ、さらに成長・発達することに前向きになり、友だちや大人との人間関係をも発展させていくことになる。

　身体の成長の視点から教育相談を考えると、普段から子どもの成長を目の当たりにしている保護者や担任教師に加え、身体や性の成長に精通している養護教諭や保健科目の教師、またスクールカウンセラー、小児科医などが中心となり、多くの大人たちとともに子どもへの対応を考えていくことが求められるだろう。「親の背を見て子は育つ」ということわざがあるように、子どもが、自分たちのために精一杯かかわり懐の深い対応をする大人の姿勢を見ながら学び育ち、こんな大人たちに自分もなりたいと思って青年期や成人期に進めるような、"格好いい大人の背中"を私たちは見せたいものである。

[後藤龍太]

# 第2節
# 認知・学習

・・・・・・・・・・・・・・・・・・・・・・・・・・・・・・・・・・・・・・・・・

## 1　児童期の認知・学習の発達

### 児童期とはなにか？

　児童期とは、6歳から12歳まで、おおむね小学校入学から卒業までの6年間を指す。従来、児童期は、大きな発達的変動のない平穏な時期であると論じられることが多かった。その理由として、乳幼児期や思春期など心と身体の発達が顕著に見られる発達段階の間に位置することから、乳幼児期や思春期との比較として平穏であると論じられることが多いことが影響していると考えられる。

　しかし、児童期が平穏な時期であるということは、発達上の変化が少ないということではない。エリクソン（Erikson, E. H., 1959）によると、この時期の子どもは学校という組織的な学びの場に身を置く中で、自身の欲求を一定の規則の中でコントロールする自己抑制の方法を学ぶ。さらにその規則の中で目標を達成する体験が、子どもにとって社会に出ていく基盤を構成する時期となると述べている。また、認知発達の観点でも多様な変化が見られる時期である。ここではまず、ピアジェの認知発達論を紹介しながら、児童期の認知発達について概説する。

❖児童期の認知発達－具体的操作期の形成から形式的操作期の始まりへ－
　ピアジェは、私たちが外界のものを知覚し、保持し、意味づける認知・知的発達の過程は、自己の中にある認識の枠組みと外界の環境との相互作用によって発達していくと提唱し、その認識の枠組みをシェマと呼んだ。さらに、外界からの刺激をシェマに適合する形にして把握する同化、外界からの刺激に合わせてシェマを修正

する調整という、相反する心理過程の相互作用を経て、認知や学習が発達していくと述べた。ピアジェはそうした知的発達の区切りを4段階に分けたが、児童期に関連する段階は、2歳から6歳の前操作期、7歳から10歳の具体的操作期、11歳以降の形式的操作期にあたる（Piaget, J., 1970）。

　前操作期では、子どもは言語発達の進展に伴い豊かなイメージや想像力が活性化し始める（滝沢，1985）が、この時期では自己のシェマと環境との違いを区別することは難しい。そのため無生物に対しても命があるように捉えたり（アニミズム）、自然物と人工物を混在してすべて人間が生み出したかのように捉えたり（人工論）することが多い（滝沢，1985）。このように前操作期とは、社会で起きている事柄を自分の認識の枠組みと区別して捉えることが十分に発達していない、つまり自分以外の視点に立って考えることが難しいという意味での自己中心性が目立つ時期である。

　しかし、具体的操作期に入ってくると、徐々に、自分以外の視点で外界を捉え思考することができるようになる。このように社会を知覚する際に、自己の視点だけでなく他者の視点を取り入れ始めることをピアジェは脱中心化と呼び、この自己中心性から脱中心化の過程を「三つ山課題」で説明した。「三つ山課題」とは、形や大きさの違う3つの山の模型と人形を用いて、子どもの視点とは異なる「人形からみた景色」を数種類の候補から選択させる課題である。前操作期では、人形から見た景色ではなく子どもの視点から見た選択肢を選んでしまう傾向が強いが、具体的操作期に入ると人形から見た景色を選ぶことができるようになる（林，2014）。つまり、児童期の子どもは、世界は自分の認識だけではなく、親や教師、同級生など様々な認識により構成されていることに気づき、学校や生活場面から様々な概念を習得することで、より客観的で論理的な思考を身につけ始める。算数の学習を例に挙げれば、小学校低学年では、10の数や○番目という概念を徹底するために、算数セットという教材を用いたり、車やケーキなどをマグネットにして黒板に示すことで、子どもたちに作業させながら説明させる学習がよく見られる。しかし、具体的操作期における客観性や論理性には、刺激の具体的な特徴や現在の状況に影響を受けるという限界がある。目の前の事物に縛られない抽象的思考や、仮説に基づく推論などを行う論理的思考力は、小学校高学年頃から始まるとされる形式的操作期を待たねばならない。

　さて脱中心化とは、別の観点で見ると、自分の欲求や考えのみに突き動かされるのではなく、ルールや規則に基づいた論理的思考・自己コントロールができるようになるということである（鈴木，2016a）。就学前から家族や集団生活での経験を経て徐々に脱中心化が進むことで、子どもは「教室で座って授業を聞く」など学習の

基盤となる規範意識を身につけ、落ち着いて勉強に取り組めるようになる。また「自分とは異なる認識や見たことのない世界がある」という信念が基盤となることで、知識欲が旺盛に拡がり、学習のモチベーションも高まっていく。この時期、子どもは「なぜ」「どうして」と大人に尋ねるだけでは飽き足らず、様々なメディアを通して知識を得ようとする。その学習欲は、徐々に個々人の興味関心に沿って細かく分化していく（滝沢, 1985）。またこうした関心の分化は、この時期の互恵的・協力的仲間関係に支えられ、「私はこれが好き・これをしたい」という自律性や、「自分はこういう考え方・学び方が向いている」というようなメタ認知の発達を刺激していく。

　言語面では、親しい人との間で状況を共有することで成立していたことば（一次的ことば）に加えて、パーソナルな文脈を必ずしも共有していない不特定多数の対象に向けて発せられることば（二次的ことば）が、児童期初期から用いられ始める（藤村, 2005）。教科教育はパーソナルな状況から独立したより抽象的な事柄を学ぶという意味で二次的ことばに依拠しており（鈴木, 2016b）、養育者など親密な関係性で用いられていたコミュニケーションよりも抽象度の高い言語能力を発達させることで、外界から論理的な情報を受け取ることが可能になる。また自分にとって未知の状況や対人関係においても、推論や仮説を用いて思考を巡らし始めることで、より他者や社会と繋がりを持つ機会が拡がっていく。

　社会的認知の発達はどうだろうか。心の理論とは、「他者の内的状態（感情・信念・知識など）について推論し、それに基づいて他者の行動を予測・解釈するために必要な認知能力」（守口, 2018）と定義され、子どもの実行機能や言語機能など認知の発達と関連があると言われている（森口, 2018）。また児童期における心の理論の発達について、「他者Aが『〇〇』と考えている」という一次的信念ではなく、「他者Aが『他者Bが［〇〇］と考えている』と考えている」のような複数の関係性を含める二次的信念は、児童期中期以降に理解が進んでいく（子安ら, 2006）。その説明仮説として郷式（2018）は、児童期に至るまでは自分の知覚したものや認識と切り離した形で論理的な推論を行うことが困難であるからである、と指摘している。

　以上をみると、児童期とは、これまで「自分を中心とした」枠組みであった認知から離れ、自分と外界を区別し始める時期であると言える。自他の区別を通して多様性を受け入れ、その差異の中から新しい認識の枠組みを自己に取り入れようとし始めるプロセスが自己の中に論理的・客観的思考の発達を促し、より複雑な他者理解を促していく。

❖認知発達における個人の成熟と環境との相互関係

　前項ではピアジェの発達段階などを紹介しながら児童期の認知特徴について述べてきた。ピアジェの理論は、外界から提供された情報をそのまま受動的に受け取っているのではなく、子どもが環境から受け取った知覚について主体的に意味づけ判断していくことで知的処理の過程が発達していくという、能動的に外界に関与する子どもの能力を描写した点において、画期的であった。

　他方ピアジェ理論への批判も存在する。代表的な批判として、年齢により区別された発達段階の変化は、ピアジェが提唱したほどその年齢において固有なものなのかというものがある。そういった批判に対して、ピアジェは後に、発達段階の変化が起こる順序性は理論に適っているが、年齢と発達段階の対応づけはある程度流動的なものであると主張している（足立, 1994）。この点について中垣（2011）は、発達段階の進展は個人の要素と個人が置かれている文化的社会的状況によって異なり、劣悪な環境下であれば発達のスピードや到達度は遅れることとなるというピアジェの仮説を支持している。

　環境側の働きかけと認知発達の関係について考える際、ルーマニア独裁政権下において劣悪な孤児院での環境に置かれ、大人からの適切な応答や養育が提供されなかった子どもたちの発達経過の追跡研究が参考になる。社会的相互関係が決定的に剥奪された環境下に置かれた子どもたちは、常同行動など行動上の問題やソーシャルスキルの問題、加えて IQ の低下など認知機能の問題が見られた。しかし子どもたちはその後養子縁組を受け安定した養育環境に置かれた中で、長い年数をかけて上記の問題は改善の方向に向かっていった（Nelson et al., 2014）。

　この結果からも、子どもの認知発達は、個人の能動的な働きかけと、その個人の働きかけに共感的に応答してくれる環境との相互作用により、ダイナミックに展開されていくと言うことができよう。その際、個人が主体的に環境に働きかけ、自分と外界との違いや多様性を認識できるようになるには、個人が自分に対して応答してくれる環境側の安定性・一貫性が感じられるような、信頼できる外界の存在が不可欠である。そういった環境からの支えを受けながら、児童期の子どもは安心して様々な知識を学び、生き生きと思考を発展させていけるのである。

## 児童期における学習の発達

　児童期の学習能力の発達における特徴の一つは、義務教育の開始により体系的な教育を受ける機会が提供されることである。社会的規範やルールに沿った行動体系を学習することで、教師や親をより社会的な存在として認識し、知識や社会構造を

「学ぶ」対象として大人や友人を用いるようになる。瀬野（2017）は、児童期における社会的学習を深める役割としての他者の存在を、学びを深めるために「足場をかける」存在としての他者と表現している。

　児童期では学校教育や家庭教育を通して、様々な知識体系を習得し、それを用いて課題を解決することが求められる。本節では第一に、課題解決に関与する認知的要素の一つとしてワーキング・メモリを取り上げ概説する。また、児童期とは、知識の背景や成り立ち・要素間の因果関係などについての好奇心が高まり、それを探索しようとする欲求へとつながる時期である（滝沢, 1985）。このような複雑な思考過程の中で学習を深めていくためには、「どのように考えると覚えた内容を記憶しやすいか」「自分はどういう勉強方法が合っているか」といったメタ認知的能力が必要となる。そこで第二にメタ認知について概説する。


❖児童期におけるワーキング・メモリ

　私たちが知識を定着させ学習を進めていけるのは、伝達された知識を整理し蓄積する記憶メカニズムがあるおかげである。人間の記憶は、短期記憶と長期記憶に大別される。短期記憶は伝達された情報の一時的貯蔵庫であり、容量にも時間にも制限がある。他方、長期記憶は定着すると半永続的に保持される貯蔵庫であり、自転車の乗り方や車の運転方法など定着後はほぼ自動的に機能する手続き記憶、これまでの人生体験に関わるエピソード記憶、これまでの学習で得られた言語や知識体系に関する記憶である意味記憶に分けられる。

　さて、短期記憶は記憶の貯蔵と並行して情報処理も行っている。たとえば教師から「教室に戻ってプリントを配っておいて」と教示された場合、教示内容の記憶と並行して、教室に戻る経路やプリントの配布方法などを思考・判断している。そのように「ある情報を保持しながら、他の情報を処理する記憶システム」（中道, 2013）をワーキング・メモリという。

　児童期において、ワーキング・メモリの発達は子どもの学業成績と強く関連している。ギャザコールら（Gathercole & Alloway, 2008）によると、ワーキング・メモリは児童期から青年期前期にかけて発達するが、その発達の個人差は非常に大きい。彼らによると7歳グループの上位10％は10歳グループの平均的ワーキング・メモリ容量とほぼ同じ容量だったが、下位10％は4歳グループの平均値を下回っていた。学校教育においてはこの6歳もの幅を持つ個人差を踏まえた指導が重要である。たとえばギャザコールら（Gathercole & Alloway, 2008）は、子どものワーキング・メモリのエラーのサイン（例：不完全な記憶・課題を投げ出す）に対して教師が高い感受性を持つことを挙げている。こうした教師の感受性は子どもの困難

を発見するだけでなく、子どもにとっては自身の困難を正確に大人に受け止められた感覚となるだろう。また教授内容の目的や指示を効率的に「整理」して理解させること、またその理解した複数の内容をさらにまとめあげることで理解しやすくするような（湯澤，2018）、子どものワーキング・メモリにかかる過度な負荷を軽減させる介入が、特にワーキング・メモリに困難がある子どもには必要とされる。

### ❖メタ認知と学習の関係

　メタ認知とは、「自分の認知——見たり聞いたり（知覚）、覚えていたり忘れていたり（記憶）、考えたり（思考）するような心の働き——を、より上位的に俯瞰し理解する心の働き」を指す（林，2012）。

　メタ認知は2つの側面に大別される。一つには、自分の認知のあり方・内容についての知識を指すメタ認知的知識であり、これは「自分は人が多いと集中力が下がる」という自分の認知方略についての知識もあれば、「一度勉強したことを復習すると覚えやすい」など人間一般の知識なども含まれる（林，2012）。もう一つの側面はメタ認知的活動であり、自分の認知状態への気付き・予想・点検・評価などを含むモニタリングと、自分の認知についての目標を設定・修正するコントロールに分けられる（三宮，2018）。この2つの側面は車の両輪のように相互に影響し合うことで、より効率的な学習が図れるようになる。

　教科教育とメタ認知の関連では、岡本（2012）によれば、特に読解や作文、算数・数学的問題解決などの領域で、メタ認知との関連性が研究されてきた。たとえば文章読解では、私たちが既存知識の少ない分野の文章であっても文章の意味を効率的に理解できるのは、文章や言語体系に共通している文章の構造（序論・本論など文章の展開など）や要点と非要点の違いを把握するメタ認知能力により、主要な情報にフォーカスしやすくなるためである（西垣，2000）。また運動においても、自身の身体活動に気づき、判断し、次の行動をコントロールする能力として（岩田ら，2011）、メタ認知は機能している。

　メタ認知を学校の中で促進させていくにはどんな工夫があるのだろうか。林（2012）は、子どもが自身の気づきを振り返ることができる機会や、自分の気づかない学習方法を他者との議論の中で共有する機会を設定することを挙げている。三宮（2018）も、相互に自分の認知を説明するという行為が互いの未知の学習体系に気づく機会となると述べている。

　一方、未知なものを学ぶということは、好奇心を刺激する一方で、分からなさへの不安が伴うものである。メタ認知を促進する過程で、子どもはどのようにそうした不安な状況に向き合えるのだろうか。ザルツバーガー・ウィッテンバーグら

（Selzberger, et al. 1999）は、大人自身が学びの分からなさへの不安を体験しつつそれに対し考え続ける姿勢を維持することが、子どもにとって不確かさに向き合うモデルとなることを述べている。学習とは、大人は子どもに確かなものを教える一方向的な関係ではなく、相互に不確かさに向き合い学び合う相互的な活動であり、子どもはそこでの大人の姿勢をもメタ認知的に学習していくのである。

[小田切亮]

## 2　思春期の認知・学習の発達

### 思春期の認知・学習とは

　思春期の子どもたちはまわりを見わたし、情報や刺激を知覚し、生活や学習の手続きを記憶し、話し手に注意を向け内容に集中し、言葉だけでなく相手の意図を推論し、思考し、理解する。これらの能力は全て前節の幼児・児童期から積み重ねた認知発達と学習の上に成り立つ。思春期の彼らはそれらをより適切に機能させ、その場に合わせて何が今自分にとって必要か必要でないかを思考した上で「取捨選択」し、自己決定したという感覚を体験・経験し、自らの知恵にしていくことがより重要になってくる。そうしてはじめて学校、特に中学・高校に安心して身を置いて「生活を含めた学び」が可能になるのである。

### 思春期における認知発達

❖ピアジェの発達段階からみる思春期－具体的操作期から形式的操作期へ－
　思春期は前節に紹介したピアジェの認知発達論によれば、具体的操作期から形式的操作期へ移行する時期とされる。具体的操作期の思考は現実を超えることができないのに対し、形式的操作期による思考は目の前に存在しない抽象的な概念や観念的なイメージを、論理的かつ一般的な方法で操作してコミュニケーションを行うことが徐々に可能になる（林, 2014）。信じるか否かは別としておいて、神の存在について議論したり哲学したりすることが可能になるのである。
　「9歳（10歳）の壁」といった言葉が知られているように、学習につまずきやすくなる段階が訪れる。割り算や小数、分数などが登場するようになると、頭の中で具体的に考えにくいケースも増えてくることから学習に苦労する子どももいる。つまずくといった必ずしもネガティブな意味合いだけではなく、質的に飛躍する素晴

らしさも見える興味深い時期と考えられ適切な支援が求められる（林，2014）。

このように発達が移行すると、手当たり次第にあるいは場当たり的に試してみるのではなく、思考上で組み合わせ的思考や比例概念といった複雑な形式的操作が可能になる。前者の思考では、4つの無色の液体のいくつかを使って色が変化することがわかっているとき、その変化が生ずる組み合わせを系統的に調べて見つけ、色を再現することに成功する。後者では、天秤のつりあいをとるような課題があり、支点からの距離を変えて、さまざまな重さの重りをつるすと、支点からの距離と重さが反比例することを見出す（林，2014）。つまり、具体的なひとつの「関係」だけではなく、「関係の関係」を理解することが前提となり、このような体系的思考が可能になることが形式的操作期の大きな特徴である（鈴木ら，2016）。まさに子どもと大人を分かつポイントである。

### 例　具体と抽象の狭間にある中学生

最近は予防・開発的カウンセリングの一環として、スクールカウンセラーや養護教諭が心と身体の健康について授業をすることがある。触れられもせず見えないはずの「こころ」に作用するストレスや、「からだの中」で奇跡的な変化がおきる生命の誕生などを伝えると、はじめのうち生徒は戸惑いの表情を見せることがあっても、話し手の説明とスライドや映像で概ね理解することができる。さらには自分やまわりの経験などを今得た知識と結びつけて"それならばこういうことだろうか？"と自分なりに仮説を立て質問を考えたり、手元ではメモを取りながら内容を理解することに集中する。例えば感想には"ストレスは見えないが体内や心に作用するから生活を整えるように気をつけたい""自分は感じないが、もし近くに辛そうな人がいたら声をかけて楽にしてあげたい"とあることから、実感はなくても思考や推論を巡らせて理解に努めていることがわかる。一方で"興味はあるからおもしろかったが、見えない、確かめられないものについて考えることが難しい""他人だから結局のところ自分の思いは相手に伝わらないし分かり合うことなんてない"というように、思考や理解することから距離を置いた感想も少なくない。話し手が具体的でイメージしやすい内容を提供できているかどうかも鍵であり、抽象度が高い説明だと後者の感想が増えることだろう。

### ❖発達の領域一般性と領域固有性

形式的操作期は11～15歳とされているが、それはこの年齢頃に人間の思考が完成するとピアジェが考えていたからである（林，2014）。このように、ある発達段階に到達した子どもは、物体の動きのような物理的事象であれ、人間関係のような

社会的事象であれ、どのような内容（領域）でも同じレベルの思考が適用できるとして、発達が段階的に進むとピアジェは理論化した（黒沢，2003）。このような考え方を領域一般性と呼ぶ。しかし近年では、人間の心は内容（領域）によって発達の様相が異なる領域固有性という考えが多くの研究から明らかになっている（鈴木，2000）。このことは同年齢の子どもの中で、ある領域では高度な知識をもっており、抽象的な思考ができる一方で、別の領域では発達が十分に進んでおらず、自他の視点の区別がつきにくいといった中心化（自己中心性）を示すことも考えられる。あるいは年長になって、ある面では年齢相応の発達をしていてもごく単純な計算や読み書きに困難を示す場合もあり、その際には発達障害や学習障害である可能性を検討しながらアセスメントを進める必要がある。領域一般性のみならず、領域固有性も踏まえた子どもの発達のとらえを心がけたい。

### ❖思春期の脳について－認知心理学の歴史とコンピュータの発展の功績－

　認知心理学のはじまりは世界的には1950年代、日本で学問として認識されるようになったのは1980年代である。20世紀前半に開発されたコンピュータは、認知科学という新しい学問分野を作り出し、心や脳の研究に大きな変革をもたらした（服部・小島・北神，2015）。特に1980年代の先端技術の飛躍的発展と脳の構造への関心と研究に伴い、認知神経科学としてさらに発展してきた。今では脳を解剖したり手術したりしなくても、脳の活動を可視化できる技術（＝脳機能イメージング）が開発され、研究成果が次々と発表されている。

　これらの認知神経科学をふまえると、思春期の子どもたちと脳の発達はどう理解することができるだろうか？

　近年まで、脳は子どもが小学校に行き始める頃にはほぼ完成されているものと信じられてきた。しかし前述した技術や研究を受けて、思春期にも、幼児期のそれと同等の脳の発達や再編成が起こることがわかってきた。思春期の脳はこれまでの通説と違い、未完成なのである。

　ミュージック（2011/2016）は思春期の脳の発達について先行研究をもとに次の点を指摘している。第一に、実行機能の中心である前頭葉は、たとえ10代前半に急成長が起こるとしても、ときには20代前半までかかって完全な発達をみる最後の領域のひとつである。実行機能は目標に向けて注意や行動を制御する能力のことで、計画を立てたり見通しを持つことに関連する。

　第二に、思春期の脳はより効率的になるが、順応性は低くなる。新しい知識は、幼少期ほどには容易には吸収されなくなる。しかし脳は筋肉と同様に、鍛えられ、経験に依存する。児童期と思春期前期の間に毎日20億のシナプスが切り落とされ

るというが、経験しひとたび経路がつながれば、それは期待として残り、世界はそうした先入観によって経験されるようになる。思春期には、認知スキル、ワーキング・メモリ、および競合する情報を管理する能力の飛躍がみられるのは、このような脳の働きによる。

　第三に、危険性と情緒に駆られた行動と関連するとされる大脳辺縁系は、思春期の間明らかに活性化されている。驚くことではないが、この時期の衝動性と快楽の追求は、時として他の世代よりも強烈である。「思春期はキレやすい」とよく言われているように、不安や怒りをつかさどる扁桃体の活動が優位になるため（西川,2018）、他者の感情、特に負の感情に対してより敏感に反応する。

### ❖思春期の認知的思考とインターネット・コミュニケーション

　前述したとおり思春期の認知発達は、目に見えないものを感じ想像する練習段階にあるといってよい。脳機能はアンバランスで、性ホルモンの分泌の急激な増大もあり、結果的に感情に左右されやすく、衝動的でリスクを選択しやすい。この点は他の世代と比べて最も活発であるといってよく、だからこそ彼らは学習や部活動、恋愛などに果敢に挑戦し将来の夢に向けて努力していく。

　現在子どもたちの多くは自分用の携帯電話・スマートフォン・タブレット・ゲーム機器（以下デバイスとする）を持っており、最先端の通信技術（インターネット）を用いて、どこにいる相手とも気軽にコミュニケーションができる時代である。昨今までは小、中、高校においても授業中に個人のデバイスの持ち込みは禁止であったが、コロナ禍の学習措置として、ひとり１台デバイスを使用することができるようになった。どの子どもも等しくデバイスに触れる機会が保障されたのである。

　さらに高速通信が可能なネット環境下では、顔見知りの友人らに限定せずとも、同時に複数名とやりとりができ、複雑な通信ゲームも遜色なく成立する。ソーシャル・ネットワーク・サービス（SNS）を通じて、趣味や興味のあるテーマを持つ仲間と出会うことも容易い。動画配信・共有サービスを通して世界中のパフォーマンスを見ることもできるし、自分自身が一躍有名人になる夢をもつことも可能である。

　インターネット・コミュニケーションは非常に便利で魅力的なツールである一方で、その即時性や匿名性の性質上、犯罪に無自覚に加担する、あるいは巻き込まれるなどの危険性があり、それらを理解し使いこなすには、思春期の認知発達段階ではまだ不十分であると言わざるをえない。例えば、相手の応答に敏感になるあまりに判断を早め、攻撃的になり、とる行動を見誤ることもあるだろう。その反応が手元に残る形で無限に保存される。あるいは回収不可能な形で個人情報が公開されて

しまうこともある。

　中高生からデバイスを取り上げるなどの場当たり的な指導はいまや通用しなくなっており、デバイスとの正しい付き合い方やマナー、利便性や危険性など包括的な情報リテラシー教育が必要である。

## 思春期における学習

### ❖中学校の適応の問題「中1ギャップ」とメタ認知・記憶の関係

　中1ギャップについて、平成24年の中央教育審議会初等中等教育分科会における資料「小・中学校間の連携・接続に関する現状、課題認識」から引用する。

　小学校から中学校への進学に伴い、新しい環境での学習や生活へ移行する段階で、不登校等が増加することを「中1ギャップ」という。（中略）各種調査によれば、「授業の理解度」「学校の楽しさ」「教科や活動の時間の好き嫌い」について、中学生になると肯定的回答をする生徒の割合が下がる傾向にあることや、「学習上の悩み」として「上手な勉強の仕方がわからない」と回答する児童生徒数や、（中略）不登校児童生徒数が中学校1年生になったときに大幅に増える実態が明らかになっている。

　メタ認知の概要は前節を参考にしてもらい、ここでは記憶の例を挙げ、思春期の学習でメタ認知やワーキングメモリが適切に機能しないことによる失敗が自己評価に与える影響について検討する。

　鈴木ら（2016）が紹介しているフラベルらのメタ認知の実験（Fravell et al., 1975）がある。いくつかの数字を数秒の間隔で言われたとして、あなたはいくつの数字を覚えられるだろうか？　大人なら6〜7個くらい、と言い、それは大抵当たっている。しかし幼児に質問すると7個とか8個、中には10個以上と答える子がいる。しかし実際にテストをすると3〜4個しか答えられない。このようにメタ認知獲得以前の幼児は、自分の認知能力を正しく把握できていない。10歳前後で大人と同じくらいの正確なメタ認知ができるようになり、そこではじめて子どもたちは自学自習ができるようになる（鈴木ら，2016）。どんなことが自分にはわかっていて、何を理解していないかを自分で制御しはじめる。授業中に疑問が湧いたとしても脇におき、教師に後から質問をすることができたり、説明を聞きながら役割に対する自分の向き不向きを判断してグループ活動での話し合いに臨むことができる。

　不登校の原因やきっかけはそう単純ではないが、生活環境等の変化により児童生徒がプレッシャーや精神的動揺を受けやすい時期は、「長期休み明け」と言われている。筆者の経験上、中学1年の夏休み明けから登校できなくなった理由で多いも

のとして「宿題が終わらなかった」「徹夜して朝起きられなかった」が挙げられる。これは、小学校と違って家族の協力が得られにくくなるなどの理由も考えられるが、主には宿題の分量とそれを自分が期日までに終える計画や何から先にやるかなどの方略の失敗がある。“この課題は〇時間くらいあれば終わるだろう”というように、実力に応じた見込みを見誤るためである。

**例　テスト前の勉強のやり方が変えられない、要領が悪い、捨てられない**

　主要5教科、さらに保健体育や美術などの実技も加えた教科をテストの点数で評価するのが中間・期末考査である。試験日という期日が事前に決まっていることに加え、2〜3か月の間学習した範囲の中で、何がどの程度出るかはわからないという不安を引き受けてテストの準備しなければならない。メタ認知による見込みに加え、要領の良さも必要となる。

　限られた時間の中で、何をどう学習しテストに臨むとよいだろうか。数学であれば一つでも多く問題を解き手応えを得たいところだが、思春期の子どもたちの中には問題文や図形までをも正確にノートに書き写してから解く生徒がいたりする。不安からこれまでのやり方に固執し、取りこぼしが怖く、全てやらないと気が済まないのである。このように「自分はこうしたい・できる」と思っているレベルと、実際のパフォーマンスの結果であるテストの点数が期待外れのことも多く、自分に落胆し自己評価を下げることも、思春期によく見られるメタ認知の失敗である。

**❖ワーキング・メモリが脅かされる思春期事例**

　前節にもあるが、ワーキング・メモリは日常生活の中で重要な情報を頭に保持しておくときに用いられ、脳の作業場もしくはメモ帳のような働きをしている。この作業場の広さも使い方も個々人で違いが大きく、環境や経験による影響を受けると言われている（湯澤，2009）。

　児童期から思春期にかけて質が変わることのひとつに、「教師からの説諭」があるように思う。生徒が何かしらの不手際について教師から説諭を受けているとする。「なぜこうしたのか？」と問われ、それに生徒が字義通りに答えると「言い訳を聞くために質問したのではない」と返される。教師を前に自分ひとりが説諭される状況で、しかも答えを否定され、理解力もだいぶ低下した状態で、教師はよかれと思って解説を重ねる。最後に「何がわかったか自分の言葉で言ってみよ」とうながされるが、頭の中の作業場がすでに埋めつくされ、答えられる内容はたかが知れている。

　この状況で考えたいことは、まず、教師が指摘したい失敗や不手際を、その生徒

は覚えているだろうか、という点である。活動を始めたときはたいてい目的に合っ
てうまくやっていても、集中力がなくなるのは間違いをし始めた後のことであり、
ワーキング・メモリがいっぱいになった結果かもしれない。次に、思春期の生徒に
とって呼び出しを受けることや失敗を追及されることに対する心的負担である。場
所、それに要する時間と情報量、教師側の表情や声のトーンなどすべてが生徒の自
己認知やパフォーマンスに影響を与える。強い不安やうつ状態は集中を妨げ、ワー
キング・メモリに影響を及ぼすことを、教師に限らず大人は理解しておきたい。

❖思春期の認知・学習の発達のまとめ

思春期の認知発達と学習について、ピアジェの認知発達理論から最近の研究によ
って解明されてきた脳科学との関連、最新のデバイスとインターネット・コミュニ
ケーションについて、メタ認知やワーキング・メモリが影響する不適応などを説明
してきた。

本節で述べたことは思春期の学習や生活そのものを成立させる上で基盤であるこ
とは間違いない。また、思春期の彼らがパフォーマンスを構築する上で、他者の存
在や負の感情は排除できない重要なファクターである。思春期は他の世代と比較し
ても他者から多大な影響を受けるために、とっさの行動と判断を危うくする。この
ことを、彼らの発達を支える環境側の親や教師たちが、知識をもった上で経験と想
像力を働かせて、子どもたちへの適切な理解を議論し、実践を重ねて支援を充実さ
せていきたいものである。

[小田切昌代]

126

## 第3節
# 仲間関係

・・・・・・・・・・・・・・・・・・・・・・・・・・・・・・・・・・・・・・・・・・・

## 人生を豊かにする仲間関係を築くために

　ある成人女性がカウンセリングに訪れた。彼女は人と目を合わせることができず、たまたま目が合ってしまうと「消えたい」という気持ちで心がいっぱいになってしまうのだという。小学生の時に学級内で孤立し、クラスメイトから目が合うだけでクスクスと笑われていた過去があり、それ以来、「自分のどこがおかしいのだろう」「どこを直せばみんなが受けいれてくれるのだろうか」、そればかりを考えて生きてきたと語る。大人になった今も自分の行動が他者にどう映るかが気になって疲弊し、体調を崩しては仕事を辞めざるを得ないことが続いているという。

　この事例が示すように、子ども時代の仲間関係のつまずきや傷つきは、それがいじめであろうとなかろうと、人生に渡って大きな影を落とすことがある。反対に良い仲間関係に恵まれたことが、その後の長い人生を豊かにしてくれることもある。だからこそ、子どもに関わる大人たちには仲間関係の発達的な特徴や展開を理解した上で、彼らの成長を応援して欲しい。本節では仲間関係の発達について「児童期」と「思春期」に分けて解説するとともに、仲間関係の発達に関する今日的な問題についても触れていく。

## 1　児童期の仲間関係

## 児童期における仲間関係の機能

家族と過ごす時間が長い乳幼児期に対し、児童期は小学校入学とともに一日の大

半をクラスメイトなどの仲間たちと過ごすようになる。こうした家庭外での仲間関係は子どもの発達にどのような機能を持つのだろうか。大橋・鹿内（1977）による「仲間関係の意義」の中から、その機能について紹介しよう。

❖社会化の機能

　親や先生をはじめとする「大人」から叱られたり、ほめられたりすることを通してルールや道徳的行動が作られる幼児期に対し、児童期は「仲間」との関わりからそれを内在化していく重要な時期である。すなわち遊びや学級活動の中で自分の行動や態度が「仲間」に受け入れられたり、拒否されたりする経験を重ねることを通して人との関わり方を学び、集団には守るべきルールがあることを知るようになる。このような社会一般の行動基準、あるいは価値基準が子どもの中に内在化されたものを「良心」と呼ぶ。また、仲間とのあいだで自分の感情を適切に表現し、コントロールすることができるようになるのと同時に、他の子どもの感情も考慮できるようになることがこの時期の課題となる。

❖自己概念の形成の機能

　小学校に入学すると能力や態度を同年齢の仲間と比較する機会が大幅に増え、これに基づいた自己評価がなされるようになる。同時に仲間からの賞賛や非難によって他者評価を知ることにもなる。すなわち仲間の存在によって自己評価と他者評価の両方が本人に認知されるようになり、自己概念の形成に大きく影響を与える。自分の能力に自信が持てたり、仲間から認められる機会に恵まれれば良いが、冒頭の事例のように集団から孤立し、他者からの否定的なまなざしを受け続ければ「消えたい」と思うほどの深刻な傷を自己概念に残しかねないことは容易に想像できるだろう。

❖心理治療的機能

　親や教師などの権威的な存在とは異なり、対等な立場である仲間関係では自分の感情や意思を自由に表現することができるという点で、感情を発散させる効果がある。さらに「こんなことができないのは自分だけかもしれない」といった劣等感や「こんな不謹慎なことを考えているのは自分だけかもしれない」といったような非道徳的感情についても、仲間から同じ悩みを打ち明けられることを通して自分と同じような思いがあることを知り、不安や罪障感を和らげ、ネガティブな感情を乗り越える助けとなる。特に児童期後期は、思春期に向けて親への依存から次第に脱却して自律性を獲得していかなければならない時期でもある。親から独立することへ

の不安が生じるため、その際にも仲間が拠り所となる。

　このように児童期の子どもにとっての「仲間」は、社会性の発達、自己概念の形成、そして発達上起こりうる心理的な危機を乗り越えるために必要な対象であり、仲間関係のもつ意義は大きいといえるだろう。

## 児童期における仲間関係の発達

　児童期は親との結びつきがまだ強い時期であるものの、思春期に向けた仲間探し（仲間づくり）の準備期間といえる。たとえば幼児期の子どもたちは、幼稚園などで仲の良い相手がいても、親同士の仲が良くなければ園の外で会う機会はなく、対人関係の多くは親の選択によるものであるといっても差支えがないだろう。しかし小学生になると自分で見つけた友達と放課後も一緒に遊ぶようになることから、児童期の仲間選択を「自立の始まり」ととらえることができる。

　野嵜（2018）によると、エプスタイン（Epstein, 1989）は仲間を選択する際に「近接性」「同年齢」「類似性」の三つの要因が関わっているとし、乳幼児期から青年期にかけてこれらの重要度がどのように変化するかについて論じている。児童期前期は「家が近い」などの物理的な条件（近接性）、また「所属する学級」（同年齢）の中から友達を選択する傾向にあるが、年齢が上がるにつれてこれらの重要度は低くなり、児童期後期になると「興味や関心、性格が似ている」などの心理的な条件（類似性）が重視されるようになる。こうして自立の際に心理的な拠り所となる「仲間」を見つけていくことになる。

　以上のように児童期前期と後期の仲間関係では、その発達の過程において機能や質に違いが見られる。そのため、それぞれに分けて仲間関係の発達を概観するとともに、私たち大人がその発達を支援する際の視点についても考えてみよう。

### ❖児童期前期　〈大人の積極的な介入が必要な時期〉

　児童期は、乳幼児期や思春期と比較して身体的な成長のスピードが緩やかになるため、心理的にも安定している時期といわれている。そのため勉強だけでなく、上述したような「社会化」に関する側面を学ぶことにも適している時期といえるだろう。しかし実際に子どもたちと関わってみると、対人関係について悩みを抱き、仲間関係から撤退する子どもも少なくない。たとえば登校渋りを主訴に来談した児童期前期にある子どものケースでは、遊びに「入れて」と頼んでも「すぐ叩くから嫌だ」と仲間に入れてもらえず教室内で孤立し、放課後に遊ぶ友達がいないことの寂

しさが語られる。このように児童期前期にある子どもたちが仲間関係での不適応を抱える背景にはどのような要因があるのだろうか。

　青木（2012）は、仲間関係の成立と発展に「個人的要因」と「環境的要因」が関わっていることを指摘している。たとえば、人見知りが強い、自己中心的、攻撃性が強い、感情のコントロールが難しいなどといった子どもの性格傾向は、仲間関係においてトラブルが頻発しやすい「個人的要因」として挙げられる。これには発達障害などの気質的な特徴も含めることができるが、家族内でのコミュニケーションが少ないために言語発達が未熟であったり、就学前に家族以外の人と関わる機会が少ないためにスキルが不足していたり、虐待的な家庭環境などの「環境的要因」が関わっていることも多い。

　児童期前期の対人関係のスキルは、いわば互いに就学前に身につけた家族の対人関係のパターンを引きずっている状態であり、認知機能や自己抑制が発達途中にある子どもたちのあいだだけで、対人関係のトラブルを解決するのは難しいだろう。そのため大人が積極的に介入してお互いの気持ちを確認したり、それを双方に伝えてみたり、謝り方や謝るタイミングを教えることで、これまでとは異なるかかわり方や他者の気持ちを読み取る視点を学ぶ機会が得られる。実際に小学校低学年の教室では、子ども同士のトラブルが生じた際に担任の先生が双方の言い分をよく聞き、お互いの気持ちを代弁して伝え、トラブルを解決するためのスキルを教える場面に遭遇することが多い。「個人的要因」や「環境的要因」に関連した不適応を抱えている子どもも、こうした大人の積極的な介入によって仲間の中で自分の存在が受け入れられることを通し、トラブルを生んできた性格傾向が目立たなくなってくるのが大半である。

　児童期前期の仲間関係につまずきがあったと思われるケースの多くは、大人が介入してあいだを取り持ってくれるような機会に恵まれないまま、対人関係の失敗、または傷として残ってしまったケースのように見受ける。この後に引き続く児童期後期以降の仲間関係では、その発達の過程で大人の介入が子どもたちに届きにくくなる。だからこそ、児童期前期の仲間関係で生じるトラブルには大人が積極的に介入しサポートしてほしい。それが、児童期後期の仲間関係の下地を作る上でも大切な支援となりうるだろう。

### ❖児童期後期　〈大人の度量が試される時期〉

　児童期後期の仲間選択の要因が「類似性」に重きが置かれることに呼応するように、この時期の仲間関係の質は大きく変化する。俗にいう「ギャングエイジ（gang age）／ギャンググループ（gang group）」の到来である。スクールカウン

セラーとして校内を歩いていると、低学年の子どもたちが興味深く近づいて歓待してくれるのに対し、高学年（多くは女子）は見慣れない姿を確認するや否や、さっとグループで集まりヒソヒソと「誰あれ？」「知らない」「何しに来たの？」とお決まりの会合を始め、異質なものを受け入れまいとするオーラを漂わせる。鋭い視線に見舞われた筆者は、「なんと扱いづらい時期であろうか！（しかも恐ろしい！）」と保護者や教師の苦労を容易に想像することができる。

　保坂（1998）によるとハドフィールド（Hadfield, 1962）は、このような徒党集団を「集団的同性愛期」と位置づけ、その結束力の強さは「権威に対する反抗性、他の集団に対する対抗性、異性集団に対する拒否性」などの特徴があるとしている。また野嵜（2018）が紹介するチェンら（Chen et al, 2003）の研究によると、集団は同性の3~9人のメンバーからなることが多く、類似性や同一行動による一体感から親密さを増し、排他性・閉鎖性が強いとされる。このような徒党集団は、たいていが強力なリーダーとそれぞれの役割をもつメンバーで構成され、独自の規範（ルール）を持っていることが多い。リーダーの統率のもと、各メンバーは自分の役割を知り、賞賛されたり非難されたりすることを通して、自己認識や他者の視点、社会的評価を学ぶ。さらに仲間集団に属するために自己抑制を働かせてその集団の規範を守ることで同一行動をとり、仲間として受け入れられる経験を積む。大人になって社会に出ると、家族単位であれ、会社単位であれ、それぞれの集団にはリーダーがおり、公的または暗黙のルールが存在し、それに沿って集団に属する必要がある。そのためギャンググループでのやり取りは、社会的構造、仲間との協力体制、役割分担、責任や道徳性など、社会で生きるためのスキルを獲得するのに必要な発達のプロセスということになる。

　しかし、やはり「ギャング」という言葉が示す通り、注意しなくてはならない面もある。彼らは、秘密を共有したり、自分たちのグループにしかわからない言葉を使ったり、サインを用いることで結束力を強める。その活動は親や教師にも秘密にされ、「大人」とも距離を取るようになり、反抗期のサインと捉えられる態度も見られるようになる。そして大人からの承認よりも仲間集団の承認に重きが置かれ、一緒にルール破りを行うようになるのである。これが「ギャング」と呼ばれる所以であるが、これらの特性が度を越してしまうと大人の目の届かない陰湿な「いじめ」に繋がる危険性をはらんでいる。しかし大人の積極的な介入が功を奏す児童期前期と比べ、児童期後期の大人の介入は、それに反発することで、仲間の結束力を高めるための格好のネタとなりやすい。たとえば、児童期前期のようにお互いの気持ちを伝え合って謝罪する機会を設けたところで、この時期の子どもたちは相手の気持ちも、そして謝罪さえすれば大人は許してくれることも「わかってやってい

る」ことが多い。そのため、かえって「担任（親）が、熱く語ってて、うざかったー」と集団で盛り上がるためのネタにされるのが関の山である。それではこの時期の子どもたちの仲間関係を大人たちはどのようにサポートすることができるだろうか。

　誰もがしばしば頭を悩ませる問題であるが、残念ながらこれはもう観念するしかない。しかし、それは決して関わりを放棄するということではない。成長の可能性を信じるということである。この時期の子どもたちが「ギャング」や「反抗期」と呼ばれるのは、大人にとって扱いづらい時期だからであって、彼らにそのつもりはない。子どもの側に「反抗してるの？」と尋ねてみても、たいていがまじめな顔で首を横に振る。つまり大人たちが「反抗期」と呼ぶ現れは「自我の芽生え」であり、「成長の証」でもあることなのだ。

　実はこうした眼差しで関わり続けることがこの時期の子どもたちに対する支援となりうる。つまり彼らを子どもとして扱うのではなく「半分は大人」として認め、関わり続ける姿勢が大切になる。生徒指導で手腕を発揮する教師の例を紹介しよう。その先生は厳しいことで子どもたちから恐れられているが、仲間関係のトラブルでは集団に介入せず、リーダーを呼ぶ。そして個別に話す中で適切な振る舞いについて評価し、子ども扱いをせずにリーダーとして求められる資質やスキルを一緒に考え、意見を交わす。こうした教師の大人としての振る舞いや考え方をモデルとして取り入れたリーダーは、メンバーに同じように働きかけ、建設的な仲間関係を築く場として集団が成長していく。

　この時期にある子どもたちは、しばしば「子どもなんだから○○しなさい」「大人なのに○○できないなんて」と大人の都合で両方のメッセージが送られる。彼らの立場で考えると迷惑なことであろうが、実は彼ら自身も自分が子どもなのか大人なのか、その線引きは難しい。河合（1996）は、この時期の子どもたちに対する支援のあり方として「見守り」と「対決」をキーワードとして挙げている。できる限りの自由を与え、常に期待を失わずに傍に居続けること（見守り）、そしてその自由が危険な方向に進むとき、どうしたらいいのかを共に悩み、本音で彼らとぶつかり合う姿勢（対決）が大切であると述べている。大人に従っているうちは「子ども」である。時には大人とぶつかり合いながらも自我が認められる機会を得ること、すなわちイニシエーションという通過儀礼によって、「子ども」は大人の仲間入りを果たす。言葉でいうのは簡単だが、見守るにしても対決するにしても、実際に対応する大人たちはその度量が試されることになり、大変な苦悩を抱えることになるだろう。しかし、異なる者を排除しようとするこの時期の子どもたちにとって、大人の度量の広さに受け入れられる体験こそが、自分とは異なる価値観を持つ

者を受け入れる「大人」としての仲間関係を築く手立てを彼らに提供することになる。

[高野創子]

## 2　思春期の仲間関係

### 思春期の仲間関係の機能

　思春期はそれまで頼りにしていた親から精神的な自立を目指す時期である。そのため古くから、自立に向かう際に生じる不安から依存が再燃するという、両価性がピークを迎える時期であると言われている。ウィニコット（Winnicott, 1984）はこれを「反抗と依存の混合」の状態とし、アンナ・フロイト（Freud, A., 1969）は「衝動をうまく撃退しながらそれに打ち負かされること、両親を愛しながら憎悪すること、両親に反抗しながらまた一方で依存すること、他人の前で母親を認めるのをひどく恥じながら、意外にも母親と心を用いて語りたがること」（牧田ら訳）など「両極端の揺れ動き」を見せる時期と表現した。このような非常に不安定で孤独な時期を乗り越えるためには、同世代の仲間関係が重要になってくる。

　松井（1990）は、思春期の友人関係の機能を次の3点に整理した。1点目は、緊張や不安など落ち着きの悪い感情を解消してくれる存在としての「安定化機能」である。友人に悩みを相談したり、一緒に活動してストレスを発散させたりすることは、心理的なゆとりをもたらす。2点目は「社会的スキルの学習機能」で、家族とは別の他者である友人を信じて頼り、自分の気持ちを伝えるなどの活動を通して、他者との関係性を育み維持する術を習得する。3点目は、友人が自己の行動のモデルとなる「モデル機能」で、家族にはない異質性を有する友人は、新しい世界を示してくれる手本となり得る。今まで知らなった生き方や考え方を友人から取り入れることによって、自分の人生観や価値観を広げ、新しい自分を創造することができる。

### 思春期の仲間関係の発達的変化

❖同質で親密な関係から異質性を認め合う関係へ
　児童期から思春期 へと発達するに伴い、仲間関係にも質的変化が生じることは、多くの研究者が指摘している。保坂（2010）は、保坂・岡村（1986）による学

生相談におけるエンカウンター・グループの事例研究から得られた仮説に基づき、子どもの友人関係は「ギャンググループ」「チャムグループ」「ピアグループ」と段階的に発達していくことを提唱した。

　ギャンググループについては、児童期の仲間関係の章で詳述されているので、ここではチャムグループとピアグループについて紹介しよう。

　チャムグループは、思春期前半、中学生頃に見られる同性同輩集団を指す。この段階では、同じ趣味関心など、互いの共通点や類似性をもつ同士という安心感と一体感が集団の基盤となっている。集団内だけでしか通じない言葉を作り出すなど、通じるものを持つ者だけが仲間であるという境界が引かれ、互いに同じであることを確かめ合うことで仲間に対する絶対的な忠誠心を育む。同時に、異質性を集団から排除することによって集団は維持される。

　「チャム chum」とは、もともと米国精神科医であるサリヴァン（Sullivan, 1953）が使用した、親密な友人関係を指す言葉である。彼は、児童期までは自分自身の充足のために相手を必要とする利己的な友人関係であるのに対して、この時期には「相手の満足と安全が自分の満足と安全と同じかそれ以上に大切と感じる状態」を指す親密性（intimacy）が生じ、「水入らずの関係のおかげで安全保障が大幅に増大」し、「自分自身の可愛気のないところにも、自分以外の人々の真の値打ちにも目が開くようになる」と説明した。すなわちチャムシップとは、利他的な関係であり、他者に対する愛情の原点と言える。さらにサリヴァンは、チャムシップは、それまでの発達段階におけるつまずきを修復し、人格に訂正を与えうる機能を持つと考え、また逆にそうした友人関係が得られなかった場合、後の対人関係や精神病理に深刻な影響を与えるとして、とりわけ重要視した。

　ピアグループは、思春期後半、高校生頃に現れるとされ、互いの価値観や理想・将来の生き方などを語り合う関係性の集団である。「ピア peer」とは、本来「同等」という意味合いを含んだ仲間を意味する言葉であるが、ここでは、共通性や類似性だけではなく、互いの異質性をぶつけ合うことによって他者との違いを明らかにしつつ自分の中のものを築き上げ、確認していくプロセスを含む。そして、異質性を認め合い、違いを乗り越えたところで、自立した個人として互いを尊重し合って共にいることができるようになる。この集団は、異質性を認める特徴ゆえに男女混合であることも、年齢に幅があることもある。

　以上のことから、児童期から思春期にかけての仲間関係は、同質で親密な関係性から異質性を認め合う関係性へと発達的な変化を見せるとまとめることができる。このことは、榎本（2000）、黒沢ら（2004）などの調査研究によって実証されているので、関心のある方は参照されるとよいだろう。

❖自我理想の取り入れから自己の確立へ

　ブロス（Blos, 1962）もまた、思春期における同性間の親密な交流はパーソナリ
ティの形成上不可欠であることを指摘している。ブロスによると、中学生の時期
は、友人を自分が所有したいと願う性質を持つ人として、あるいは、自分も相手の
ようになりたいと望む人として、理想化するような関わり方をする。自分が所有し
たいと思う性質を友人の中に見出し、愛し、賞賛することで、それがあたかも自分
のものであるかのように、自分の延長として友人を所有する。そしてそれを通して
個人はその友人像を自分の理想あるいは規範として取り入れていく。この規範をブ
ロスは「自我理想 ego-ideal」と呼んだ。それまでは両親の要請によって望ましさ
を取り入れた規範、すなわちそれに従わないことが個人にとって懲罰的な意味を持
つもの（こうあらねばならない姿）が行動規範となっていたが、この段階に至ると
それとは異なり、より個人に親和的で理想を表現した在り方を示すもの（こうあり
たい姿）が規範となると言える。

　そしてその自我理想が確固としたものとなるに従って、友人を自己の延長として
見る性質は次第に薄れ、より現実的な関係を持つようになってくる。このような自
我理想が形成されることが、高校生時期から大学生時期にかけての重要な発達課題
の一つとされている。自我理想が確実になることで個人内の情緒的安定がもたらさ
れ、そしてようやく、"自分は独自の、連続性を持つ、所属社会から認められた存
在である"というエリクソン（Erikson, 1959）の言う自我同一性の確立に向かうた
めの基盤が構築される（Blos, 1962, 1985）。

## 仲間関係の今日的特徴

　保坂（2010）は、現代の思春期の仲間関係の傾向として、「ギャンググループの
消失」「チャムグループの肥大化」「ピアグループの遷延化」を挙げている。すなわ
ち、現代の若者が、ギャンググループを十分に体験しないままチャムグループを形
成し、結果的にピアグループの段階への到達が遅くなっていることに警鐘を鳴らし
ている。では、こうした現象が起きている背景を整理してみたい。

❖遊びの機会の喪失

　全国の小学生の子どもを持つ母親を対象として第一生命経済研究所が実施した、
小学生の放課後の過ごし方に関する実態調査（的場, 2008）によると、現代の小学
生は母親世代とは大きく異なり、友だち同士で、外で遊ぶことが非常に少なくなっ
ていることが覗える。現代の小学生の放課後の過ごし方で最も頻度が高いのは、

「自宅で勉強をする」であり、次いで「電子ゲームをする」「一人でテレビやビデオ、音楽を視聴して過ごす」と続く。「以前に比べて子どもたちが外で遊ばなくなった」と感じている母親に対して、その理由を尋ねた結果、「学習塾や習い事、クラブ活動などで忙しいため」が83.7％、「不審者や犯罪等、地域が安全でなくなったから」が80.3％、「電子ゲームをして過ごす子どもが増えたから」が77.8％とかなり高い割合を示し、「公園や広場で『ボール遊び禁止』等、外遊びが制限されるようになったから」が42.1％、「公園や広場の数が減ったから」が38.6％で後に続いている。さらに、「子ども同士の友達関係が希薄になったから」を肯定している者は24.6％を占めている。また、学習塾や習い事等の活動に参加している割合は全体の9割以上に及んでいる。

　この調査結果は、現代の子どもたちが友人同士で放課後の予定を合わせることや、外で安心して遊べる場所を確保することの難しさを示すものである。ここにきょうだいの数が減少していることも加わり、結果的に一人で過ごす時間が多くなっていると考えられる。さらに、早い段階から学習塾で「できる・できない」と評価され、人間に優劣がつくことを知ることによって、「対等である」「一緒である」という感覚が培われにくくなっているのではないだろうか。

　つまり、現代の子どもたちには、のびのびと心と身体を動かして共に遊ぶ相手も、時間も、場所も失われていると考えられる。ギャンググループを描いた代表的な映画である「スタンド・バイ・ミー」のように、子どもならではの興味関心を分かち合い、わくわくどきどきしながら大冒険に出るような体験を得ることが、現代の子どもたちにとっては非常に難しい時代になっていると言えるだろう。

### ❖同調圧力（ピア・プレッシャー）

　異質性を認め合うピアグループの仲間関係にたどり着くまでの間、すなわちギャンググループとチャムグループの段階では、同質であることを求め合う関係であると言えるが、こうした関係のグループ内では「同調圧力（ピア・プレッシャー　Peer Pressure）」と呼ばれる力が働く（Brown, 1989）。同調圧力とは、仲間関係の中で"同じであること"を求められる力動である。　この同調圧力は、仲間関係を強く結びつけ、協力関係を強める作用がある一方で、個々人にとって大きな脅威となる場合もある。たとえば、互いに監視されているような気持ちになり、集団で認められた規律や価値観、行動様式に従わなければならない、同調しない者は排除されるなどと感じ、緊張状態を強いられることがある。

　2009年に実施されたベネッセ教育総合研究所「子ども生活実態基本調査」によると、「仲間はずれにされないように話を合わせる」ことに肯定した者は、小学生

で51.6％、中学生で44.4％、高校生は41.1％であった。2004年に実施された同調査と比較すると、いずれの年代も2004年よりも増加しているが、中でも小学生の増加率が高い点は注目に値する。さらに、中学生、高校生のいずれの時点においても高校生より中学生のほうが、そしてさらに小学生のほうが、その数が多いことが示された。「グループの仲間同士で固まっていたい」と言う項目についても同様で、2004年よりも2009年のほうが多く、その割合はやはり高校生よりも中学生、そして小学生のほうが多くなっている。仲間関係の発達段階を踏まえると、年齢が上がるにつれて仲間の反応を気にする傾向が強くなるはずである。しかし、それとは逆の結果が示されたこの事実について土井（2016）は、「子どもの発達段階に付随する変化を上回るほどの世代の違いによる変化が大きくなっている」と考察している。つまり、新しい世代ほど早い時期から仲間の反応を強く気にするようになっていると理解できるということである。

#### ❖価値観の多様化と人間関係の制度的基盤の弱まり

　土井（2016）は、上記の変化の背景について人々の価値観が多様化したことに触れている。多様な価値観が認められ、個性が尊重されるようになったことで、判断基準となる不変不動の信念や信条を個人の内側にもつことが難しくなる。そのために、自分の考えはこれで正しいのか、自分が向かっている方向はこれで大丈夫だろうかという不安が強くなると同時に他人からの評価の重さが増大するだろうと考えている。

　また、かつて学校には、同じクラスになった以上は仲間でなければならないとか、助け合わなければならないといった規範的な圧力が強力に存在していたが、現代の学校ではそうした拘束力が大幅に弱まっており、組織や制度に縛られずに自由に付き合う相手を選ぶことが許されている。さらには、コミュニケーション能力という個人に内在する能力の有無が重視される傾向が非常に強い。こうした状況下においては、付き合う友人を持っていないことが、他者から選ばれるだけの価値や他者と関わる能力のなさの反映として受け取られてしまいかねないため、できるだけリスクの少ない、特定の、価値観の共有できる相手だけと関わり、同質性を強めていくことになると土井は指摘している。もしもそこでの人間関係が破綻すれば孤立してしまうため、対立することは回避され、「私たちは友だちだよね」と常に仲間であることを確認し合うような関係性が築かれることになる。

　筆者が日々臨床現場で出会う若者たちにおいても、実に多くが「周りからどう思われるかが気になる」「嫌われたくない」「変な奴だと思われたくない」と、常に集団内の反応を見張り、一生懸命同調し、疲弊しきっている。ソーシャル・ネット

ワーク・サービスを利用する若者たちの中には、「即レスしないと嫌われる」と心配になり四六時中スマートフォンから目を離さず、フォロワーからたくさんの「いいね」をもらうことに躍起になり、「インスタ映え」するかどうかを投稿の基準としている者が少なくないだろう。これらはいずれも周囲の評価への囚われを象徴している。こうした同質性に縛られた関係性から抜け出し、真に多様性、異質性を認め合う関係へと展開することは容易ではないと感じさせられる。

## 仲間関係の発達から考える教育的な配慮と工夫

　最後に、これまで整理してきた内容を踏まえて、児童期から思春期の仲間関係に関してどのような教育的配慮や工夫の余地があるかを考えたい。

　まず、個性や価値観の多様性の尊重について取り上げる。子どもは、仲間関係を通して自分と他者との差異を認識し、その違いを受け容れられるようになる過程を経てようやく自分の独自性や存在価値に気付き、その感覚を活用していくことができるようになる。このことを踏まえると、まだその段階に到達していないより早期に"自分らしさ"を求めることのないよう配慮したいものである。特に思春期は、自立に向かう不安と依存の入り混じる精神的に不安定な時期だと述べた。不安定さは無気力や逆に荒々しい言動など実にさまざまな形で表現されるが、これを目の当たりにすると、周囲の大人たちも動揺してつい「自分のやりたいことを見つけるとよい」と言いがちである。自分を見つけられる以前の段階にある、あるいは自分が見つからずに混乱しているのだ、という理解をもつことができれば、幾分か対応に余裕が生まれるかもしれない。

　その前段階である児童期においては、子どもたちが一緒に、心と身体を使って思いきり遊ぶ機会が用意されることが望ましい。放課後の遊び場づくりについては各自治体を中心に児童館をはじめさまざまな取り組みがなされているが、危険の回避を優先して管理し過ぎることのないよう、子どもたちだけで共有する体験の価値について、今一度理解を持ってもらえるとよいと思う。

　いずれも、親や教員の個人的な努力で達成できることでも、短期的なアプローチで効果をもつことでもない。学校や地域といったコミュニティレベルでこうした考えを共有し、大人同士も支え合いながら、リスクも抱えながら取り組むことで成り立つのではないだろうか。

［中谷紫乃］

# 第4節
# 心の発達

● ● ● ● ● ● ● ● ● ● ● ● ● ● ● ● ● ● ● ● ● ● ● ● ● ● ● ● ● ● ● ● ● ● ● ● ● ●

## 1　児童期の心の発達

### はじめに

　日頃カードゲームをして過ごす小学3年生のＡは、この日の教育相談室でも「こうしたら勝てる」と色々な必勝法を筆者に教えていた。その姿はまるでカードゲームのルールを覚えたての子ども（筆者）に丁寧に教えている先生のようであった。カードゲームが続くにつれ、形勢がＡにとって不利になるとイライラしたような表情に変わっていき、自身のカードを目の前に置いてあったカードの山に投げ入れてぐちゃぐちゃにかき混ぜてしまった。「今のは練習だから！」そこには先ほどまでのやさしい先生はなく、いるのは実年齢よりも幼い子どものＡだった。その変貌ぶりに驚く筆者をよそに「じゃあ、僕の番からね」と、Ａはカードをそろえて自分の分を手に持って仕切り直して、再び落ち着いたＡに戻っていた。

　児童期の子どもたちに出会うと、彼らは子どもと大人の間を行き来しているようである。楽しい時もそうでない時も子どもらしく表情豊かに感情をそのまま表す時もあれば、何でも知っていて、子どもを世話する大人のように振る舞う時もある。小学校に入学すると就学前よりも長時間保護的な環境から離れて自立した子どもにならなければならない。小学校では新しく出会う先生や友達とともに今まで経験したことのない時間を期待する一方で、親元から離れ、時間割というスケジュール管理のなされた環境で過ごさねばならない不安も生じている。それでは、子どもと大人の間を行き来する児童期の子どもたちは、どのようにして心の発達を遂げていくのだろう。ここでは、心の発達に関連するさまざまな理解や概念から児童期の子ど

もについてとらえていく。

## 児童期をとらえるために

　心の発達として児童期はしばしば“潜伏期”と呼ばれる（フロイト，S., 1905［渡邉訳］）。これは身体的な成長に伴い内的エネルギーや衝動が高まる乳幼児と思春期に挟まれて、心理面では比較的穏やかな時期であることを示している。したがって、この時期に読み書きや算数をはじめとした基本的な概念の操作、社会や文化の成り立ちや仕組みについて学ぶだけではなく、現実や欲求、感情などに対処する心のメカニズムを発展させるとされる。子どもは、親との関係はより落ち着き、強い、独占的な気持ちが以前よりなくなり、親からある程度独立しようと試み、新たに大切な対象を求めてこれまでの対象以外の対象を加えていくとともに、子どもは分離の過程を一歩踏み出し、それは潜伏期を通して続けられる（フロイト，A., 1981［岩村・中沢訳］）。

　この時期に特徴的な心のメカニズムとして、反動形成と昇華が挙げられる。反動形成は、散らかしておきたいけどきれい好きに振る舞うなど、子どもが自分の感情や欲求とは反対のことをするメカニズムである（馬場，2008）。しかし、反動形成は、過剰であると適応性は良くないが、過剰でなく、ほどほどであれば社会性のある態度として身に付けていくものとなる（馬場，2008）。昇華は、勉強やスポーツなど社会的に認められる形でエネルギーを活用することで、潜伏期において、昇華が上手く行われていることは、子どもが多くのことに興味を示したり、さまざまなことを成し遂げたりすることで示される（タイソン＆タイソン，1990［皆川・山科訳］）。

　以上のように、潜伏期まで子どもが抑えられなかった内的エネルギーに対して社会的な形で昇華と反動形成が確立される（小此木・馬場，1972）。こうした心のメカニズムが活用される潜伏期は大人になってからの社会適応力の基礎が形成される時期なのである。

　潜伏期は、初期（早期）、中期、後期に分けられることから、皆川（1986）、タイソン＆タイソン（1990［皆川・山科訳］）、カナム（ヨーエル，2006［鈴木訳］）などを参考に3つの時期に分けて児童期の心の発達を紹介する。

## 児童期の心の発達：初期

　皆川（1986）を参考にすると初期潜伏期の到達には、①同性の親との同一化を介

して自分本位な行動を抑える規範となるものを取り入れること、②内から駆り立てられるような行動が退き、集団活動への参加が可能となること、③親から離れた友達との関係が広がり、昇華された興味が持てるようになることが挙げられる。つまり、家庭から離れて、親がいなくても自制して学校生活の中で過ごすことができるようになり、親とは異なる対象と関係を構築する中で、勉強やスポーツなどに関心を向けることが可能となる。家族関係は子どもの安心感の中心であり続けるが、子どもは家から離れて探索し始め、自立の感覚や現実的な力を持つ感覚が始まる（カナム，ヨーエル，2006［鈴木訳］）。

　しかし、タイソン＆タイソン（1990［皆川・山科訳］）によると、早期の子どもの中にある規範となる機能は、未熟で柔軟性に乏しく、一貫性がなく、容易に問題が生じやすい。過度にルールを守ろうとしたり、ルールを逸脱するクラスメイトを先生に報告する役割を取ってみたり、自分の間違いを周りのせいにしたりすることもある。

　また、この段階は、自我が不安定であり、親から離れられないような振る舞いが生じやすい（皆川，1986）。内的なエネルギーは落ち着く段階ではあるが、絶えず解放しようとしており、子どもの空想と行動に一定の影響を及ぼし続けるため、相対的な意味での潜伏期だと言える（エンジェル，1962［慶應大学医学部精神分析研究グループ訳］）。では、この時期の子どもたちは内側から生じるエネルギーをどのように対処しているのだろう。

　空想や白昼夢を見ること自体は、潜伏期における重要な心的発達であることをエンジェル（1962［慶應大学医学部精神分析研究グループ訳］）は述べている。子どもたちは、現実の生活では異性への関心を認めず、空想の中では好きな男の子や女の子（父親や母親が含まれるかもしれない）がいることや、別の空想では、"本当はよその家の子ではないか？"といった空想を持つことがある。これによって、実際の親に向けられる攻撃性や性に関する感情を異なった形で経験することができ、白昼夢は心的活動を妨げるほどに心奪われない限り、自我を安定させ、発達させる作用を持つ。そして、次第に、空想と現実を区別したり、空想自体が現実に近づいたりしていくのである。

　また、小倉（1996）は、空想の他に強がりが特に目立ってこの時期に見られることを以下のように指摘している。強がりは相当に意識してそのふりをするということに力点があり、積極的にそのふりをしなければならないため相当な苦痛を伴うもので、現実がみえているとも言える。荒唐無稽な強がりは、それだけ切迫した事態に追い込まれている気持ちを持っていることを子どもは示していることを理解する必要がある。子どもは空想と強がりを足掛かりとして、いい方向へはい上がろうと

しており、そこで具体的な支持と支援を周囲の大人に求めている。

## 児童期の心の発達：中期

　この時期になると学校生活にも慣れ、次第に同性とのグループの中で過ごすことが多くなる。そうした中、子どもたちは膨大なコレクションを集めるといった時期でもある（カナム，ヨーエル，2006［鈴木訳]）。友達同士で同じものを集めていれば、一つのグループとして結束し、持っているものにおいてもライバル意識が安全に生じる。そこで、安全に他者と比較したり、やりとりしたりすることを学べる。初期の段階で述べた通り、小学校に入るまでは、親が同一化の対象として重要な対象となるが、家庭から離れ、家庭の外にある社会的な関係を確立し始めるにつれて、他人が同一化の対象として重要な存在になってゆく（エンジェル，1962［慶應大学医学部精神分析研究グループ訳]）。同時に、集団生活における係や委員会活動、学校行事、スポーツなど色々な役割を取る中で、新しい自己像が現れ始め、それは、成功や失敗を繰り返す中でより確実なものとなっていく。これは、親のいない世界での自立へと繋がってゆく。この時期になると大人にとって子どもは少しやっかいな存在になるかもしれない。学校生活で出会う人々と同一化する中で、家庭で親から取り入れた規範は不確かなものとなり、親から注意され、その内容に矛盾があると "○○はこうやって言っていた" "僕はこう思う" と大人が目をそむけたくなるくらい真正面からぶつかってくる。こうした振る舞いに対して大人が子どもの声に関心を向け続けることで、子どもも見捨てられ不安に脅かされることもなく、安心して確認や反抗もできる（酒井，2012）。子どもは憧れる人物の要求や規範が、両親のものと異なることに気がつき、両親の規範を再評価したり、無視したりする中で子ども自身の道徳概念を修正し、何かを付け加えたりするようになる（タイソン＆タイソン，1990［皆川・山科訳]）。

　そして、エリクソン（1950［仁科訳]）は学童期を "勤勉性 対 劣等感" の時期として位置付け、また、家庭から学校生活への移行について「人生の旅立ち」とも述べている。将来、大人として生きていく前に、まずは学校生活において、勉強、スポーツなどの生産的な活動の中で、周囲から認めてもらうことを学ぶのである。一方で、活動の中で上手くいかない経験は劣等感を抱く危険性がある。学校生活での経験は自身の能力について客観的に認識させられる機会でもあり、自尊心あるいは自信と劣等感の間の折り合いをつける中で、その子らしさが作られてゆくのである（平野，1997）。

## 児童期の心の発達：後期

　思春期に向けての身体的発達に伴い、内的なエネルギーは増大することとなる。平穏なバランスを保っていた子どもの内的なエネルギーや行動規範そしてそれらを調整する機能は変化する（皆川，1986）。エネルギーが増すことで、これまで培われてきた子ども自身の行動規範との関係が張り詰めたものとなり、調整が難しくなる時期だと言える。

　小倉（1996）は、子どもたちが心身ともに起こってくる変化の意味を捉え、それに対応しようとしていることを指摘しており、騒々しさと静かさと、粗雑さと内省とが交錯するとも述べている。また、この時期の子どもは、現実の問題についてのやや具象的な見方から、抽象的な考え方へと移行し、さまざまな問題について意見を持ち、自分の頭で議論を展開させ始める（カナム，ヨーエル，2006［鈴木訳］）。

　この時期について小倉（1996）は以下のことを述べている。子どもにとってよく理解のできない身体的な変化を巡り新たな不安や恐怖を体験するとともに、自分のモデルを探し始める。親の影響はまだ強いものの、親に反発するようになる時期に向け、先輩や学校の先生、習い事の先生、家庭教師などが選ばれる。こうした発達を経て思春期を迎えるにあたり、「自分らしさ」の最終的段階に向かって、自分がより明確になり、磨きがかかってゆくことになる。

　児童期の後期は、期待や不安を抱えながら中学進学といった新しい社会や生活環境を生き抜くため最後の準備期間として位置付けられるだろう。

## 児童期の心の発達のまとめ

　児童期の心の発達について潜伏期といった発達理論からとらえて、それを3つの時期に分けて紹介してきた。児童期初期では、親とのやりとりから得た社会で生き抜くためのヒントとなる規範を持って学校生活を始める。そこでは、不安定ながらも自分自身をコントロールして、新たに出会った先生や友達とともに、今まで経験したことがない活動にも目を向けていく。子どもたちは、空想を用いたり、時には強がったりして日々の生活に対処しようとしている。

　児童期中期に入ると仲間とのやりとりを通して、自分と相手を比較したり、新たな価値観を得て親から得た社会での規範を修正したりする。また、学校生活で様々な活動にチャレンジして成功や失敗を繰り返す中で、自己が形成されていく。日頃の活動の中で出来ている自分に対して周囲から認めてもらうことを学ぶ一方で、失

敗も生じる中で自分への折り合いをつけていかないといけない時期でもある。

　児童期後期では、これまで経験したことがない身体の変化に戸惑いながらも内的なエネルギーをコントロールしようと試みるとともに、抽象的な考え方を用いて自分の中で意見を持って問題に対応しようとしていく。モデルとなる人物を手がかりにしながら以上のような過程を経て「自分らしさ」を整えていく。

　このように児童期は、家庭から離れて将来、社会で自立していくための大切な準備期間の一つであり、子どもたちは、学校という社会の中で、心を動かしながら目の前の問題に対処し、自分らしさを形作っていくために試行錯誤している時期としてとらえられる。

[長屋裕介]

## 2　思春期の心の発達

### はじめに

　思春期における心の発達については、発達心理学や精神医学の中で数多くの紹介や解説がなされている。精神分析的な発達論の一つとして、まずはブロス（Blos, 1962）の発達論と、これを踏まえて思春期の子どもの心の動きを描き出した皆川（1980）の論を参考に紹介したい。なぜなら、これらは発達期の分類が学校教育による制度（中学、高校）と一致しているため把握がしやすく（山本，2010）、思春期青年期の心を体系的に理解するために優れた論として位置づけられているためである。そして後半部ではこれらの理解に加え、子どもから青年へと変わるさなかの思春期を目の当たりにする、彼らの体験世界を覗くこととする。

### 思春期青年期をとらえるために

　ブロス（Blos, 1962）は思春期へと入る時期のことを、第二の分離－個体化過程と呼んだ。これは、マーラー（Mahler, 1975）の乳幼児における「分離－個体化過程」という時期が踏まえられたものである。マーラーは乳幼児が母親とどのようにして分離していくかについて観察した。そこで観察されたのは、生後半年くらいまでの乳幼児が母親と一体化した関係をもとにして過ごし、その後は別の個体として母親と身体的に分離していく過程であった（～３歳程度まで）。ブロスはこの乳幼時期の発達過程を、精神的な分離すなわち自立をめぐる思春期の心の発達を読み解

くためのプロトタイプとして、役立てたわけである。

　ブロス（Blos, 1962）は思春期と青年期を明確に区別した。思春期がおもに生物学的な成長を意味する一方で、青年期は生物学的な成長にともなった「心理的な適応の過程」であると考えた。そのため心の発達については、「思春期」という言葉で表現するよりも、「青年期」という言葉が用いられる傾向にある。生物学的な身体の成長を表す「思春期」という言葉は、この時期に生じる成長加速現象から骨端線閉鎖までを指している。

　ここでは「思春期の心の発達」を扱うが、上記の考えをふまえ生物学的な身体変化が生じる時期にともなう心理的側面の育ちについて紹介する。

## 小学校高学年から中学生・高校生に至る発達

　中学から高校生活の終わりまでに、学校教育の対象となる「生徒」はまさしく思春期を過ごすことになる。しかし実際のところ、第二次性徴はその少し手前、つまり小学校高学年ころからその影響をおよぼす。この事情を含めて皆川（1980）は、思春期にともなう高校までの心理的な育ちの過程を前青春期（小学高学年）、初期青春期（中学）、中期青春期（高校）に分類した。

　『前青春期（小学校高学年）』への突入契機は、第二次性徴発現の1〜2年前におきる身長と体重による成長速度のスパートである。この時期に彼らの体形はバランスが悪くなる。この身体的な変化にともなって、心理的側面が不安定になることで前青春期（小学校高学年）は始まる。男の子の場合はこの時期にそわそわした態度が特徴的に見られ、彼らは、いままでの自分とは違う自分を感じ始めるが、それら不安の源を説明することができない。身体の内部から沸き起こる駆り立てられた気持ちを解消しようと、彼らはさまざまな形でそれらを表現しようと試みる。男の子であれば汚らしい言葉で、保護者へ反抗的な態度を示す場合があるだろう。しかしこの頃の男の子は、女の子よりも身体成熟がすすんでおらず、知的にも優位とはいえないため、学校場面などで女の子に太刀打ちできない。女の子たちに対して感じる恐怖に、弱い者同士が集まって対抗しようとする男の子たちの姿がしばしば見られる。あるいは沸き起こる不安を無理に抑えようと、わざとらしい乱暴なしぐさで振る舞うこともある。女の子の場合は、保護者から離れ自由な活動として運動を活発に行う姿がよく見られる。しかし保護者に依存的な部分も半面では残っており、甘えるときは保護者をとても頼りにする。これは女の子が身体変化をめぐって、同性の保護者が有している高い活動性に馴染もうとする表れととらえることができるだろう。

『初期青春期（中学生）』は第二次性徴により、もはや子どもではない自分の姿に馴染めなくなることで始まる。両親へ向いていた関心は友人へと向けられ、これまで以上に友達関係が重要な位置をしめる。両親への関心が薄れている分、自分を縛る規制が緩まることになるので、非行などの行動上の問題が起こりやすい時期である。この時期に、身体の内部から駆り立てられた気持ちは、性にまつわるものとして増大する。同性間の親密な交流がなされ、相手を互いに理想化する関係が育まれる。自らが理想とする男性や女性になることを望んで、その実現に取り組もうとするのである。しかし、理想像に届くかどうかは確かではないので、不安を抱きながら励むことになる。こうした道のりを通じ、自らのなかにある「〇〇であらねばならない」という両親の規範（超自我）は、「こうでありたい」という自らの主体的な気持ち（自我理想）へと育っていく。両親へ向けていた関心は友人に向かうが、友人だけにとどまらず自分自身にも関心が向く。すると、自分自身を現実の姿よりも大きな存在として感じたり、その反対に小さく感じることが生じやすくなる。

　『中期青春期（高校生）』は、身体の成熟によって性にまつわる関心がいっそう高まり、それは異性愛を育むことへと向かう。そのためには、もはや両親へ向ける関心をあきらめざるをえない。しかし現実的に異性関係を育み維持することは身に堪えるため、スムーズに異性へと関心が向くとは限らない。両親から心理的に離脱しようとするがゆえに生じる試みは、当人にとって複雑な事態になる。以前にも増して極端な過大評価と過小評価が生じ、保護者が持っていた権威を象徴するような高校の教師や校則などに、著しい反抗を示す場合もある。そして保護者から心理的離脱を目指すことは、慣れ親しんだ対象との心理的な別れを意味するため、対人関係における悲哀感情を引き起こす。当然、その悲哀を埋め合わせようとする気持ちも生まれる。例えば、同世代で共有される音楽などに強い共感を示したり、SNSなどで特定の仲間集団とのつながりを確かめたり、逆に余計に傷つかぬよう自分の殻に閉じこもったりもする。こうした悲哀感情を埋め合わせるための努力を経て、異性に愛情を感じる能力を育んでいくのである。ただし、ここでの向けられる異性への愛情は肉体的なものでなく、心理的な愛情を意味している。恋愛対象に特別な優しさを抱くことに始まり、自身の異性の保護者と似ている部分、逆に正反対の部分を恋愛対象に見ることが特徴としてあげられる。こうした愛情関係を通じて、性にまつわる関心が自分自身に馴染んだものとして形づくられていく。

　以上が前青春期（小学高学年）、初期青春期（中学）、中期青春期（高校）における、心の育ちである。この理解をおさえながら、生徒の学びと育ちを支える専門家としては、これらをどうとらえていくことが必要だろうか。

## 思春期の心をとらえる視座について

　思春期の生徒たちはすでに、10年以上の年月をかけて各々の心を作り上げてきている。身体的成長および成熟については環境からの影響を受けにくいとしても、彼らがそれらに対して心を駆使して対処するあり様は、すでに彼らなりに組織化されたものである。

　そこで、この複雑性を孕む思春期をとらえるために、乳幼児の体験世界へのアプローチを役立てたい。乳幼児の世界を思春期と同じものとして重ねるのではなく、思春期心性を理解するためのメタファーとして参照するのである。

　スターン（Stern, 1990）は観察された乳幼児の発達をそのままとらえるだけではなかった。成人の回想からとらえた乳幼児像を加え、これら両方の乳幼児を統合しようとした。人が育つ中で創り出される主観的世界とそこに関わる養育者に着目しながら、乳幼児が見る体験世界を描いたのである（Stern, 1992）。言い換えると、これは乳幼児を対象とする知見でありながらも、人が育つ中で創り出される主観的世界とそこに関わる環境に着目した、当事者性を帯びた体験世界を描く視座である。この視座は、思春期の生徒を対象とした際も十分に役立つだろう。なぜなら支援者である私たちが努める作業は、思春期の彼らを俯瞰し眺めるようにして関わることではなく、思春期の生徒たちと向き合う只中で彼らの体験世界を垣間見ていくことだからである。

　そこで次項からは、思春期を目の当たりにした彼らが、自らの取り巻く世界をどう歩んでいくか、その体験世界を覗いていこうと思う。

### ❖「別世界が自分に生じるというありえなさ」

　思春期への突入は、身体がめざましく変化を遂げる第二次性徴を機にはじまる。ここでは、女の子も男の子も身体が圧倒的に変化するが、彼らはこの身体的な変化をどう体験するのだろうか。

　これまで自分の身体だったものが、目まぐるしい性急さで別モノへと変化を遂げる。これは他の誰でもなく、紛れもない自らに大変なことが起きる。これは「変化（へんか）」というより「変化（へんげ）」であり、彼らは「変身（へんしん）」する。カフカの有名な著作である『変身』の主人公であるグレーゴルは、ふと夢から目覚めてみると、自分がベッドの中で一匹の巨大な虫になっているのであった。彼がそこで思ったのは「これはいったいどうしたことだ」であった。グレーゴルがふと目を覚ました時、見えた自分の姿が虫だった衝撃は、変化ではなくまさしく変身

だった。

　身体の成熟に達した彼らは、自分ではどうにもならず「変身」してしまった。自分であるのに自分ではない。身体が当人の意図によらないのだから、もちろんコントロールできない。こう考えると、思春期の生徒たちが目の当たりにするのは馴染みのある世界ではなく「別世界」であり、さらには自らの内からそれが沸く、という不条理である。別の世界が自らに起こるというありえなさが、彼らに生じているのかもしれない。


❖「息が詰まる」

　思春期に突入した彼らは、それまでの慣れ親しんでいた自分を失って姿が変わる。身近な生活を通じ受けてきた影響力が弱まるため、染み入っていた価値観は反転しうる。「変身」によるありえなさを経た思春期の彼らは、この新たな世界をどう体験するのだろうか。

　これは、既存の価値観や環境との別離ともいわれる。スターン（Stern, 1992）は乳児の体験世界で、この別離を次のように描く。母親から離れることなく触れ合っている男の子がいる状況で、男の子は母親の確かな感覚を心に残しつつ、そこから離れて自由な空間に足を踏み出すのであった。すると、――「…とたんに、息ができなくなる。僕は漂う、右に左に揺れながら」というのである。

　これを思春期の彼らによるプロトタイプ心性として考えると、この体験は何を意味するであろうか。思春期を目の当たりにした彼らには、これまで当たり前となっていた環境、馴染んでいた世界がある。この感覚を心に残しながら、そうではない別世界へ足を踏み出す。しかし、自由にみえる別世界へ足を踏み出そうにも、彼らは途端に息ができなくなってしまうのである。気にも留めず当たり前に吸い込んでいた空気が急激に失われ、どうにかなってしまうのではないかと息詰まるのである。こう考えると、彼らが思春期に行き詰まる際のさまざまなもがきは、死に物狂いの果てに、藁をもすがるような行為としてなされることなのかもしれない。


❖「おぼつかないまま歩く」－新たな世界へ踏み入って－

　息詰まりを経つつ、思春期の彼らは別世界へ足を踏み入れる。乳幼児の発達でいうなれば、分離の時期にて愛着を基盤に外的世界を探索していくともいわれる。これを思春期の彼らの体験世界からとらえなおすと、前にいた世界から新たな世界に足を踏み入れたということになる。この時点で、馴染みがあった前の世界は、もはや別世界となるのである。同時に、以前は別世界とみていた世界が、いまや自分のいる世界である。彼らが踏み入れたのは新たな世界なので、不案内で右も左もわか

らなく、こころもとない感覚で一杯だろう。

　馴染んでいた前の世界で安心を頼みにしてきた彼らは、新たな世界で何を頼りにすべきかわからない。新たな世界に不案内である彼らは、漂う風で足取りあやうく、右に左に揺れながら、おぼつかないまま歩むしかない。呆然として方向感覚を失うときもあるだろう。この新たな世界に棲むことができなければ、彼らはこの世界から投げ出されて、宇宙空間をさまようかのように息ができなくなってしまう。また、新たな発見があったとしても、それが自らのものとして実感できるには、ずいぶん時間を要するかもしれない。

　スターンは以下のように表現する。

　――「…はてしなく広がる。ぼくを支えるものは何もない。空間の海に落ちた塩粒みたいに、ぼくはだんだん溶けていく。怖い…」(Stern, 1992)

　自らの姿が失われてしまうように「溶けていく」感覚である。歩む先に何かが見えるはずだという期待はなく、自らの実感が失われ彼らは溶けてしまうのである。そして彼らは時折、「むなしさ」を口にする。

　ただし乳幼児と違って、思春期を目の当たりにする彼らは、「第二」の分離 – 個体化であるいま、この事態に出くわすのが初めてではない。心もとなさを抱きながらも、新たに踏み入れた世界がどうなっているのかを確かめたい。これが、思春期の彼らに育まれる理想や期待であり、自らに進むべき方向づけをもたらす。

### ❖「大人になってしまう」－後期青春期へむけて－

　一時は自らが溶けてしまう感覚に覆われるが、彼らはこの世界を確かめようと必死になる。これを繰り返しながら彼らは新たな世界に馴染んでいく。その一方で、同時にある気持ちが彼らに生じる。それはさみしさや孤独である。というのも、いまや新たな世界が自らの世界になったことで、前の世界にはもう戻れないことを彼らは知るからである。これは分離のさなかにかられていた切迫感よりも実感がともなっており、彼らは前の世界を振り返ることで言葉にすることができる。

　スターンは乳幼児が言葉を得る際の体験を、以下のように表現する。

　「…（言葉を）与えられると同じ瞬間に発見されるのです。それは心の中にあらわれる一つの発見であり、創造なのです。」(Stern, 1992)

　彼らが手にした言葉は受け売りではなく、彼らの体験をもとに実感したことであった。それとともに彼らは、自分を取り巻く世界に気づく。それは新たな世界に彼らが踏み入ったことでとらえたものであり、自身を取り巻く世界によって見出されたものでもある。いわゆるこの気づきが、彼らのアイデンティティといわれるものかもしれない。それは自力でつかんだ実感をともなうが、気づけば自身を取り巻く

他力を目の当たりにすることでもある。

　──このように、思春期のさなかにいる彼らの体験世界を覗いてきた。ありえなくて、息が詰まって、おぼつかない彼らは、なんとか現在の姿に自分なりの意味を見出そうとする。しかし、それを見つけたとき彼らは、これまでを振り返ることで自らを取り巻く他力を知る。

　こうした彼らの体験世界を覗いてみると、大人になることの厳しさや難しさを彼らに伝えようと四苦八苦する私たちもまた、気が付けば大人になってしまっていたことを知る。つまりは実のところ、彼らがどうしたら大人になれるかの具体的な方法など、私たちは大してわかっていないのである。

[牧野高壮]

## 第5節
# 基本スキル

・・・・・・・・・・・・・・・・・・・・・・・・・・・・・・・・・・・・・・・・・・・・・・・・・・・・・・・・・・・・・・

## 1　ホールドする

### 赤ちゃんをふわりと抱くように

　あなたが子ども時代に出会った教師の中で、自分の悩みや困りごとを相談したいと思った教師は何割いただろうか。とりわけ思春期の頃に、この先生に相談したいと思った先生は何人いただろうか。一人いたら幸いである。過半数だったら皆にうらやましがられるだろう。全員だったら奇跡だろう。ましてや教育相談に上がってくるような課題に対して、どれだけの教師が、真の意味で、生徒「本人またはその保護者などに、その望ましい在り方を助言すること」（文部科学省，2007a）ができるだろうか。

　あなたが教育相談を担当しようと学んでいる意気込みを評価した上で、そういうあなたに現実検討能力を持っていてほしいとも思う。あなたに相談に乗ってほしいと願っている生徒や保護者もいるかもしれない。しかし、必ずしもあなたに相談したいわけではないかもしれない。他に手がないから、あるいは誰かにそうするよう言われたから、相談に来ているかもしれないのである。だから、思春期においては「その方法としては、1対1の相談活動に限定することなく、すべての教師が生徒に接するあらゆる機会をとらえ、あらゆる教育活動の実践の中に生かして、教育相談的な配慮をすることが大切である」（同上）という文章を大切にしてほしい。まずは、教師として、あなた個人の動きとして、生徒たちが、せめて学校由来の理不尽な問題を抱えないように、深刻な問題の発生を予防できるような信頼し合える人間関係を学内に作れるように、孤立せずに友達同士で寄り添えるように働きかけて

ほしい。

　その上で、本項は、「ホールドする」というキーワードについて考えていくことにしよう。ホールドするとは、イギリスの精神分析家ウィニコットの言葉で、母親が赤ちゃんを心身ともに優しく抱くことから来ている精神分析の用語である。ホールドするとは、「母親のように全体をゆったりとリラックスした状態で抱く」ことであって、「抱え込む」「堅く抱きしめる」「真綿で締める」ことではない。また、つっかえ棒のように支えるのでもない。ホールドするとは「柔らかく弱く傷つきやすい赤ちゃんのような存在をそのままのありようでふわりと抱く」ことである。問題を抱えた人々は、誰かによって、その暮らしの環境によって、心身をホールドされることによって安心を得て癒され、自ら立ち上がり、回復に向かう。

　さてここで、ホールドすることについてよりよく理解するために、基本に返って、まず、身体的にホールドすることについて確認してみよう。

　自分で生きていくことのできない小さな存在の赤ちゃんの心身に必要なことは、まず人に安心して全身を預けてホールドされる体験であり、その上で徐々に自分の力で動いていけるように成長発達を支えられ、自信をつけていくことである。これから生きていく世界での経験を積んだ信頼に足る大人に自分の身体的ケアを繰り返ししてもらうことによって、赤ちゃんはこの世に歓迎された自分を認識していく。温かく柔らかく心地よい人の腕の中で心理的にもホールドされて、まどろみながら、さまざまな新奇なものに触れ驚きつつ、それらを自分の中に受け入れ取り入れていき、また、徐々に身体的能力も獲得しながら、自分がそれらに対応できるように世界を広げていく（武田，2015）。

　だが、ときにそのような安心感が持てないまま育った子とその親がいる。あるいは、安心感以上に不安に駆られる事態が起きているのかもしれない。そのような不安に駆られている子どもや親は、理解不能、対応不能な世界が自分に迫ってきて途方に暮れている。自信はなく闘う術もなく孤独である。これまで信じてきたもの、これまで獲得してきた力は全て役に立たないかのようである。行き場を失った複雑な感情がことばにならないまま胸の奥に澱となり、説明を拒絶する。そのような子どもたち、親たちは、安心な世界に戻ってしばらく休むことが必要である。信頼する相手に身を預け、退行して落ち着きを取り戻し、少しずつ背中を押してもらって初めて元の世界に戻っていくことが可能になるのである。彼らには、乳幼児期にされたように、もう一度ホールドされる体験が必要なのである。

## ホールドすること・されることの難しさ

　ここでいうホールドは、実際に身体的な意味合いもあれば、心理的な意味合いも含んでいる。ホールドするとは、それらの一切を含んだ象徴的な言葉である。

　ところが、実は今、日本において、問題含みのことが起きている。赤ちゃんを素手で自然に抱っこ（ホールド）できない人たちが増えているのである。素手の抱っこがうまくできない人たちに育てられる赤ちゃんたちの、一部は抱かれないまま放置され、一部は負担のかかる体勢を取られたまま緊張して抱かれ、一部は（そしてこれが問題なのだが）生まれて間もないころから成形型の抱っこ紐に縦向きに入れられて、自重の 3 分の 1 を占める頭とその中の脳を安定しない小さな首で支え、身体全体をお座りできない腰で緊張しながら支えている。その結果、赤ちゃん家族をサポートする専門職の人々から、今や生後 1~2 か月で既に肩を含めた全身が凝っている赤ちゃんが珍しくないと聞く。彼らは、首が据わる 3 か月より前から身体が固まってしまっているのである。彼らは、生きる最初期から、心身ともに安心して抱えられる体験をしないで成長していく。人を信頼して自分を預けることができず、常に緊張状態で生きていかなくてはならないのである。

　赤ちゃんを抱くことは誰にでもできることだと 50 代以上の世代が思っていたのは、かつての日本人が小さい頃から赤ちゃんと接してきた経験や観察があったからであろう。しかし、動物園で生まれ育った猿山のサルや檻の中のライオンが子育てできないのと同じように、人間も自然に子育てできるわけではないらしい。そもそも抱える側の体幹や腰がしっかりしていなくてはならないが、今の若者の身体はだっこやおんぶができるようには発達していない。奇妙な体勢で抱えたら、自分も相手も苦しくなるのは当然である。長時間抱えたら抱える側が疲弊し心身も痛む。ところが体力がなくても経験があれば、ソファに座ってリラックスして赤ちゃんを抱き、子守唄をうたって赤ちゃんがまどろむことのできる柔らかく豊かな世界を創ることができる。そんな工夫ができれば高齢者でも赤ちゃんを支えることはできる。

　だから、心身両面から人をホールドしなければならないような立場に置かれたら、自分は人をホールドできるほどの経験を積んできただろうか、今、いったい自分に人をホールドする余力があるだろうかと自らに問う必要がある。ホールドする場合には、うまいホールドの仕方を覚えなければならない。自分だけでホールドできなければ、信頼できる人たちに頼らなければならない。時に、頼られた人を抱え込むことで自尊感情を高めたいと思う人がいるかもしれないが、そういう人は、大変な人を自分が支えているという幻想によって、むしろ自分が支えられているとい

う自覚が必要になるかもしれない。

　教育相談に関わっていこうとしているあなたは、人をホールドしたりされたりした経験が豊富だろうか。あなた自身が、安心できる人に身を任せることができるだろうか。相手に共感し、相手に合わせたコミュニケーションができるだろうか。教員としての立場で、自分より弱い立場のものに、自分に合わせさせることに慣れてしまってはいないだろうか。

　まず、自分自身のことについて確認してみよう。自分が苦境に陥っている時、あなたは人にどうしてもらいたいだろうか？　誰に、どういうタイミングで、どのくらいの力で、どうしてもらいたいだろうか。

　ある人はがっちりと抱えてもらいたいと思うかもしれないし、ある人はしばらく遠くで見守っていてほしいと思うかもしれない。またある人は自分の苦しんでいる姿を誰にも見られたくないと思うかもしれない。その相手も、最愛の人かもしれないし、上の立場の人かもしれないし、ペットかもしれない。家族かもしれないが、通りすがりの人かもしれない。

　大人も生徒にもそれまで育ってきた年数なりの体験の積み重ねがある。親や家族との関係がよかった人ばかりではないだろう。一人で頑張ってきた人もいれば、温かく包まれて育ってきた人も、認められるために大人の目を気にしてきた人もいる。異性の大人に近づかれることが恐怖だという人もいるかもしれない。そもそもホールドされる体験というのは、記憶のない乳児の頃の体験から始まるのだから、どのようにホールドされてきたかは覚えていないはずであり、推測するか、伝聞で聞くしかない。それでも自分にとって心地よい人との距離感やホールドされる感じをまず自覚しておくことは大切である。

　その上で、この生徒はどういうふうに育ってきて、今、どういう状態にあって、これからのためにどうすればいいのか、それを判断するために、日頃からの人間観察、人間理解の繰り返しによる「勘」とでもいうべきものを鍛えていくことが必要となる。前章にあるような心の発達に関する知識はもちろんのこと、乳幼児期からの人との関係性が今の関係性に反映されている可能性も知っていなくてはならない。自分から相手への共感性、人への信頼。そういったものが、ホールドするという行為の中にあらわれて、相手にも伝わるだろう。

　そう考えると、目の前の相手に合わせて相手をホールドするのはなかなか難しいことだとわかるだろう。相手を傷つけない、途中で無責任に放り出さない、拘束しない、動けるのに過保護にし過ぎないなど、こうしてはいけないというのははっきりとあるが、こうすればいいという正解があるわけではないのだから。

## 個をホールドする学校コミュニティを作ろう

　かつては、共感性をもつことや話を聞くことが自然にできる人も多かった。それらは他者をホールドするための基盤となる力である。ゆったりとした時間軸の中で、お互いに支え合いながら生きているコミュニティがあちこちで成立していた。学校でも先生は生徒の話を聞く時間があった。生徒たちの間に入って、評価の目でなく共に暮らしているような時間があった。壺井栄の『二十四の瞳』のように、地域全体が子どもも先生もホールドしているような環境の中では、子どもも先生も今のように病むことは少なかった。今は社会が人をホールドしない。社会が学校をホールドしない。常に監視され、評価され、否定される生活の中で、わざわざ意図的にほめることが推奨されたり、マインドフルネスのための特別な時間を持つことが提案されたりする。

　現代の子どもたちや親たちの中には、普通なら母親にホールドされて落ち着くような落ち着きを感じたことがない者が少なからずいるだろう。この人たちにはホールドされて落ち着くという体験がこれまでになかったのだろうし、そのような状況で落ち着くことは難しいだろう。そういう人たちを支えることができるのは、学校や地域全体の安定した風土しかない。どこにいっても受け入れられる、存在そのものをないがしろにされない、誰もが大切にされる。そのような風土の下で、彼らは落ち着くことを覚えていく。個人にホールドされる感覚の欠落を保障したり、興奮状態を落ち着かせたりするのは、その場の持つ風土である。

　教育相談の問題の深さは様々であるが、生徒や保護者をホールドする必要性のある問題はかなり深いものと考えていいだろう。そのような問題の場合には、個人としての担当者は、ある生徒、ある家族の抱えている課題の理解に努め、扱い方を見立てて、相手を心理的にホールドしながら、相手が自分で課題に対応できるようになるまで、あるいは課題が小さくなるまで伴走する。知識や情報が足りなかったり、自分で自分のことを支えきれなくなったりしている人たちに寄り添いつつ、彼らをホールドするわけである。そのような教育相談でも、具体的アドバイスや情報提供、課題の抱え方の工夫を伝えて一時間で済む場合もある。しかし、一定期間しっかりと相手ごと抱えなければならなくなってしまうことがあるかもしれない。「かわいそう」「大変そう」「仕方ないなあ」と思って、あるいは場合によっては義務感から、抱えてみて、自分に抱えきれないことに気がつくのでは遅い。最初に自分に抱える力があるかどうかを見立て、難しいと判断したらためらわず他の人々の力や智慧を借りることが必要である。そのためには日頃から力を借りられる人とつ

ながっている必要がある。

　教育相談において、教員は基本的に対象を一対一でホールドすることは、専門家であっても難しい。現代日本の学校において、教員が個人をホールドすることは、専門性からも立場上も基本的にはできないと思っているくらいの方がよい。それをしなくてはならないほどの大変な対象は、専門家や外部機関にまずは相談することが必要だろう。そしてむしろやるべきことは、皆で協力し合って、場によって個をホールドする態勢を整えることである。学校に温かい心の通う日常を作り、何かが起きても全体が崩れることなくホールドし続ける学校コミュニティを作ることに常日頃から注力してほしい。そうすることで問題の発生そのものが予防され、いざというときにもチーム対応ができるようになるのである。

[武田信子]

# 2　語り合う

## 自己の物語（ナラティブ）を紡ぐ

　人は、なぜ語り合うのだろうか。私たちが、誰かと語り合いたいと思うのはなぜだろうか。嬉しいことがあったからだろうか。悲しいことがあったからだろうか。それとも誰かと共に居て、心穏やかに過ごす幸せを実感したいからだろうか。

　そもそも語り合いとは何だろうか。一般に、語り合いとは、自己の語りと他者の語りの身体性を伴う応答を意味する言葉である。それは、自他の身体が響き合うトポスで、ある人の語り（ナラティブ）と、他の人の語り（ナラティブ）が出会い、戸惑い、葛藤し、新たな意味を創造し合っていく過程を意味している。

　したがって、語り合いは、話し合いやしゃべり合い以上に深い意味を持っている。一般に、話し合いは、あることに関する情報交換を意味している。また、しゃべり合いは、あることを巡ってそれぞれの思いを自由に表現し合うという意味合いが強い。それに対して、語り合いは、互いに自分の言葉による発話を交わし合い、かけがえのない自己物語を紡ぎ合うということを含意している。

　この論稿では、私が学校の教育実践の創造に参画しながら記録した3つのエピソードを紹介しながら、教育相談において「語り合う」というスキルの可能性について考えてみたい。

## 物語共同体

　1つ目のエピソードは、ある中学校の相談室の出来事である。この相談室には、教室で学ぶことに不安を抱えた生徒がしばしば来室していた。ある日、おずおずと来室したある中学生に、相談員が「今日、少し昔話をしてもいい？」と尋ねた。すると、身を縮めて緊張していたその中学生は、うつむき加減に小さくうなずいた。「むかし、むかし、あるところに」と相談員が語りはじめると、緊張していた中学生の身体がゆっくりと緩みはじめた。穏やかに力みのない声で物語られる言葉を味わいながら、この中学生は、その物語の世界に小さな翼をおずおずと広げて羽ばたき始めているように見えた。

　相談室という安心と安全を実感できる場で、身体と身体を響き合わせるようにして相談員から語られる「物語」を聴きながら、この中学生は、子どもらしい表情を取り戻していった。そして、1つの昔話が語られた後に、そっと小さな声で「このキツネはおかしいね」とか「この爺様はひどい人だね」とつぶやいた。相談員が「ほんとうにそうだね」と微笑むと、この中学生は、相談員に「何か書くものはありますか？」と尋ねてきた。そして、自分の心に浮かんだイメージを小さなノートに描き始めた。このとき、この中学生の心に、何が起きていたのだろうか。

　人類学の知見によると古来、人間が暮らすコミュニティには、仕事を終えた後に、あるいは、仕事と仕事の間の憩いの時に、互いに身を寄せ合って語り合う場があった。暖炉や囲炉裏を囲みながら、あるいは、蠟燭の灯りを分かち合いながら、誰かの語りに耳を傾けるひとときがあった。誰かの語りにじっと聴き入りながら、聴き手もまた、語り手になっていった。口承文芸学者のマックス・リューティ（Max Lüthi）は、このような語り合いが生まれる場を「物語共同体」と表現した。

　例えば、北欧のフィンランドでは、今も、親が就寝前の子どもに読み語りをする習慣がある。キャンドルグラスの蠟燭は、家々の窓辺を飾り、家族の食卓を暖め、就寝前の読み語りのひと時を包み込む。小さな蠟燭の灯りのもと、身近な大人から語られる物語。それに聴き入りながら自らの人生の物語を紡いでいく子ども。そこから生まれる穏やかな親子の語り合い。こうした情景も、現代における物語共同体の1つなのかもしれない。

　人類の歴史の中で、このような物語共同体は、近代以降、資本制の中で効率と成果を求める共同体（労働共同体）の周縁に追いやられてしまったように見える。しかし、他者の語りにじっと耳を傾け、その語りを聴き合い、自らも語り手になっていく場としての物語共同体は、学校の中にも、地域社会の中にも、あるいは家庭の

中にも、いまなお生き続けているのではないだろうか。このような物語共同体を蘇生することも、教育相談の1つのスキルではないだろうか。

## 沈黙の響き

2つ目は、語りの契機のエピソードである。子どもが「あのね、あのね……、えっとね、えっとね……」と、おずおずと自分の言葉を探している姿が微笑ましく見えるときがある。小学校の教室で、発言を求められた子どもが、か細くおずおずとした声で「○○だと思います、どうですか？」と発表したときに、先生と学級のみんなが、一瞬、静まりかえって、その小さな声を聴こうしている姿に胸が熱くなるときがある。一瞬の「沈黙」に身を寄せ合い、自分の心と身体にじっくりと相談しながら、ぽつりぽつりと生まれてくる他者の語りを待つ瞬間は、語り合いの契機（初めの一歩）として、とても意義深い。

20世紀を代表するフランスの心理学者アンリ・ワロン（Henri Wallon）は、子どもが3歳前後に、初めて他者と出会う場で、「対峙の感覚」を持って、おずおずとした姿勢をとることに注目している。ここでいう対峙の感覚とは、自分が簡単には理解できない何物かを目の前にした時に、身体の深いところで感じるある種の恐れと戸惑いの感覚である。この感覚によって、子どもは、初めて出会う他者や見慣れぬ他者を目の前にしたときに、一瞬（ときにはしばらくの間）カチンと身を固めてしまうことがある。

ワロンによると、このような対峙の感覚と、おずおずとした身構え（姿勢）は、人類にとって原始的な起源をもつ社会的な反応の一つだという。そしてこの対峙の感覚は、人間のさまざまな情動（喜びや悲しみなど）が、表象や言葉と結びつき、やがて人間らしい感情に転化していくために、とても重要な契機となるというのである。一方、ロシアの心理学者レフ・ヴィゴツキー（Lev Vygotsky）は、語るとは、思想がそのまま言葉になることではなく、思想が言葉になりゆく活動だと指摘した。おずおずとした姿勢が受容されると、自分の心と身体にじっくりと相談しながら、子どもの思いが語りになっていく。子どもの思いが語りになっていくと、そこで紡ぎ出された語りが子どもの思いを豊かに耕していく。そうだとすれば、おずおずとした姿勢を大切に受けとめることは、語り合いのスキルとして再評価されて良いのではないだろうか。一見すると消極的で受け身に見える子どもの「おずおずとした姿勢」は、児童期以降も、人間における豊かな語り合いの揺るぎない源泉となっていると考えられるからである。

## オープン・ダイアローグ

　最後は、教師同士の語り合いのエピソードである。私が、ある地域の教育委員会から委託を受けて、小学校の授業や生徒指導に関する相談支援活動（スクールコンサルテーション）に、継続して８年間、従事していたときのことである。当時、その地域（学区）で暮らす人々の生活はとても複雑であった。そこで暮らしていた子どもたちも、一人で抱えるには重すぎる不安や葛藤を、それぞれのランドセル一杯に詰め込んで登校していた。

　この小学校で働く教師が、日々の指導や支援で抱える悩みや不安も重かった。そこで働く教師たちはもちろんのこと、そこにスクールコンサルタントとして伴走させていただいた私にとっても、その８年間は、答えのない問いに曝され続ける日々であった。

　しかし、幸いなことに、この学校の教師たちの職場には、教師としての仕事や人生を、互いに理解し合い、支え合い、励まし合う風土が、時間をかけて醸成されていた。極めて厳しい地域・家族・子どもの状況に日々、困惑し、苦労しているにもかかわらず（いや、そうであるからこそ）教師たちの関係性は温かく、互いの希望をゆっくりと育み合う雰囲気があった。それは、学校という職場の内部の同僚性と、その地域に開かれた同僚性が、教育現場において、美しいハーモニーを奏で合っている姿にも見えた。

　その学校では、放課後に、複雑な生活背景から多様な育ちのニーズを持つ子どもの理解を深め合うために、日々の出来事を語り合うカンファレンスが行われていた。その場は、職員室ではなく保健室だった。保健室に集まった教師たちは、ひとしきり、（ときには涙ながらに）いろいろな子どもたちのリアルな姿を語り合っていた。１人の教師の語りを同僚としての教師たちが、丁寧に聴きとっていた。この放課後のカンファレンスでは、１人の教師が経験した深い経験の意味を、決して責め合うことなく、丁寧に傾聴し合っていた。

　このような聴き合いが終わった後、おずおずと語り合いが始まった。一連の語り合いが終わった後で、ようやく「明日の実践（授業や生徒指導）をどうするか」という未来志向の語り合いが始まった。それは、穏やかだがリアリティのある語り合いの場であった。

　もちろん語られた出来事への対応が緊急を要する（危機介入が必要な）場合は、管理職の了解とマネジメントの下に、すぐに地域の医療機関や心理や福祉の専門職の人々に、援助を求めることもあった。このような教師同士の経験の語り合いは、

今日、さまざまな分野で注目されているオープン・ダイアローグの実践のような場でもあった。チームとしての学校における外的・内的な同僚性は、この学校のように、開かれた対話の語り合いの中で醸成されていたのではないだろうか。

　自分の心が揺れる情動体験をすると、私たちは、自分に寄り添い、自分の語りを聴いてくれる他者を探し、そこで出会う他者からの語り返しを待つ。自分は自分の言葉で語り、他者も他者の言葉で語り返す。こうして互いの思いをのせた語りが、差異を伴って響き合い、多声楽を奏で合う。これが語り合いの生成と展開のプロセスである。そうだとすれば、子どもの情動体験の隣に「居る」こと、そこで生まれる語りを傾聴し、対話の交響曲として（ときに音楽のように）編曲すること。これらもまた、語り合いの大切なスキルの1つなのではないだろうか。

［庄井良信］

## 3　子どもに問う

### はじめに

　一口に子どもに「問う」といっても、いろいろな場と状況がある。例えば、教育に近い場には、学校、幼稚園・保育所、放課後児童クラブ、フリースクール、その他にも多く考えられる。

　そして何を目的とした問いなのか。すなわち、具体的な手続きやスキル、考慮しなければならない諸条件、例えば子どもの性別や年齢、能力、家庭的背景、面接者との関係など、目的に応じて問い方も変わってくる。

　従って本章で扱い得ることは、そのごく一部に過ぎない。また、子どもへの万能な問い方というものを示すこともできない。そもそも私自身の心理臨床の現場では、子どもに問うことより、問われること、あるいは子どもの方から様々な問いが投げかけられることの方が多いと感じる。つまり、心理臨床における子どもへの問いは、子ども側の問いに、より良く応じていくための連続したやりとりの中で、絶えず生じてくるものであろう。

　こうした限界を前提としつつ、ここでは幼児期から学童期前半の子どもとのやりとりを多く想定して、心のケアが必要な子どもの理解を深めるための問いかけについて、考えてみたい。

## 「問う」より「伝えたい」が先行しがちな大人たち

### ❖閉じた質問（クローズドエンド・クエスチョン）と開かれた質問（オープンエンド・クエスチョン）

　学校では、生徒は教師に問われることが多いだろう。授業中の問いは、「正解」することを求められる。「はい」か「いいえ」の閉じた質問（クローズドエンド・クエスチョン）がどうしても多くなる。

　さらにもっと困るのは、大人の都合で正解が決まっている問いである。例えば、宿題をさせたいというときに、「やるの？」「やらないの？」と子どもが問われてしまっては、「やります」と答えるしかない。そもそも、こういう一問一答の問いを子どもに迫る時には、大人は、自分たちの意向を子どもに飲み込ませることが第一の目的なのであり、子どもの意見を聞こうとは思っていないのだ。これでは、会話は続かない。ましてや子どもと理解が深まる対話など、成立するはずもない。

　子どもと大人の日常において、大人からの問いかけは、閉じた質問に満ちているのが現実である。子どもに何かを身につけさせようとするとき、大人は「ご飯の前には、何をするの？」「脱いだものは、どうするの？」「遊んだら、おもちゃはどうするの？」と問うことが多い。しかしこれらの問いは、命令と同義である。

　さらに時として大人は、子どもへの質問すらスキップして、要求ばかりするかもしれない。朝支度をして保育園に送迎しようとするまでに、何度も「早く」と子どもをせかす。反対に子どもが、おもちゃがほしい、おやつがほしいとなると「ちょっと待って」と言う。

　子どもの心を知る必要があるとき、その問いかけは、子どもと対話できなければ意味がない。少なくともそのためには、閉じた質問とは対照的に、開かれた質問（オープンエンド・クエスチョン）が求められる。「どうしたの？」「何しているのかな？」「何が好きかな？」子どもはこの問いかけにどのように応えても構わない。問いの返答から、話が弾んでくることもあるし、思いがけない情報や子どもの理解が深まるときがある。

### ❖相槌しか方法がないときもある

　ただし、幼少の子どもは、長くやり取りをすることがうまくない。それができるようになるまでには、子どもから好き勝手にいろいろなことをかなり一方的に話し続けるのを他者に聴き続けてもらう体験が必要になる。

　例えば、3歳児が祖父に電話で話をしたとしよう。「もしもし？　じじ？」「は

い、もしもし、じーじだよ」「あのね、今ママとね、ケーキ食べてんだよ」「おいしい？」「おいしいよ」「どんなケーキ？　じーじも食べたいなー、Aちゃんそれ好きなのかな？」「・・・じゃね」とこのあたりで突然切られてしまう。問いに応える、ということは、相手の文脈に合わせるコミュニケーションになるので、これくらいの年齢の子どもにとっては難易度が高い課題となるのだ。

　これを「…ケーキ食べてんだよ」「ふーん、ケーキ食べてるんだ、へー」と、だけ返してみてはどうだろう。普段の大人の会話だとかなり違和感のある会話の間合いだが、少し待ってみると「あのさ、今日ね、ゲームしたんだよ」と、文脈が突然変わったりしながらも、話を再開することがある。子どもは、自分から話をスタートできると、対話のモチベーションを比較的維持させやすい。対面の時には、特にこうした会話の間を気にせずに、穏やかに待ちながら、子どもの傍らにいると、子どもの連想が広がり、語りが続いていくことがある。

## 子どもに「問う」ことのできる関係をつくる

❖ラ・ポールの構築

　ラ・ポールというのは、どんな相談関係にも重要な信頼関係のことである。心理療法の間、子どもはセラピストが信頼できるか試し続けている、というのが現実である。心理療法における子どもとの信頼関係というのは、そう簡単に構築できるものではない。多くの場合、何度も危機や困難を乗り越えてようやく心の底から信頼できる相手と認めてもらう。そんなプロセスが思い浮かぶ。

　しかし、一回程度の面接で、事実を確認しなければならない場合もあるだろう。そういうときは、出会いの初期に見られる相手の緊張やコミュニケーションのぎこちなさが、少し和らいできたなと感じられる、ほどほどのスムーズなやり取りが可能になってきたら、ラ・ポールがついた、と見なすことが多いだろう。確かにたいていの子どもは、少し周りを探索したり、大人に心を開いてくれるようになるのに、それほど長い時間を必要としない。初回面接での子どもの様子も同様である。まずは、侵入的にならずに、朗らかな対応をしていけば、ある程度のやりとりや会話は生じるものである。

❖共感的態度

　受容と共感は、カウンセリングの基本的な態度である。子どもの気持ちを問うときも、もちろん同様である。

　臨床現場にいると、子どもの気持ちを共感するというのは、子どもが話してくれ

なくてもできる。そして大人が言葉で伝えなくても、子どもは大人が共感していることがわかるのだと実感することが多い。

　例えば、保育臨床の現場で、何事にもやる気がなく集団場面が苦手な5歳児の相談を受けた時のことである。朝のお集まりで、みんなが輪になって座り、楽しく歌っているのに、その子は、部屋の隅のタンスに寄りかかって指しゃぶりをしていた。いつものことなのだろう。誰もその子のことを見ていない。私は、対極の部屋の隅の床にそっとしゃがみ込み、体を丸めてその子の方を見守っていた。すると、突然その子が私に近づいてきて「なんで、先生は、僕が嫌な気持ちになって、悲しくなっちゃうことがわかるの？」と、話しかけてきたのだった。

　楽しく、明るくムードがアップしている朝のクラスの雰囲気とはかなりずれた表情で、身をかがめている他者を見て、この子は自分の気持ちが何でわかるのか？と問いかけてきたのである。子どもの日常は、喜怒哀楽が激しく、強烈な情動に満ちている。この情動の波は、自己調整だけで乗り切れるものではなく、楽しい集団生活をしていくためには、他者の援助が必要となる。この事例のように、皆が楽しいことが前提になって、そのことに問いを持たない担任は、子どもの行動を理解しがたく思ったのであろう。逆説的だが、この子どもに対する「理解のしがたさ」を意識できたときに、子どもの内側に何が起こっているのか、子どもの支援のニーズがどこにあるのかを大人側自身が問い始める契機となるのである。子ども自身もおそらくどうしたらいいかわからない状況に陥っていたのであろう。非言語的なところで、子どもの表情や動きに、侵入的にならずに寄り添うことは、受容的で共感的な態度に他ならない。この例では、まさに子どもが自ら、自分の気持ちを言葉にするきっかけを得ることができたのである。

## 事実確認のための問いと、心的現実を理解するための問い

　例えば、虐待を疑われるようなケースでは、激しい過覚醒や麻痺などが出現し、トラウマ症状とみなされる。特に司法の手続きの中で行われる場面では、子どもにできる限り負担をかけない面接が求められている。例えば、1時間を限度として、子どもとのラポールの構築から、問題となる出来事について子どものペースに合わせた自由な語りを促し、そして申し立てのあった事柄に対する具体的な質問をしていくといった流れの面接をビデオに記録し、何回も同じことを子どもが聞かれる負担を回避するよう配慮される（Aldridge, M., & Wood, J., 1998）。しかしあくまでも、子どもに事実を確認することが、問いの目的となり、子どもに苦痛を与えてしまうことは、免れない。

一方、子どもの傷つきをケアすることに目的のある場面では、私たちは、子どもが触れたくない過去の事実をあえて問うことはしない。子どもは小さければ小さいほど、あるいは不安が強ければそれだけ行動のまとまりが壊れて、不安定になる。就学前の子どもたちは、単独の不安症状というよりも、発達の過程で様々な形で体験されるものの一つとしてとらえられることが多い（青木, 2017）。

　そして不安体験の周りには、恐怖、パニックが存在しており、その原因が特定されているのがトラウマである（青木, 2016）。子どもがもし、過去の体験に今も怯え、苛まれているのだとしたら、その記憶に飲み込まれないようになることを支援しなければならない。

　つまり、子どもが今、話したくないという気持ち、あるいは、子どもの感じる苦痛を受け入れ、寄り添っていくことを優先する。過去の事実の同定よりも子どもの内的な体験を重視して、過去の記憶の変容や意味付けが再編されていくことを支援する。このように心理的なケアを想定した子どもへの問いは、過去を問うているようでありながら、むしろ未来を志向しているものだと言えるだろう。

## 子どもに問う、自分自身への問いを続けること

　子どもに問うことは、対話を促進する中でなし得ることであり、従って、大人も子どもから多くの質問を受けることになるだろう。「何が好き？」「誰と暮らしているの？」

　教育相談などでは、個人的な事柄を問われるままに答えてしまうことはできない。むしろ、どうしてそのようなことが聞きたくなったのかを問い返してみることも、今、ここでの関係を理解することができたり、子どもが自分の気持ちに気が付けたりするのを助けるかもしれない。

　しかし次のように、しっかりと子どもの問いを受けとめなければならない時もある。

　「どうして、自分には親がいないのか」「どうして親は自分を捨てたのか」。社会的養護の場で、もしあなたが子どもと出会い、子どもの傍らに真摯にあり続けたなら、いつかこのような問いを、子どもが発してくることがあると思う。

　それは、宿題をしている時かもしれないし、洗濯物を片付けている時かもしれない。本当に何気ない日常の一瞬に、突然その時はやってくる。いつも明るく、よい子で、誰からも好かれる。施設で育って思春期を迎えるその子が、これまで一度も、誰にも問うたことのないその問いを、なぜ、今、あなたに向けて発したのか。

　少なくともあなたは、「その人」として、子どもに「今」選ばれていることは真

実である。

　子どもがあなたを、自分を丸ごと受け止めてくれる存在と認めていなければ、おそらく、このような問いを投げかけたりはしないだろう。きっとその時、あなたは、心からその子を大切に思い、子どもと共にあろうとしてくれているはずだ。

　言葉で返せるのか。抱きしめるのか。子どものまっすぐなこの問いに、あなたはまず、自分自身に深く問うことだろう。子どもの心を問うという基本は、ここにあるのではないだろうか。

[青木紀久代]

## 4　傾聴する

### 「傾聴する」ってどんなこと？

　カウンセリングの基本スキルとして、必ずといっていいほど取り上げられるもののひとつに「傾聴」がある。「傾聴」とは、どのようなことであろうか。『広辞苑（第5版）』（新村編，1998）によれば、「傾聴」は「耳を傾けてきくこと。熱心に聞くこと」とされ、用例として「――に値する意見」とある。しかし、この用例のように、カウンセラーが「傾聴に値する意見」を述べるということはまずない。

　また、『カウンセリング事典』における森川（1999）の記述によれば、「傾聴」は英語の"listening"の訳語ということになる。これは英語の授業などにおけるlisteningと同じ言葉である。英語のlisteningの時には、耳をそばだてて英語を聞き取ろうとするであろう。確かに、カウンセラーもある意味、耳をそばだてて話を聴くといえるのであるが、カウンセリングは、母国語ではない言語を理解するために話を聞くのとはやはり違う。

　上記の例のように、一般的に使われる「傾聴」とカウンセリングの基本スキルとしての「傾聴」では、意味あいがだいぶ異なっている。

　「傾聴」に関連する用語として「アクティブ・リスニング、積極的傾聴」（板垣，2004）や「反射的傾聴（reflective listening）」（Keith & Merry, 2002）という用語もある。ここでは、こうした関連する用語も頭に置き、一般的な意味での「傾聴」とカウンセリング場面での「傾聴」とがどのように違うのかを見ていきながら、カウンセリング場面において、よりよい「傾聴」を実践するためのスキルについて理解を深めることにしよう。なお、ここでは、カウンセリング場面においては「聴く」を、一般的な場面においては「聞く」という漢字を用いて両者を区別して表記

することにする。

## 「何」を傾聴するか

　「傾聴」という場合、一般的な場面でもカウンセリングでも音声としての人の「話」を聞くという意味においては同じである。しかし、「何」を聴くかという点を厳密に見ていくと、両者では注目する範囲に大きな違いがある。

　カウンセリングでは、クライアントが話している内容はもちろんのこと、その内容以外のことも聴く。と、書くと、いささか超能力的なニュアンスを帯びてくるが、実際には、ふだんから人は話の内容だけをもとにコミュニケーションを行っているのではない。

　例えば、好きな人に告白する場面を考えてみよう。あなたが「好きです」と告白し、相手が「私も」と答えた場合、話の内容的にはハッピーな展開が予想されることになる。しかし、実際の告白場面の状況はもっと複雑なことが多いにちがいない。その時の状況をもう少し細かく思い浮かべてみよう。あなたが勇気を振り絞って告白したあと、相手が答えるまでに30秒という間（ま）があったとする。この状況では、30秒はとても長い時間に感じられ、その間、告白したあなたの胸中には様々な思いが交錯するだろう。ようやく、相手が「私も」と答えたとき、相手はなぜかあなたの目を見ず、視線を足下にそらしていたとしよう。こうなってくると、その後の展開はかなり違ってくることが予想されないだろうか？　あなたは無条件にハッピーでいられるだろうか？

　わかりやすく書くと、カウンセリング場面の「傾聴」では、話の内容とともに、相手の雰囲気とか、ボディ・ランゲージとか、表情とか、声のトーンとか、息づかいとか、話の間合いとか、その他、諸々のものを感じ取ることを含めて話しを聴くことが必要になる。

　日常生活では、こうしたあいまいなことに意識的に関心を持ち、立ち止まりながら話を聴くということは多くはない。カウンセリング場面では、特に、クライアントの話の内容以外の様々な手掛かりに対しても敏感にセンサーを張り巡らせながら話を聴くことが必要になるのである。

## 「どのように」傾聴するか

❖「傾聴」と関心
　先ほどの例では、告白したあなたの胸中に様々な思いが交錯していた。これは相

手の話そのものではなく、あなた自身の話の受け止め方にかかわってくる問題である。30秒の間や相手が目をそらした瞬間に、あなたの胸中に不安がよぎったとしたら、相手の「私も」という言葉に対する理解そのものが違ってくるのである。

　カウンセリング場面においては、クライアントの話を聴いている時にカウンセラーが感じたことや考えたことなども「傾聴」に含めて考える。つまり、クライアントとカウンセラーとの間で起こること全体を十分に受け止めることが「傾聴する」ことになるといえる。

　ここで「全体を十分に受け止める」と書いたが、一体全体、どうしたらそうしたことができるのだろうか。ここで冒頭に記した「アクティブ・リスニング、積極的傾聴」の点から考えてみることにしよう。例えば、新しく発売されたゲームソフトのことが気になり気もそぞろで、学校の先生の授業を上の空で聞いている子どもは、先生の話の内容はもちろん理解できないし、いわんや頭にも残らないであろう。逆に、テレビで好きなアイドルの引退記者会見を見ている若者は、アイドルの発する言葉をひとことも聞き漏らさないように全身全霊をもって聞こうとするのではないだろうか。感極まって思わず泣いてしまうことさえあるかもしれない。

　前者の子どもは「アクティブ」に聞いているとはいえないのはもちろんであるが、後者の若者はどうであろうか。かなり「アクティブ」に聞いているように感じられる。しかし、カウンセリングにおける「アクティブ・リスニング、積極的傾聴」はそれとも異なっている。

　カウンセリング場面では、クライアントは何かしらの悩み事をもって、その解決をはかるためにやってくる。あるクライアントは傷つき、つらくて耐えられないと思っているかもしれないし、また、別のクライアントは自らの不遇に対して強い憤りを感じながらやってくるかもしれない。それはクライアントによって様々である。

　カウンセラーでなくても、そうした悩みを相談されたら、いろいろなことを感じ、考えるはずだが、多くの人は、話を聞く中で自分の中に起きてくる様々な感情や考えをあまり明確に意識しないまま話を聞いている。しかし、カウンセラーはこの点にとても多くの労力と関心を払って「傾聴する」。先ほどの、「感極まって」というような話の聞き方は、自分の中に起きてくる様々な感情を十分に意識しているとはいえず、この点で「傾聴」とは大きく異なっているのである。

❖「傾聴」と態度

　さらに、カウンセラーが行うことは、その悩みに対して「こうするべきだ」と指示したり、「それは周りの人が悪い」と問題の責任を誰かに押しつけたり、「気のせいだよ」と悩みをないがしろにすることではない。むしろ、クライアントの話がど

のような内容であっても、また、クライアントの話の背後にどのような気持ちや考えがあったとしても、とにかく目の前のクライアントの話を受け止めて、関心を持って真剣に聴くのである。その際、傷つき困っているクライアントが自分の気持ちをできるだけ話すことができるように、やわらかい雰囲気を醸し出しながら話を聴くことが重要である。

　人は他人から相談されると何か役に立つことを言いたい、言わなくてはいけないという気持ちを抱くものである。相手に対して親身になることは、とても大切なことであり、これはカウンセリングで必要になることと相通ずる面がある。しかし、親身に聞くこととカウンセリング場面の「傾聴」とはまた少し違う。

　なぜか。親身に話を聞いてもらえると、人は自分の本当の気持ちを話しやすくなるように思われるが、実は必ずしもそうではない。むしろ、話を聞いてくれる人からより多くの同情を得るために、自分の本当の気持ちとは別のことを話してしまうこともあるかもしれない。また、親身さに引きずられて、自分の悩みの解決を相手にゆだねてしまいたくなることもあるかもしれない。「傾聴する」場合には、クライアントとほどよい距離感を保つことが必要になるのである。

　これまで書いてきたことをまとめると、「どのように」傾聴するかは、実は、カウンセラー側の態度にもかかわってくる事柄であるといえる。クライアント中心療法とよばれるカウンセリングの方法を開発したカール・ロジャーズの言葉を借りれば、「聴き方は〈テクニック〉というよりは〈心構え〉の問題である」（Rogers, 1955）ということになる。

## 「傾聴する」ことで何が生まれるか

### ❖「傾聴」と「反射」

　「『傾聴』が思っていたよりも難しいことはわかった。『傾聴する』と、相談に訪れたクライアントが自分の気持ちを自由に話すことができるようになるだろうし、そのことがカウンセラーの態度にかかわってくるものであることも想像できる。で、それで、終わり？　話を聴くだけでは、根本的な問題解決にはならないんじゃない？」

　それはもっともな質問である。かくいう筆者も、何度となく同じような質問を受けてきた。カウンセリングに訪れるクライアントの相談は複雑にこみ入っていることが多いし、すぐに解決策が見つかることはほとんどない。少し考えたり、まわりの人に相談したりして解決できるのであれば、わざわざカウンセラーのところにはやって来ない。

この点について、カール・ロジャーズは次のように言っている。クライアントはカウンセラーが「傾聴する」と、「少しずつ自分自身に耳を傾けるようになっていく」、そして、「自分を傾聴することを学習すると、彼は自分自身に対してより受容的になれる」、さらに、「それまでは自分の中に存在するとは認められなかったような感情に対して、耳を傾けることができるようになる」。最終的には、「人間生命体にとって自然な方向へと自由に変化し成長することができるようになっている自分を見出す」（Rogers, 1961）。

　そう言われてもピンとこないのも無理はない。ここから先は実際に体験しないと実感としてはわからないだろう。無理を承知で、少し理屈っぽく解説してみよう。ここで冒頭にふれた「反射的傾聴（reflective listening）」に戻ることにする。クライアントはカウンセラーが「傾聴」していると、自分の気持ちを自由に話すことができるようになる。そうすると、カウンセラーに話をしているその場で自分自身の気持ちを十分に受け止め、それをクライアント自身があらためて体験する機会を持てるようになる。クライアントからすると、あたかも自分の言葉がカウンセラーからそのまま反射されて返ってくるようなイメージである。鏡の中に自分の姿を見るとたとえた方がよく伝わるかもしれない。

### ❖ 「傾聴」と人間の成長

　人はふだん様々な「雑音」に囲まれて暮らしているので、自分の気持ちをそのまま感じ取ることが難しい。ここでいう「雑音」とは、例えば、家族や友人、恋人からの評価であるとか、社会で常識と考えられている様々な規範であるとか、小さいときから知らず知らずに身につけた考え方や性格などのことを指している。人が悩んでいるときに堂々巡りになって抜けられないのは、そうした様々な「雑音」にしばられているからであるということもできる。

　カウンセリングにおける「傾聴」は、そうした様々な「雑音」の影響をできるだけ取り除いて、自分自身の本当の気持ちを受け止めることをうながすかかわりであるといえる。自分自身の本当の気持ちに気づくと、人は少しだけ元気になることができる。自分の中にこれまでは気づかなかったエネルギーがあることに気づくとたとえたほうがわかりやすいかもしれない。そして、これまで持っていた悩みに対する感じ方や、自分を取り巻く現実的な環境に対する見方も少しだけ変わっていく。

　「少しだけ」というと効果がないように感じられるかもしれないが、少しの気づきがクライアントの生活全般に波及するような変化につながることもあるし、そのことがきっかけとなってクライアント自身が少しずつ変わり始めることもある。また、クライアントが変わると、クライアントと接するまわりの人もいつもと違うこ

とを感じたり、考えたりして、少しずつ変わっていく。こんなふうにいろいろな変化が積み重なっていくと、最終的に、その人が感じていた悩みも形を変えていくのである。

　カウンセリングにおいて「傾聴する」ことは、小さな変化を積み重ねることによって、大きな、そして、クライアントにとっては時に本質的な変化をもたらすような力を持っているのである。

[伊藤直樹]

## 5　つなぐ・つながる

### 支援が届きにくい子どもたち

　臨床心理士と公認心理師、両資格は何が違うのでしょうか。前者は1988年から始まり、心理査定・心理面接・地域援助・調査研究など主な業務とし、心の専門家とされてきました。後者は2017年から始まり、心理に関する支援を要する者に対する観察分析・相談援助、関係者への相談援助、知識普及・情報提供などが主な業務とされ、多職種連携が要請されています。両資格は似ていますが、公認心理師が支援する要心理支援者という定義は、臨床心理士が専門的援助を行うクライアントと比べて、治療契約を結ぶ前の、クライアントではない段階からの支援の必要性が指摘されており、関係者へのアプローチや他職種連携が必要不可欠の視点となります。資格は社会的要請の下に作られるので、30年の時代の流れは、クライアント中心から、コミュニティの関係性に目を向ける必要性、へと変わってきています。

　学校場面で考えてみると、しばしば取り上げられる不登校やいじめ、暴力・非行、学習の取り組めなさなどは、個人的課題のみならず、子どもを取り巻く家族・学校の教職員・周りの地域社会との交互作用を含めて考えてゆく視点が必要です。例えば発達障害を伴う子どもは、家庭や学校という場の中の対人的交互作用によって、様々な課題が生まれてきます。そのためそのアプローチは特別支援教育という枠組みを通じて、課題に気がつき、家族の理解と協力を得、学級や学校からの合理的配慮を考え、病院や教育センター・通級・適応指導教室といった地域の専門機関による支援を行うプロセスから成り立っています。臨床心理士はその中の専門的支援者としてアセスメントや心理面接などを行っています。またスクールカウンセラーとしてそのプロセス進行のお手伝いをする役目を担っています。

　心理職のクライアントという視点では常に目の前の一人ですが、2012年度の文

科省の発表では、小中学校の発達障害の可能性のある子どもたちは6.5%でした。単純に考えると、全国の在籍者数は1000万人くらいですから、65万人くらいを対象に考えてゆく必要性が出てきます。一方、担任が指摘する学習面または生活面で支援が必要な子どもたちはだいたい4割くらいという報告があります（下川,2017）。またその調査では早くから学習面や生活面に課題があり、特別支援教育の対象になり、不十分ながらも専門的な支援が届いている子どもたちが文科省の発表程度の割合で、同様の課題が指摘されているにもかかわらず支援が届いていない子どもたちは1割程度と指摘されています。3年後の学習面・生活面の要支援度を比較すると、途中で逆転したり、ほとんど変わらなくなっています（図6）。このような子どもたちは境界線の知的機能や限局性学習障害などの課題が示唆され、他の発達の偏りが示唆される子どもたちも含めて、小中学校を通じて同様の課題が指摘されます。またその間、ずっと2極化したテスト得点分布の下位の山を構成し、強く学力保障が叫ばれる学校教育の中では、家庭面の課題がなく偏りのみられない子どもたちは伸びてゆくので、学校教育が逆にこのような子どもたちへの社会的障壁となっている印象すら受けます。

　支援が届いている子どもたちへの支援だけでも莫大ですが、支援が届きにくい子どもたちへはクライアントへの専門的援助の視点では到底、その想像すら難しいものになってきます。また支援が届きにくい子どもたちは心理職が努力すれば直接関係を作ることができるとはかぎりません。そのほとんどが専門的援助の場に上がってこないので、スクールカウンセラーとして同じ学校にいても名前すら全く知り得ないこともあります。合理的配慮（reasonable accommodation）として「障害の有無」「負担の軽重」が議論されますが、支援が届きにくい子どもたちは「障害」の条件が整わず、その範疇から外れてしまいます。逆に専門的援助の場に上げるためにはなんとかして「障害」があると強弁する必要があるかもしれません。これは全く支援者中心の視点で、クライアント中心の視点を心がけてきた臨床心理士にとってはひどく違和感を覚えます。

## つながるために別のアプローチを

　児童生徒の取り組むべき主な課題は、発達課題と学習課題で、前者は親から離れ仲間関係に取り組むことで、後者は認知能力を鍛え客観的に考える訓練で、いずれも子どもの自立に向けた下地づくりです。不登校の根底にある不安も学年と共に変わり、初めて自分だけで取り組む低学年の不安から、友達ができない不安を経て、周りの思惑への不安まで多様です。その発達課題への取り組みの中でいじめや暴

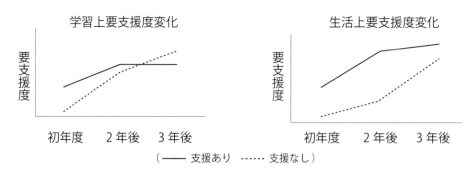

学習上要支援度変化　　　　　　　生活上要支援度変化

（―― 支援あり　…… 支援なし）

図6　要支援度の比較

言・暴力が起きてきます。また発達の偏りが示唆される子どもたちは身を守る力が弱いので、その発達課題にうまく折り合いがつかず、対人トラブルや不登校に至りやすかったりします。また様々な家庭面の課題の影響が、自己肯定感の低さ、愛着の課題、暴力・自傷・非行につながったりしています。そのため4割もの子どもたちが要支援と指摘されますが、専門的援助が作れるのは様々な条件が揃った一部なので、専門的援助の視点ではこれ以上考えを進めることができません。

　ここで曲がりなりにも支援の届いている子どもたちと、支援が届きにくい子どもたちを比べてみると、特に高学年以降では自らが支援を望む十分な希望があるか、校内で取り上げるほど十分な課題になっているか、保護者が学校と連携したり専門機関へ連れてゆくだけの十分な余裕や希望があるか、障害という医学的診断が下せる十分な症状があるか、学校外の教育相談機関などが支援を必要と判断する十分な根拠があるか、といった条件の相違点があります。逆にいうと、これらの条件が整う子どもたちは社会的環境も含めて身を守る力が強く、これに対して条件が整わない、身を守る力が弱い、支援が届きにくい子どもたちは、従来の専門的援助対象のクライアントとは全く異なる要心理支援者と考えてもよいのではないでしょうか。対象者が異なれば、アプローチ方法も変わってきます。

　臨床心理士は30年間の実践を通じて、この難問に様々なアプローチを考案してきました。その1つにコミュニティ臨床（下川，2012）という考え方があります。これはつながりの中での心理臨床で、コミュニティの中でつながりを作り、その中で要心理支援者に様々なお手伝いをしてゆく考え方です。この「つながり」は、専門的援助における治療同盟（課題の一致・目標の一致・情緒的絆からなる）のようなものですが、クライアントではないので、課題や目標の一致は含まれず、情緒的絆が中心となってきます。「ああこの人とはつながれているな」という実感は誰でも体感でき、そこには情緒的絆という互いの気持ちの持ち出しがあると思います。要心理支援者に対しては特にこの情緒的な「つながり」がないと、いくら働きかけ

てもあまり実質的な支援につながってゆきません。逆にいうと、支援のためにはその前に「つながり」という下地づくりが必要になってきます。

　先にも述べたように、支援が届きにくい子どもたちとは、必ずしもつながりができるとは限らず、接点すらないことも多々あります。しかしながら、学校コミュニティにはその子どもとつながりがある人が必ず存在します。その人たちは子どものことを心配しているので、その人たちに対して「つながり」を作ってゆくことができます。しかしながら、その人たちとも接点すらないこともありますが、心配はいりません。コミュニティには必ずなんらかのネットワークがあるので、あらかじめつながりがある人から辿ってゆくことが可能です。逆にいうと、日頃からネットワークを作っておくことが、支援の届きにくい子どもたちにつながってゆく下地づくりということになります。また他児の保護者や地域の専門機関などとも日常的につながりを作っておくことも可能です。

　支援が届きにくい子どもたちやその関係者は様々な支援ネットワークとはつながっていないことが多いので、支援が届きにくくなっているとも言えます。そのためそこをつないでゆく作業が必要で、子どもたちや関係者がネットワークとうまくつながれるように双方に直接的・間接的な下地づくりをしてゆく必要があります。その中で本人が支援をうけたいという希望、保護者の余裕、診断・症状や支援の根拠など不十分だった条件が変化し、様々な支援につながってゆくこともあると思います。しかしながらそこまでの支援が必要ない、支援につながらない場合も多いと思います。専門的援助中心の視点だと、なんとかして、といった義務感も出てきます。しかしながら臨床心理士の本来の目的は目に見える支援につなぐことではなく、結果的にそうなったらそれはそれで構わないが、要心理支援者や関係者、その周りのコミュニティの視点を理解し、それを伝え、その本来の希望に沿った変化に対するお手伝い、つまりコミュニケーション支援にあるのではないでしょうか。

## これからの心理専門職

　従来の臨床心理士の専門的援助はクライアントが自分自身の無意識とやりとりし、自分本来の希望を理解し、それに合わせた変化のお手伝いをしたように、これからの公認心理師に求められるものは、クライアントのみならず、その関係者やコミュニティとのやり取りの中で、彼らが自らの希望を理解し、双方が変化することをお手伝いすることにあると思います。これがコミュニティ臨床における「つながりの中での心理臨床」という考え方です。今後本文でこの役割を担うものをさす場合は「心理専門職」と拡張しておきましょう。

ここで「つながりの中での心理臨床」の最大の課題を取り上げたいと思います。それは「すれ違ってゆくやりとり」です。つながりを作るにも、つないでゆくにも、すれ違いがしばしば起こってきます。しっかりした治療同盟のように課題が理解され、目標が定まり、情緒的絆があれば、すれ違いはかえって、クライアントが新たな他者視点を取り込む良い機会になるのですが、それらの下地がないと治療中断のもとになってしまいます。これが、要心理支援者とのつながりがないと支援をしても、一方的になり、実質的な支援になってゆかない最大の要因です。例えば、気になっている子を取り上げようとしても学校では「それは障害ですか」「そこまで取り上げたらきりがありません」、アセスメントをしようとしても「障害があるとわかったら本人や家族にどう説明すればいいのか」「配慮するには負担が大きすぎる」、保護者に話をしても「そんな余裕はない」「すべて学校側でやってほしい」、病院でも「発達障害の説明ならできる」「投薬が必要だ」、などすれ違ってゆく要素に事欠きません。つながりが作れない本人と話しても鬱陶しがられるだけになってしまうこともよくあります。

　「すれ違ってゆくやりとり」への対処は、つながりを作ったり、取り戻したりするために、まず心理専門職が要心理支援者や関係者、また支援者の視点を理解し取り入れる必要があります。次に、そこにどのように折り合いをつけた視点を提供できるかが、コミュニティにおけるこれからの主な仕事になってゆきます。これはかなり独創的な骨の折れる仕事で、臨床心理士の時はスーパービジョンなどを受けながら自身で考えてゆくかなり孤独な作業でした。しかしながらこれからの心理専門職はコミュニティという強い味方がいます。ネットワークを日頃から作っておくことがこの作業の手助けをしてくれますが、逆にそれがないと不可能な作業になります。ネットワークがあれば単独では難しいところにつながってゆくこともできます。また折り合いをつけてゆく作業なので、なかなかこれはという結論は出ないことが多いですが、とりあえずその時、その場でベストなことを考えながら、コミュニケーション支援として、要心理支援者や関係者が自分たちとは異なる視点を取り入れてゆくお手伝いをしてゆくしかないでしょう。

　このコミュニティ臨床の視点で合理的配慮という概念を見直してみると、支援者からみて重要な「障害の有無」や「負担の軽重」ではなく、コミュニケーション支援としての調整（accommodation）の重要性に気がつきます。私に与えられたテーマの「つなぐ・つながる」というのは合理的配慮を構成する重要なパーツの一部です。ここで支援が届きにくい子どもたちを合理的配慮の観点から再考してみたいと思います。これらの子どもたちは「障害」とは言えない場合がほとんどなので、「障害の有無」を中心とした合理的配慮の対象にはならないと思います。しかしな

がら合理的調整の対象にはなります。コミュニティの中で要心理支援者と関係者に心理専門職がつながり・両者をつないでゆき、コミュニケーション支援を行うことで、身を守る力が弱い子どもたちが課題に取り組む中で、折り合いをつけるお手伝いをしてゆくことがこの合理的調整になります。

　これは「自立に向けた下地づくりに取り組んでいるが、身を守る力が弱い子どもたちは、それを補うつながる力をどうつけることができるのか・まわりはどのようにつながる力を提供できるのか」と考えられます。そのためには「つなぐ・つながる」以前のコミュニケーションのための下地づくりと、ボタンの掛け違えが起きてくる「すれ違ってゆくやりとり」から回復し、つながりを取り戻すための装置としてネットワークを作っておくことが有効です。学習面・生活面に課題があり、単独では身を守る力が弱い子どもたちが、家庭に守られ、学校に守られていると、「まあ勉強ができない子」ではあるかもしれないけれど、生活面の課題は目立たなくなってきます。学校卒業後、自立してゆく中での様々なリスクに対する免疫力をつけるためにも、つながる力を持っておくことは非常に大事だと思います。ネットワークのない現場で身を守る力が弱いのは心理専門職も同様で、つながる力は心理専門職がこれから多職種と連携し、自立してゆくためにも必要な力ですが、こちらはどう身につけると良いのでしょうか。

　この力はテレビタレントのような目を見張るコミュニケーション力をイメージするかもしれません。また心理専門職はクライアントとの相談室中心の活動が主で、考え方の異なる他職種とのやりとりに難しさを感じる場合も多いかもしれません。しかしながら心理専門職が必要なつながる力は、それほどたいそうなものではなく、そのコミュニティに一歩踏み出す勇気だと思います。その勇気には、支援する子どもたちに必要だという確信と、コミュニティへの興味と、つながりの中での心理臨床は意外と面白く有効だという経験が必要です。また日頃から少しずつ作っておいたネットワークがいざという時の力不足を補ってくれます。これらの心理専門職の右往左往の経験も身を守る力の弱い子どもたちに伝えられると良いのですが。

［下川昭夫］

## 6　わかりあう

### 分かり合うことの必要性

教育相談にみんなで取り組むため、教え、教わったり、傾聴したりするのと同じ

ように、支援者が身に付けておくべき基本的な素養の一つとして「わかり合う」ことが挙げられる。なぜなら、分かり合うことは、メンバー間の信頼関係を育み、チームをより強固で有機的に動けるものにすると考えられるからである。そこで本節においては、チームにおける一般的な連携のプロセスを示し、「分かり合うこと」の有効性を例示する。次に、しばしば生じうる多職種連携における困難を「対人葛藤」という言葉で表せることを示し、その解決のために「統合的葛藤解決スキル」が有効と考えられることを検討する。そして最後に、他のチームメンバー同士の対人葛藤にどのように関わりうるのかについて、メディエーションの観点から考察する。

## 連携のプロセスにおける「分かり合う」ことの有効性

まず、連携とは、どのように進むものかについて考えてみたい。近年の連携に関する研究（成瀬ら，2014；藤井・斉藤，2018；井上ら，2020 など）を概観すると、その重要な要素は「情報共有」「目的共有」「役割分担」という３つにまとめられるように思われる。「情報共有」とは、チームのメンバーが、クライアント自身や援助資源、援助場面などに関する情報、すなわちアセスメントに関する共通理解を得ていることを指している。また、「目的共有」とは、クライアントの援助のために、何を目指すべきかについて共通理解を得ていることを指している。そして、「役割分担」とは、目的を達成するために、各自がどのような役割を担うのかについて合意していることを指している。

これらの３つの要素は、プロセス性を有している。また、その経過においては、客観的な情報だけではなく、関係者（当事者自身やさまざまな立場の専門家）の個人的な志向や目標、経験、専門的な知見などもやりとりされる。

たとえば、バーンアウト気味となって、休養が必要と思われる中学３年生の生徒と、どうにかクラス全員で卒業式を迎えたい担任教師がいるとしよう。この２人が連携するには、やりとりが必要である。教師としては、どのような理由で生徒に休養が必要であり、休養が得られるとどのようなよいことがあるのかが分かると、休ませることに同意しやすいだろう。また、生徒としても、教師がクラス復帰を達成させることで、生徒自身に何をもたらそうとしているのかを知ることは、無理矢理教師がクラスに復帰させようとしているのではないかという疑心暗鬼を払拭する上で役立つかもしれない（情報共有）。また、その上で、２人でどのような方向性を目指すべきなのかを一致させておく（目的共有）ことは、生徒自身の次のステップを検討するために有益となるだろう。

　また、うまく生徒と教員の間で分かり合うことができたとしても、今度は他の支援者との間で援助に関する意見が異なるという事態が生じるかもしれない。たとえば、当該生徒がバーンアウトに至った事情をよく知らなければ、スクールカウンセラーは、思春期に好発するいくつかの精神病のリスクを鑑み、通院を勧めたくなるかもしれない。このようなとき、スクールカウンセラーに事前に事情を知らせておけば（情報共有）、それを避けることができる。それだけではなく、専門的見地からバーンアウトの対応方法へのコンサルテーションを得られたり、保護者の心理教育を担当してもらったりすることによって、その子の保護者との協働も容易になるかもしれない（役割分担）。

　このように、連携の経過においてよく「分かり合えた」チームでは、有機的な連携が可能となりやすい。逆に、メンバー間で仲違いを生じているチームの援助力には、限界がある。それゆえ、支援者は、児童生徒や他の支援者と分かり合うことが求められるのである。

## 分かり合うことの困難性と、対人葛藤

　しかし、その重要性にもかかわらず、分かり合うことにはしばしば困難が伴う。当事者と支援者の間で、あるいは支援者同士の間で、援助に関わる意見に相違が生まれ、分かり合えなくなることが少なくないからである。前述の例で言うならば、教師が生徒の訴える休養の必要性を否定し、強引にクラスに戻そうとするならば、一つの困難な場面が生じうるだろう。また、そのようなエピソードがあったと生徒から聞いた保護者が、教師に不信を抱くことも、チームにおいては危機的だといえるかもしれない。

　このような分かり合えない状態とは、「対人葛藤（interpersonal conflict）」という言葉で言い表せる。対人葛藤とは、「自分の欲求や期待が他者によって阻止されていると認知することで生じるもの」（Thomas, 1976）と定義される。すなわち、個人の関心や希望が他者の関心や希望によって達成困難になっている状態を指す。たとえば、前述した、教師が生徒の訴える休養の必要性を拒否し、クラスに強引に戻そうとする場面では、生徒の「休養したい」という希望は、教師の「全員で卒業式を迎えたい」という希望により達成困難になっている。したがって、これは対人葛藤といえる。つまり、分かり合うことが困難な状態とは、クライアントや支援者の関心や希望が、他者の関心や希望によって達成困難になっている状態と捉えることができ、これは支援に関わる葛藤状態ともみなしうるのである。

　分かり合えない状態を対人葛藤の状態だと捉えるのならば、分かりあうための方

策とは、対人葛藤をうまく解決するための方策であるといえる。換言すれば、有機的に機能する支援チームを作るために必要なことは、複数の主体が存在している限り自然に生じるであろう対人葛藤を、どのように解消し、チームを作ることに生かしていくことができるのかということにあるといえるだろう。

## 困難を乗り越える統合的葛藤解決という考え方

　それでは、どのように対人葛藤を解決すれば、より有機的に機能するチームを作っていくことができるのだろうか。そのヒントは、「統合的解決」という解決方法にある。これは、対人葛藤解決の方法の一つで、自他がともに納得できる解決策を目指す（Rahim & Bonoma, 1979; 益子，2018）というものである。

　対人葛藤を解決する際に、統合的葛藤解決がもっともメリットを生じうるということは、複数の研究から示唆されている。たとえば、対人葛藤を統合的に解決できた人々は、その後、葛藤相手に対する信頼感を高める（古村・戸田，2008）という報告がある。つまり、「雨降って地固まる」をまさに実現できるのである。また、アンサンブル合奏のチームワークに関わる研究でも、奏者内で生じる葛藤を統合的に乗り越えていくことが、よりよい練習につながり、合奏の出来を促進することが指摘されている（河瀬，2014）。多様な役割の奏者がまとまり、ハーモニーを作り出すという点では、チーム学校はアンサンブル合奏にも似ているといえるだろう。このように、統合的解決には、チームメイトへの信頼感や有機的なまとまりを作りだす効果があるのである。

　一方、統合的解決以外にも、対人葛藤を解決する手段がないわけではない。しかし、その効果には限界がありそうである。たとえば、相手の関心や希望にかかわらず、自分の関心や希望を押し通す「支配」、相手に全面的に従う「服従」などは、分かりやすい方法である。しかし、「支配」方略は、相手との信頼感を損ないがちで、チームの存続が危うくなってしまうだろう。逆に、ただ「服従」しているだけでは、自分の専門性を発揮できなくなってしまう。そればかりか、ずっと「服従」を続けていたならば、いつしか相手に対して強く出るという「支配」方略を使いたくなるときがくるかもしれない。

　あるいは、「妥協」という方略も存在する。しかし、この方略には、どこか妥協「してやっている」というニュアンスが伴う。両方ともが、相手に譲って「やっている」と思っていれば、お互いに不満を蓄積させることになるだろう。その不満は、どこかで、チームの中に軋みを生むかもしれない。

　以上のように、統合的解決が他者への信頼感や連携におけるメリットを生じる可

能性がある一方で、「支配」「服従」「妥協」は、チーム作りにおけるデメリットが大きい様相がうかがわれる。そこで、支援者には、統合的解決に達しうるスキルを習得することが推奨される。

## 分かり合う具体的手段としての統合的葛藤解決スキル

　それでは、クライアントや他の専門家との葛藤を統合的に乗り越えるために、支援者は、具体的にどのような点に留意すればよいのだろうか。実は、統合的解決を達成するポイントとなるスキルは、「統合的葛藤解決スキル」（益子，2013）として、すでに具体的に示されている。

　統合的葛藤解決スキルは、「統合的志向」「粘り強さ」「受容・共感」「丁寧な自己主張」の4つから構成されている。また、スキルそのものではないが、自分と異なる意見に出会ったときの驚きや不安に情緒的に巻き込まれないスキルを含める研究者もいる。

　「統合的志向」とは、統合的な解決の方法を探索的に検討しようとするスキルを指す。対人葛藤、すなわち意見の不一致に際し、統合的解決という方法が存在することを知らなければ、統合的解決には至れない。また、それがあることを知ってはいても、積極的に目指さないのならば、それに至れるというものではない。統合的解決は、それを意図的に志向することが、達成のための前提条件になるのである。

　「粘り強さ」とは、統合的解決を目指すため、関与者がどのような努力をすればよいかを表したものである。統合的解決は、きわめて人工的に作り出す解決策であり、放置しておけば勝手に解決に至れるというものではない。だから、統合的解決を目指すことを決めたならば、次は、そのために意図的な努力をする必要がある。そのような努力に開かれているかどうかを指すものである。これには、たとえば、「意見が違うことを伝えて話し合おうと提案すること」や、「意見が異なる相手とも、忍耐強く関わり続けること」などが含まれる。

　「受容・共感」とは、意見が異なる相手と関わるときに、相手の意見の背景にある希望や願いにまで耳を傾けながら、相手の話に耳を傾けるスキルを指す。たとえば、生徒が「教室に入りたくない」と言っている背景には、「頑張り続けるために、もう少しペースを落とす必要がありそうだ」という気持ちがあるのかもしれない。このように、生徒や他の支援者の「声なき声」や「いまだ言葉になっていない願い」に耳を澄ましながら、相手の希望を確認していくためのスキルが含まれる。

　「丁寧な自己主張」とは、自分の希望や願いを、相手に理解しやすいように配慮しながら、相手に届くような言い方で説明するスキルを指す。相手の関心や希望を

聴くか、自分の関心や希望を伝えるかという点では、「受容・共感」と逆の関係にあるように見える。しかし、人は、自分の訴えたいことで心の中がいっぱいのときは、相手の話を聴く余裕を持つことはできない。自分の話を受け止められて、余裕が生まれたとき、はじめて、相手の話にも耳を傾けられるようになる。そうだとすれば、「受容・共感」は、「丁寧な自己主張」を効果的に機能させるためのスキルの一つであるともいうことができよう。

　これらのスキルを活用することができると、より円滑な連携ができるだろう。たとえば、前述の例のような場面において、統合的葛藤解決スキルに長けた教員は、自分が持っている「クラス全員で卒業式を迎えたい」という希望を直ちに手放すことはせずに（粘り強さ）、しかし、一旦は脇に置くことができる。また、生徒が自分と異なる意見や希望を持っているという事実を受け入れつつ、そのような場面においても「二人とも納得できるいい解決策が、きっと見つかるはず」だと考えるだろう（統合的志向）。そして、統合的な解決策の探索のため、生徒に「あなたの考えを詳しく聴かせてほしい」と告げ、その話に耳を傾ける（受容・共感）一方、生徒の話を一通り聴いたあとは、自分の希望である「卒業式にはクラスにいてほしい」と告げ（丁寧な自己主張）、さらに意見を交わすだろう。

　こうして考案される解決策は、もしかしたら、お互いが最初に想定していたものとは全く異なるものになっているかもしれない。生徒と教員が、クラスに入れるかどうかまでは保留するとしても、卒業式までにできるだけ改善したいという共通の目標を持っていることが明らかになったならば、彼らが知りたいのは、最短で治る方法かもしれない。そうなれば、一つの解決策とは、たとえば「専門家を頼る」ということになるだろうか。

　このように、統合的葛藤解決スキルは、「分かり合い」を助け、特に援助の場面においてしばしば生じる対人葛藤をうまく乗り越えるための具体的な方法になりうると考えられる。実際に、諸外国の医療領域の研究によれば、"連携力を促進する教育"とは、もめごと解決スキルを高める教育である（Sexton, et al., 2016; Vandergoot, et al., 2018 など）。そのため、このスキルは、チーム学校を形成するためにも貢献できるのではないだろうか。

## チームのメンバー同士の統合的葛藤解決を助ける

　ところで、統合的解決という選択肢があることを知った支援者は、次は他の支援者同士の「分かり合い」を支えたいと考えるかもしれない。統合的葛藤解決スキルによって、自分が他の支援者と円滑な連携ができるようになったとしても、他の支

援者同士の連携がうまくいかなければ、チームとしての援助力が低い水準に留まらざるをえないおそれがあるからである。

　ある支援者が、他のチームメンバー間の連携を促進する方法としては、他者同士の統合的解決を援助する「メディエーション」という方法を援用できると思われる。「メディエーション」は、もともとは、中立・公正な立場の「メディエーター」と呼ばれる第三者が、対人葛藤の当事者同士の対話を促進し、彼らがともに納得できる解決策を協創できるように援助する方法であった（益子，2018）。ここでは、メディエーターは、葛藤当事者の対話を促進しながら、当事者が話し合い、葛藤を解決するのをサポートする役割を担うことになる。この役割は、支援に関わる専門家の意見の不一致を見取り、解決策の考案を促していく点で、メディエーターと類似したものがある。よって、「メディエーション」の技法を援用できるのではないか。

　この方法を援用することで、生徒と他の支援者との統合的解決に貢献することができるかもしれない。生徒が「今はまだ教室に戻るほどには頑張れない」と言っているのに、教師がそこに至る事情を知らず、現在の状況を「怠学」と捉え、生徒に教室に戻るようにやや強く迫っているとする。このようなときでも、メディエーションを援用する支援者は、生徒と教師の両方から「生徒の将来が心配」という声を引き出し、自分を含む援助チームが、「今とりうるベストな選択肢を探す」ことに向かえるように援助できるかもしれない。

　一方で、一般的なメディエーションと、教育相談におけるチーム作りのためのメディエーションで異なることの一つは、後者においては、メディエーターが完全に客観的な第三者になりえないことであろう。このデメリットを解決する方法として、支援の目的は「当該児童生徒の発達支援」であることを、支援者の共通の目的として明確にすることが挙げられるかもしれない。この目的は子どもに関わる支援者に広く肯定されるものであり、統合的解決のための目的として支援者全員に納得されやすい。そのため、どちらか一方の味方ではなく、「当該児童生徒の発達支援の味方」という立ち位置をとることがしやすいように思われる。

　このように、「当該児童生徒の発達支援のため」という目的を掲げたメディエーションを援用するとき、統合的解決に開かれた支援者は、他の支援者同士が「分かり合う」ことをも支えることができるようになるだろう。そのようなチームは、より有機的に機能するチームとして、子どもを支えていくと考えられる。

［益子洋人］

# 第 4 章

# 学校で起きる
# 諸課題の特徴

心理療法には、「外在化」という手法がある。問題を感じている主体と、対処されるべき問題を切り離し、主体が問題に対処しやすくなるための技法である。たとえば、イライラを感じているときに「自分がイライラしている」と捉えると、イライラしている自分が悪いと考えて自責的になりやすく、対処への動機づけは生じにくい。しかし、「そのイライラに、自分は困らされている」と捉えると、「イライラ」と「自分」を切り離すことができ、「自分」は対処する主体のままでいられるので、動機づけが損なわれにくいと考えられる。

　また、この「外在化」という手法は、当事者と支援者との協力関係を強固にすることにも奏功する。たとえば、イライラしやすい子どもに対し、「イライラしてしまうあなたが良くない」と指導するのならば（これは「外在化」とは真逆の「内在化」である）、この子ども＝よくない子どもになってしまう。そのように意味づけされた子どもは、そう指導してきた支援者を忌避するだけでなく、「どうせ自分はよくない子だ」と捉え、変容への動機づけを低下させるかもしれない。反対に、「外在化」を用いて「頻繁に出てくるイライラによって、あなたは困らされている。イライラに振り回されない方法を一緒に考えよう」と指導するのならば、どうだろうか。変容への動機づけが高まりやすくなるだけでなく、子どもの主体と支援者が協力関係を築きやすくもなるのではないか。

　このように、主体と問題を切り離し「外在化」して捉えることは、当事者である子どもにとっても、支援者（チーム）にとっても有益だと考えられる。そこで、第4章では、近年の学校で出会いやすい問題を、RPGのモンスターに倣って「外在化」し、教育相談チームが対処するべき困難として位置づけた。また、それぞれの問題には、児童生徒を悩ませる典型的なパターンや、対処をする際に押さえるべきコツといったものも存在する。それらを踏まえて、問題別の留意事項や、効果的に対処しやすいチームメンバーの構成例も紹介している。いわば、学校でよく遭遇する問題への「攻略ガイド」である。読者の皆様がご自分の学校で問題を攻略しようとするときの参考としていただきたい。

# 01 教育界の大厄災

# いじめ

## 概要

　教育現場に長期間に渡って君臨する、いわば「教育問題」の「大厄災」。普段は姿を潜めており、それはまるで封印された魔物のようである。しかし、「発達障害」や「アタッチメントの問題」「児童虐待」などから力を得、封印を破り復活したならば、「不登校」はもちろん、「危機対応」「支援の必要な保護者」を、広範囲に渡り生み出し続ける。結果として、この厄災に苦しむ人の数は増大するだろう。最悪の場合には、文字通り「死者が出る」ことさえある。

　その災いの能力は、端的にいえば「構造的な暴力を、巧妙に隠匿しながら、拡大、再生産すること」である。基本的な対策としては、施されている封印を厳重に守り、復活させないことが重要である（予防的・開発的アプローチ）。すなわち、学級や学校に「暴力」の気配を感じたならば、ただちにそれを抑止するべく、働きかけておくということである。規範が確立し、児童生徒の安全、安心が守られているということと、クラスメンバー相互の深い関係性が形成され、児童生徒が居場所を感じられること。この 2 つの条件を満たす学級には、「いじめ」ははびこりにくい。

　しかし、もしもひとたび「いじめ」が発生してしまったら、総力戦を余儀なくされる。「いじめ」との戦いに特効薬はないが、いじめ加害者、被害者、観衆・傍観者のそれぞれに組織的な介入を行えば、「いじめ」を弱体化させ、ふたたび封印することは不可能ではない。この段階では、被害を被る児童生徒は多くなりがちなので、同僚や他職種との連携をためらうべきではない。万が一、放っておけば、生存した犠牲者の誰かが、次世代の「いじめ」を発生させかねない。

# 特殊スキル

**◉いじめっ子の選定**

「いじめ」は、自らの手先となって暴力を引き起こす、いわゆる「いじめっ子」を選び出す。「発達障害」や「アタッチメントの問題」「児童虐待」を抱えている児童生徒などが、好んで選ばれやすい。かつて「いじめられっ子」だった児童生徒の怒りや悲しみを利用し、いじめっ子に仕立てることもある。選定された児童生徒は、この大災厄にそそのかされるようにして、いじめ行為に手を染めてしまう。「隠蔽化・秘匿化」のスキルによって、本人は、しばしば「自分がいじめに加担している」自覚さえ奪われる。

**◉いじめられっ子の選定**

「いじめ」は、いじめっ子と並ぶ最大の犠牲者である「いじめられっ子」をも選定する。「いじめられっ子」に選ばれる合理的、必然的な理由は「特にない。」極端にいえば、無作為に選ばれるとさえ、いえるかもしれない。しかし、後述する「隠蔽化・秘匿化」のスキルは、ここにもっともらしい理由（たとえば、「いじめられる側にも原因がある」）を投影し、関係者の目を眩ませる。この隠匿の効果は、いじめられっ子本人にも及ぶことがあり、「自分は○○だから（例：髪の毛を真ん中で分けているから）いじめられても仕方がない」と考えるいじめられっ子も、少なくないようである。

**◉同調圧力**

「いじめ」の影響は周囲の児童生徒にも及ぶ。すなわち、周囲の児童生徒を恐れ慄かせ、いじめ行為を抑止しないよう、コントロールする。ときには、いじめ行為に加担する方向にさえ、働く。教師などの支援者でさえ、この圧力に抗うのが容易ではないことがある。たとえば、授業中に間違った発言をした児童生徒を、他の児童生徒が意地悪くはやし立てたとする。このとき、それを目撃した教師が、その発言を制止しなくてもよい理由（例：これは、ただふざけているだけかもしれないから、今は様子を見てみよう）を探しているのならば、すでにその教師は「いじめ」の「同調圧力」に支配されつつあるといえるかもしれない。

**◉隠蔽化・秘匿化**

いじめ行為を正当化したり、いじり行為やふざけ行為との境界をあいまいにしたりして、発見されにくくする。元々は軽くふざけあっていただけだったにもかかわらず、気が付いたら重大な「いじめ」に発展しているなどという事例では、この特殊スキルが関与していたとみなすことができるだろう。この効果によって、「いじめっ子」や「観衆・傍観者」は「ひどいことをしている」という自覚を、「いじめ

られっ子」は「ひどいことをされている」という自覚を隠蔽される。また、「同調圧力」同様、周囲の大人の逸らし、早期介入を困難にする。いわば、「暴力の非日常性を排し、日常の延長に暴力を置く」ことを可能にしてしまう。

## †攻略法1：封印を維持する

「いじめ」の基本的な対策は、予防、すなわち、いじめの生じにくい学級や学校を作るということである。生き生きとした温かい雰囲気の醸成された学校や学級は、「いじめ」の封印は維持されやすい。そこで全学的な生徒指導、教育相談の取り組みや、Q-U（河村ら，2016）のような学級アセスメントのツールなどを活用し、できるだけ多くの児童生徒が安心して過ごせる学級を作れるとよいだろう。

オススメ・チーム編成の例

02 🎧 担任教師　＋　03 👤 教員集団　＋　05 🔊 養護教諭　＋　04 👓 管理職　＋
06 🔍 スクールカウンセラー　＋　16 🏠 保護者

管理職やスクールカウンセラーが学級アセスメントのツールの活用方法に関する研修などを行い、最前線で「いじめ」を食い止めるべき担任教師や教員集団をバックアップする。一方、養護教諭やスクールカウンセラーは、「いじめ」に悩まされている可能性の高いハイリスクの児童生徒（これは、「いじめられっ子」だけでなく、「いじめっ子」「観衆・傍観者」、いずれもありうる）の情報にアンテナを張り、教師集団にフィードバックする。さらに、それぞれの保護者が、子どもたちが家庭でも安心して過ごせるように心がけることによって、「いじめ」に与えるエネルギーを最小化することができる。これにより、「封印」はほころびにくくなるし、万が一ほころびが生じても、早期に対処できるようになるだろう。

## †攻略法2：発生したら総力戦を展開する

「いじめ」は「隠匿化・秘匿化」のスキルを有する。そのため、大人が注意していても、発生してしまうことがある。万が一「いじめ」の発生の兆しを感知したら、まず行うべきなのは、「隠匿化・秘匿化」のスキルを打ち破ることである。具体的な方法として、アンケートは、そのための有効なツールになりうるだろう。しかし、アンケートの結果を見て取るその瞬間にも、「隠匿化・秘匿化」の魔力は及んでいる。結果を見たときに、それを恣意的に解釈しないように（たとえば、この子どもはオーバーに表現するところがあるから、その子が報告する「いじめ」は大したことがなく、いじめではない、と解釈しないように）、注意する必要がある。

もしも「いじめ」が発生してしまったら、総力戦になることを覚悟するべきである。なぜなら、「いじめ」の悪影響がすでに広い範囲に及んでいることが予想され

るため、介入するべき対象も広範囲に及ぶ可能性が高いからである。組織的対応を行えれば、「いじめ」の被害に抗える可能性は高くなる（北海道教育委員会, 2014）。たとえば、「いじめ加害者」「いじめ被害者」「観衆・傍観者」のそれぞれに多層的なアプローチを展開することが必要となるかもしれない。

　「いじめ加害者」への対応のポイントは、加害行動を抑止するとともに、加害行動に及ぼうとするときの感情の言語化をサポートすること、そして、いじめ行為でなく、当該児童に「必ず」備わっている承認されるべき行動や長所を見つけ、拡大していくことである。「いじめ加害者」の中には、頭では「いじめはいけないこと」と分かっている児童生徒が少なくない。しかし、彼らは、「いじめ」の「隠蔽化・秘匿化」の特殊能力により、自分の行為が「いじめ行為」にはあたらないと思わされてしまっている。そこで、彼らの援助においては、当該行為が「いじめ行為」にあたるという自覚を促しつつ、いじめ行動をコントロールできるという感覚を育んでいく必要がある。なお、加害行為が著しい場合、抑止力として教育委員会や警察との連携を検討するという選択肢もある。これは、「罰を与える」ためではなく、それ以上の加害行為を辞めさせ、のちの自己嫌悪を避けさせるという保護的な文脈で行われるべきであろう。

　「いじめ被害者」への対応のポイントは、まず、安心感・安全感の保障である。普通、いじめ被害者は、自分がいじめられていることを打ち明けられない。それを開示するということは、勇気を振り絞り「大災厄：いじめ」の存在を伝えてくれているということである。その勇気ある行為を肯定する必要がある。また、いじめ被害者は、文字通り死ぬほど辛い不安と恐怖を抱えている。したがって、その恐怖を払拭する必要もある。「よく伝えてくれた。あなたのことは、必ず皆で守る」と言葉で伝え、安心感を再形成していくべきである。そして、どのような守り方がよいのかをともに考えられるとよいであろう。たとえば、「先生には○○と××ができるけれど、そうしてもいい？」などと提案し、どのような守り方がよいのかを検討していけるとよい。

　「観衆・傍観者」への対応のポイントも、まず、安心感・安全感の保障が挙げられる。なぜなら、「観衆・傍観者」も、間接的に「いじめ」の恐怖に怯えているからである。次に、精神的暴力を含む暴力に頼らなくてもよい雰囲気を作ること、短所より長所に注目する雰囲気を作ること、などがあげられる。前述のように、このような雰囲気は、「いじめ」が苦手とするものだからである。

**オススメ・チーム編成の例**

02 📊 教師　＋　03 👤 教員集団　＋　04 👓 管理職　＋　05 📢 養護教諭　＋　06 🔍 スクールカウンセラー　＋　11 🐭 学校ボランティア　＋　15 👮 警察　＋　16 🏠 保

護者　＋　01 ☺ 児童生徒

　いじめが大規模に渡っている場合には、「加害者」「被害者」「観衆・傍観者」それぞれのレベルに対応することが必要である。担任教師だけでは手が足りないので教師集団や管理職にも応援を依頼する。筆者の経験では、「加害者」の対応には担任教師以外では教師集団（特に、生徒指導主任や管理職）が、「被害者」の対応には養護教諭やスクールカウンセラーが、「観衆・傍観者」の対応には学年集団の先生などが、当たることが多いようである。

# 模擬事例

　以下のような状況にあるとき、どのように対応するのがよいのか、考えてみましょう。

　　小学 5 年生の男子児童 A は、明るく、元気で、人なつっこい。しかし、「周りの雰囲気を感じ取ること」や、「他の児童の気持ちを推し量ること」などが苦手な様子が見られる。また、並んでいる人の列に割り込んでしまうなど、ルールを守れず自分勝手な行動をとることがある。そのようなときに他児から注意を受けると、怒り出すことも少なくない。友達と意見が食い違うと、ふてくされるように話し合いをやめてしまう。運動も苦手で、動きもぎこちない。

　　そのような中、学級担任が「最近、A が、いつもより元気がなく、同じ学級の児童に対して普段よりも威嚇的・攻撃的に接している」ことに気付いた。しかし、A にその理由を聞いても、何も言わなかった。その後、よく観察していると、他の児童が A と同じグループになりたがらなかったり、なったとしても、接触をさけたり相手にしなかったりしていることが分かった。また、教室でも A と席を離して座ったり、休み時間に A が仲間に入れて欲しそうにしていると、遊びをやめてその場から去ったりするなどの行動が見られた。

問 1：この状況を放っておくと、どのようなことが起こりそうでしょうか？　それは、なぜでしょうか？
問 2：上述のような状況では、誰を援助対象とするべきでしょうか？
問 3：その児童生徒たちに必要な援助を行うためには、どのようなメンバーが必要となりますか？　また、どのように役割分担を行いますか？

# 回答例と解説

例1：「いじめ」が発生するかもしれません。

　上記のような状況は、いじめが発生するリスクを感じるべき場面である。もしも、この状況を放置しておいたら、どうなるだろうか？　Ａにエネルギーがあるならば、クラスメイトが自分から離れていくことから不安を高じ、暴力によって同級生を従える「いじめっ子」に選ばれるかもしれない。逆に、弱っているならば、「他者の気持ちを理解できない」ことを理由として「いじめられっ子」に選ばれるかもしれない。いずれにしろ、暴力的なギスギスとした雰囲気が教室に漂い始め、児童生徒たちの安心感は損なわれていくだろう。それは、「いじめ」を拡大、再生産しやすい雰囲気である。よって、この時点で「いじめ」の「再封印」に向け動き始めることが必要である。

　この状況で、まだ動く時期ではない、しばらく様子を見るべきだ、と考える人がいたとしたら、その人はもしかしたら「いじめ」の「秘匿化・隠匿化」のスキルに惑わされているかもしれない。

例2：Ａとクラスメイトの両方を援助対象とするべきです。

　「いじめ」の魔手は、Ａとクラスメイトの両方に及び始めていることがうかがわれる。クラスメイトの側には、一見Ａを「はずす」だけの理由があるように思われる。したがって、クラスメイトに「Ａと仲良くしなさい」と指導するならば、彼らは表では首肯するかもしれないが、陰ではＡを「はずし」続けるだろう。そして、こうした指導をした教師に、子どもは「気持ちの分からない大人」という評価を下し、信頼感を低下させるかもしれない。一方で、Ａにも、威嚇的・攻撃的になるだけの理由があるといえるだろう。したがって、Ａに「乱暴な態度をとらないように」指導することも、Ａの教師に対する不信感を生む懸念がある。もしかしたら、「教師がいじめに加担した」という評価さえ、受けるかもしれない。

　このようなことを避けるためには、Ａとクラスメイト、双方を援助対象とするべきである。実際、両者は、ともに援助を必要としている。Ａはクラスメイトに「はずされる」ことを心配しているし、クラスメイトはＡから「威嚇・攻撃」されることを避けたがっている。つまり、内容面だけを見れば、お互いの困っている事情は異なっていても、現象面を見れば、ともに困っているということは同じである。このように、Ａの威嚇や攻撃とクラスメイトの「Ａはずし」が、ともに彼らが困っていることを訴える手段になっていると捉えるならば、支援者が対峙するべきなのは、そのような現象を生じている「いじめ」という構図であり、ともに主人公である彼らのどちらか一方ではないのである。

したがって、この場面から彼らがともに抜け出せるように、双方を援助する必要がある。

**例3：常駐メンバーとして、担任教師、教師集団、管理職、養護教諭、そしてAの保護者。もしかしたら、スクールカウンセラーや外部機関との連携も必要かもしれません。**

　Aへの支援としては、まず、現在の状況への支援が必要である。Aは、威嚇的、攻撃的になっている理由について、尋ねられても「何も言わなかった」。これは、気持ちを言葉にしにくい傾向があるということかもしれないし、話してしまうとプライドが傷つくので言いにくかった、ということかもしれない。しかし、何らかの支援の必要性があることは、明確である。

　本人から情報を得にくい場合の情報源としては、授業に出ている専科の教員や部活動顧問（教員集団）、養護教諭などが挙げられる。また、Aの保護者から、家庭での様子をうかがってみるのもよいだろう。Aが学校での出来事を家庭で話しているのならば、その情報を共有できることは、Aへの支援を検討するために、ヒントになりうる。

　ただし、どのような情報源から情報を得るとしても、Aの「意向」が置き去りにならないように注意したい。ここでの「意向」とは、言葉に出された意向だけではなく、心の意向も含んでいる。すなわち、Aがいくら言葉上は「これでよい」と言っても、その結果、Aがますます荒れていくようならば（あるいは、元気がなくなっていくのならば）、意向に沿っているとは言い難い。A自身に確認がとれればベターであるが、とれなければ、日常的なAの様子を観察しつつ、希望通りの援助になっていそうかどうか、確認しながら進めていくことになるだろう。その過程では、スクールカウンセラーや教育相談室、精神科医のような、心の意向を確認することに長けた専門家と連携できると、なおよいかもしれない。

　そして、威嚇的、攻撃的な気持ちが落ち着いたら、威嚇的な行動をすることで何を伝えたかったのか、かわりにどのような行動をすればよかったのかを指導していくことができると、クラスメイトからより受け入れられやすくなるだろう。

　一方、クラスメイトへの支援として、Aをはずした子どもに対しては、Aをはずさざるを得なかった傷つきに焦点を当てられるとよいかもしれない。その子どもにも、Aを忌避せざるをえなかった事情があることが、十分に予想できるからである。その傷つきをケアしつつ、もう一方で、はずした理由を聞き取り、はずす以外の方法でAに自分の気持ちを伝えることができないかを、いっしょに考えられるとよいだろう。

　そして、Aをはずしていた以外のクラスメイトに対しては、クラスが安心できる場ではなくなっていた不安を理解していることを伝え、ふたたび安心できる学級

を作っていけるように、不安なことがあれば大人が相談に乗れることを伝えておけると、ケアにもなり、今後の安心感にもつながるだろう。

[益子洋人]

# 02 「仮想的【無能感】のアリジゴク」

# 不登校

## 概要

　文部科学省の調査によると、2020 年度の不登校の小学生、中学生の数は 19 万人を超え、統計開始以降最多となっている。また、不登校に至らずとも欠席が多かったり、教室に入れず別室登校をしたりする子どもの数も増えている。子どもが不登校となると、登校を巡って親子の衝突や、親子と学校の間で不登校の原因探しや責任の押し付け合いが起きることは少なくない。つまり、不登校は子どもと親の、あるいは親子と学校の "関係を分断する力" を生じさせ、その結果不登校の長期化につながるケースも多い。そしてその過程で、子どもは「自分はダメ」という幻惑に捕らわれていく。

　家族や学校の絆を断ち切り、長期化につながる恐れのある不登校は、脱出が難しいスリバチ状の巣を作り、大きなハサミのような牙をもつアリジゴクのイメージで考えることができる。アリジゴクの巣はもがくほど足元の砂が崩れ、脱出が困難になる。このもがいても脱出できない状況に置かれると、子どもたちは自己を本来の姿よりも過小評価し、無能感に陥ってしまう。この不登校という「仮想的【無能感】のアリジゴク」から脱出するには余計な力を使わず、脱出するためのエネルギーをじっくりと貯める必要がある。同時に、脱出する際には貯めたエネルギーを発揮できるように支援する必要があり、教員をはじめ、不登校の支援者は常に子どもたちの変化、成長に注意を向け、支援や連携のあり方について柔軟に考える姿勢が求められる。

　不登校への対策として、初めに子どもの状態をアセスメントし、今後の方向性や支援について子ども、保護者、学校で共通理解をもち、不登校の多様な状態像や子どもの変化に合わせた支援を提供することが重要である。そのため、不登校の支援者は学校内外の支援のためのリソースについて詳しく知っておかなければならない。現在不登校は「誰にでも起こりうる」ものととらえられ、

その対策として心の居場所づくりの重要性が強調されている。不登校の子ども
たちのための学校外の支援施設（原籍校の外にある支援施設）も増えている。
元のクラスや学校への復帰に抵抗が強い場合はまずはこのような施設を利用
し、スタッフに見守られながら同年齢集団と交流する経験を積むことが重要で
ある。

　近年では、不登校の問題から民間の教育機関での学びの時間を学習時間とし
て認めようという議論も生じている。不登校問題は現状の学校制度、教育制度
への問題提起とも考えられ、不登校の子どもたちの成長や変化を考える際に
も、現在の教育制度に基づく学校に行けた、行けなかったという一元的な視点
のみではなく、不登校が生じた意味を考え、不登校の期間をいかに過ごすかが
重要な視点となる。

# 特殊スキル

### ◉関係性の分断

　子どもたちは不登校になった理由を明確に説明できなかったり、その理由を自覚
できていなかったりする場合が多い。「学校に行きたくない」気持ちを頭痛や腹痛
といった身体症状で表現する子どもも少なくない。子どもが不登校になると、保護
者には混乱と動揺が生じる。子どもが体調不良を訴えていれば、保護者は病院に連
れて行くなど、原因を探してそれに合わせた対処をとろうとする。また、短い時間
だけでも登校を勧め、教室に入れなくても登校して保健室や相談室登校、スクール
カウンセラーとの面談だけでも利用できないかと考える。子どものペースと合って
いない場合、これらの働きかけは子どもの登校への拒否をますます強めてしまうだ
ろう。また、子どもの登校の辛さを理解し、家での休養を認めている保護者であっ
ても、毎日家にいて、学習をせずに一見自分の好きなことしかやっていないように
見える子どもに対して、叱責してしまうことがあるのも当然だろう。一方、この時
期、学校側も登校を促したり、不登校の原因を探ろうとしたり、電話をかけたり、
家庭訪問したりと、子どもと積極的に関わりがちな場合が多い。その結果、子ども
の不登校の原因について、家族や学校はお互いに相手に責任があるのではと考え、
双方に距離が生まれてしまうことも少なくない。

　このように、不登校は子どもと保護者、親子、家族と学校の関係を分断する特殊
スキルをもつ。不登校と向き合うためには、まずはお互いを責めたり、誰かに不登
校の原因を押し付けたりすることなく、子ども、保護者、学校のつながりを保つこ
とが重要である。子ども、保護者と教師の間で分断が起き、対話が難しくなった際

194

には、学校内の支援としてスクールカウンセラー、学校外の支援として相談機関や医療機関が仲介し、誤解を解いていくといった支援が有効である。

### ●長期化

子どもと保護者の不登校に対する思いのずれが大きい場合、長期化するケースは少なくない。長期化は、引きこもりへつながる可能性が指摘されている。不登校が長期化すると、子どもや保護者のみで改善するのは困難となる。対策として、長期化する前に学校外の支援施設を利用したり、外出の機会を作ったりすることが重要である。

また、長期化した不登校の子どもであっても、進学を転機に登校を始めるケースもある。このようなケースでは子どもは「今後こそ復帰するんだ」という「切なる意欲」と「もう二度と不登校の状態に戻りたくない」という「焦り、不安」が入り混じった感情を抱き、無理をしてでも登校しようとする。周囲の大人は、子どもの登校意欲を認めつつも、頑張りすぎていないか、焦っていないかと子どもの心の状態に十分に注意する必要があるだろう。

不登校の子どもの進学に際して、学校のできるサポートとして、進学先への情報伝達がある。また、不登校期間が長く、学校がほとんど情報を持っていない場合は、学校外の支援施設を利用していれば、支援施設から進学先へ情報提供を行うことが重要である。

### ● 「ダメな子ども」という幻惑

不登校の子どもたちから「学校に行っていない自分はダメだ」といった言葉を聞くことは多い。登校していない期間が長くなり、同年代の子どもとの交流が絶たれた状態になると、このような思いはますます強くなる。つまり、不登校の子どもは同年齢集団に参加していないぶんだけ、自分を過小評価し、同年代の子どもを過大に評価するようになる。結果、学校やクラスへ復帰するのがますます怖くなってしまう。

この"自分はダメな子どもだ"という幻惑を打ち破るためにも、不登校の子ども1人1人の状態に配慮することは前提としつつも、学校以外の場所で同年齢集団と交流できる機会をつくることが有効である。例えば教育支援センター（適応指導教室）やフリースクール、医療機関の不登校グループなど、不登校の子どもたちが集団で過ごして交流できる、学校外の支援機関の利用があげられる。そのような場所で大人に見守られながら様々な活動に取り組んだり、子ども同士の関わり合いを経験したりすることによって、自己肯定感を高めていくことが重要である。

## †攻略法1：子どもを中心にパーティーの絆を保つ

「関係性の分断」を防ぐためにも、不登校になった子どもの状態を適切に見立て、子ども、保護者、学校で共通理解をもつことが重要である。例えば、不登校になった直後はすぐに学校へ復帰するのは難しく、学校や登校の圧力から"ぼうぎょする"、時には"にげる"戦術が有効であろう。不登校の子どもにとって、まずは休養する場所と時間を保障されることは重要である。これを子どもが不登校になり動揺している保護者に伝え、不登校とその対応に関する理解を深めることが重要だろう。

この不登校状態のアセスメントのために、時には医療機関や相談機関などの外部の専門家という助っ人の力を借りるのも有効だろう。

**オススメ・チーム編成の例**

01 ☺ 子ども ＋ 16 🏠 保護者 ＋ 02 🔊 担任教師 ＋ 06 🔍 スクールカウンセラー ＋ 00 👥 学校外の支援者

子どもと保護者がお互いを責め合うことなく、まずは子どもを休養させること、休養できる時間と場所を保護者が保障することが重要になる。また、子どもと保護者の学校への拒否感が強くない場合は、学校とも連携することが重要である。例えば、担任と不登校に至った背景や、現在の子どもの状況について話し合い、当面の方針や学校の関わり方、いわゆる登校刺激の種類と程度について検討し、子ども、保護者、学校が納得できる形で進めていくことが重要である。

## †攻略法2：子どもにあった校内外のリソースを活用する

不登校の子ども、保護者と学校との連携が保てる場合は学校内の支援リソースを活用する。具体的には担任、あるいは他の教員による関わりや、保健室登校や相談室登校、スクールカウンセラーとの面談があげられる。

一方で、子どもや保護者が不登校の原因は学校側にあると考えており学校への拒否が強い場合には学校外の支援リソースを活用する。例えば、学校と関係が途切れており、家庭でも子どもに睡眠障害による昼夜逆転や家庭内暴力といった問題行動が生じている場合は、医療機関につなげることを検討する必要があるだろう。

また、学校以外で不登校の子どもが通える場所としては、教育支援センター（適応指導教室）や、フリースクール、医療機関の児童期思春期の子どもたちを対象としたデイケアなどがある。このような学校外の支援施設の利用を継続できている不登校の子どもたちは徐々に活力を取り戻し、子ども同士で交流するようになったり、新しい活動に取り組んだりするようになる。学校外の支援施設は学校復帰の意欲が高まった不登校の子どもたちにとって、学校へチャレンジする際の安全基地や

家庭と学校の間の中間領域として機能すると考えられる。

　学校もコンタクトをとりにくくなってしまった不登校の子ども、保護者に対して学校外の支援施設と連携して情報を得ることが重要だろう。学校外の支援施設の利用を続け、学校復帰へチャレンジする意欲が高まった不登校の子どもの支援には、学校と学校外の支援施設の連携はますます重要になる。子ども、保護者に同意を得た上で学校と学校外の支援施設で情報を共有し、子どものペースに合わせて学校復帰のあり方を検討し、それを共有することが重要である。

　学校は学校外の活用できる資源について情報を集め、不登校の状態像とその後の経過の多様性について理解しておく必要があり、これは特に教育相談を行う上では重要な視点となる。

オススメ・チーム編成の例

　01 ☺ 子ども　＋　16 🏠 保護者　＋　02 👥 担任教師　＋　01 ☺ クラスメイト　＋　00 👥 学校外の支援施設の支援者

　不登校の子ども、保護者と学校が連携をとれる場合は、例えば担任が不登校の子と他の子が顔を合わせないで済むような放課後の時間に面談する、家庭訪問や電話をするといった方法がある。またクラスメイトや担任教師と会うことが難しいケースであれば、別室登校や、スクールカウンセラーとの面談という手段が考えられる。

　学校との関係が途切れてしまっている場合には、学校外の支援者、例えば教育支援センター（適応指導教室）や医療機関といった機関を利用し、子ども、保護者、学校の間を仲介、調整するような支援が必要である。学校には行きたくないが、子どもが家から外の世界に目を向け始めた時に、その子どもに合う学校外の支援施設の利用を検討することが重要である。学校外の支援施設の支援者と担任教師などで連携をとり、どのような形で学校に復帰するかを検討する。すぐにクラスに復帰できる場合もあれば、相談室登校から始め学校にいる時間を徐々に増やしていく場合もある。子どもそれぞれに合わせた学校復帰のあり方を検討することが重要である。

　時には原籍級のクラスメイトも大きな力になる。不登校の子どもがクラスに復帰する際にはもちろん、クラスに入れず相談室登校を続けている子どもに会いに来てくれているうちに、段々と復帰できるようになっていく例も多い。

## 模擬事例

　以下のような状況にあるとき、どのように対応するのがよいのか、考えてみましょう。

　現在中学1年生の男児A君は小学5年の春に不登校となった経験がある。

小学6年生の春の修学旅行には参加することができたが、その後は休みがちになった。A君が小学校に登校した際には担任教諭、クラスメイトは優しく声をかけるなど温かく迎え入れていた。卒業式には参加することができた。

　中学1年になったA君は入学式から登校した。担任教諭から見たA君は当初は緊張している様子だったが、同じ小学校の友人と同じクラスになり、新しい友人関係も築いているように見えた。A君は常に礼儀正しく教師との関係や授業態度も良好であった。不登校だった期間があったため中学校の学習についていくのは大変だったが、帰宅後に母親がつきっきりで家庭学習を指導し、時折夜遅くまでかかることもあったが、翌日の授業の宿題は完璧にこなしていた。家族はA君が登校できるようになったことを喜び、家庭学習の例のようにA君が学校へなじめるように協力を惜しまなかった。

　夏休み明けの始業式の朝にA君は腹痛を訴えた。腹痛は数日続き、母は学校を休ませ内科を受診させたが、内科では異常なしと言われた。この診療の結果を受けて、母親はその翌日にAに登校するように促したところ、A君は布団にもぐりこんでしまい、母親が声をかけてもそこから出てこず、そのまま欠席が続くようになった。

問1：この状況を放っておくと、どのようなことが起こりそうでしょうか？　それは、なぜでしょうか？

問2：上述のような状況では、それぞれ、誰を援助対象とするべきでしょうか？

問3：その児童生徒たちに必要な援助を行うためには、どのようなメンバーが必要となりますか？　また、どのように役割分担を行いますか？

## 回答例と解説

**例1：不登校となり、家族関係の悪化や不登校の長期化につながるかもしれません。**

　本事例では、中学生になり、再び登校するようになったA君が中学校に適応しようと努力し、家族もそれをサポートしている様子がうかがわれる。だが、小学5年からおよそ2年間不登校となっていたA君にとって中学にあがって周囲についていくのは負担が大きく、夏休み明けに腹痛という形で表すようになる。腹痛はA君の登校に対するSOSであったと考えられる。これに対して家族はA君の腹痛に対して内科を受診し問題がなかったことから、再び登校を促している。家族はA君が中学校から登校できるようになったことに安心し、登校を続けてほしいという思いが強かったのかもしれない。また、A君もそのような家族の期待を敏感に察知しつつも、登校するのが苦しくなり、それを言葉にして伝えられず、腹痛と

いう身体症状や布団から出ない行動で表現している。A 君の SOS を家族は十分に受け止めきれていないと考えられる。子どもの思いと保護者の思いのすれ違いが続くと家族関係の悪化や、不登校の長期化につながる可能性が考えられる。

**例 2：A 君、保護者に加えて担任教諭も支援の対象とするべきです。**

　A 君は腹痛という身体症状や布団から出ないという行動で訴えるほど登校するのが苦しく、それを家族に話すことができていない状態にある。このような A 君にとって毎朝の登校を促す家族の声かけは聞くのが苦しいものであろう。A 君には強く登校を促すことは控え、まずは休養できる場所と時間を保障してあげることが重要だろう。また、A 君の登校に対する思いや負担についてアセスメントし、それに合わせた支援を検討し、A 君と保護者で共有することが重要である。

　また、不登校の子どもの担任教諭は、自分のクラスから不登校児をだしてしまったことや、その原因が自分の生徒指導や学級運営にあったのではないかと自責の念にかられることもある。担任教諭も支援の対象とし、同僚や学校全体で担任教諭を支え、不登校を学校全体の問題としてとらえ、対策を講じることが重要である。

**例 3：A、保護者、担任教諭、教員集団、スクールカウンセラー、教育支援センター（適応指導教室）、フリースクール、病院・医師**

　A 君にはまずは休養できる場所と時間を保障することが重要である。A 君の保護者は A 君が再び不登校になりつつあることに動揺し、学校に通わせるべきか、休ませるべきか、いつまでこの状態が続くのだろうかといった不安や心配が高まっていると考えられる。A 君の状態像をアセスメントし、今後の支援の方針を示していくことで保護者の動揺を抑えることが必要である。

　教師やクラスメイトとの関係といった学校に関する要因で不登校になった場合、子どもは学校の話をすることさえ嫌がり、学校との接触に強い抵抗を示す。本事例の A 君と保護者への支援は、学校との接触が可能な場合と難しい場合の 2 つを想定した方がよいだろう。学校との接触が可能であれば担任教諭の行える支援として、A 君、保護者と電話でやりとりする、家庭訪問して手紙や書類を届ける、A 君に放課後に登校してもらい短時間でも会って話をするなどが考えられる。また、担任がそのように動けるように他の学校教員や管理職が理解を示し、サポートすることも重要である。A 君が日中にクラスに入ることは難しくても登校できそうな場合はスクールカウンセラーとの面談を活用する手段もあるだろう。一方で、学校との接触に拒否が強い場合には、学校外の相談機関や、医療機関で専門家からの意見をもらい、A 君に合わせた支援を検討し、それを A 君と保護者で共有すること、A 君、保護者の同意を得た上で学校とも連携を図っていくことが重要である。

[木下弘基]

**199**

# 「わかってもらえないもん」
妖怪ゴカイニャン

# 発達障害

## 概要

　どこのクラスにも、妖怪ゴカイニャンの仕業で「変わった子」だと言われては、理解してもらうことができずに疎外感を感じ悩んでいる子どもが存在していた。それが、20年前くらいから「発達障害」という言葉に置き換えられ、ようやく「支援の必要がある」と言う大人が出てきた。しかし、うまくできないことの原因が養育している保護者の「育て方」の問題、その子自身の問題と誤解されやすい。

　妖怪ゴカイニャンに憑りつかれた子どもは、クラスの中で「落ち着きがない」「友達とのケンカ・トラブルが多い」と評価され、暴れだすと教師からの叱責へつながることが多い。この妖怪は、憑りついた子どもをクラスの他の生徒と変わらないように見せる。それ故、大人が「できるはずなのに、どうしてできないのか？　怠けているのでは？」という言葉を投げかけやすく、子どもを傷つけてしまう（自己評価や自己肯定感の低下へつながる）。時に、この教師の無理解が「いじめ」への発展に加担してしまうことさえある。反対に、その子の特徴を見えなくさせるというやり方で困らせるタイプは「静かに迷惑をかけない子ども」として教師には見え、SOSのサインが見えづらく必要な支援を受けられなくし、不登校となり、初めて妖怪の正体を発見する場合がある。

　また、この妖怪は憑りついた子どもを環境の変化に適応できづらくさせ、気持ちの波を大きく乱れやすくする。周りにいる大人のパワーを奪い、支援継続を困難とさせることも見られる。この妖怪に対抗するには、「発達障害」を理解しようとする姿勢や支援しようとする環境が必要になる。例えば、車椅子生活であると「階段などの段差があると通れない」が、周りにいる人の協力があれば、段差をクリアできる。エレベーターが近くにあれば、一人でも行動ができる。このように、「障害」とならないような工夫や支援があれば攻略可能な

のだ。具体的には、この妖怪の影響を受けている子どもの生活の様子を情報収集し、その中から問題点を明確化する。次に、知能検査（WISC、K-ABC）等を実施し、検査の結果からわかることと日常生活の様子を照らし合わせて、支援方法について選択・決定する。トライ＆エラーを繰り返しながら「工夫」や「適切な支援」を見つけることが攻略ポイントだ。

## 特殊スキル

次に挙げるスキルは、順に進化し、負のループとなる。

### ①理解困難

ターゲットとなった子どもに対して、さまざまな活動を他の人と同じようにできなくさせ、苦しめる。周りの大人は、ターゲットになった子どもの「できない」がわからない。理解困難となる点は、幾つもあり、その数例を挙げる。

（コミュニケーション）

相手の表情や意図を読む、タイミングを見計ることをできなくさせる。そのため、周りの人は、その態度を「不快だ」「失礼な人だ」と感じる。授業の妨げとなる場合もあり、教師を悩ませ、イラつかせる。話している言葉の意味の誤用をさせ、それにより会話の食い違いなどのトラブルを発生させる。

（学習）

特定の学習を困難にさせる。教師や親は、「やる気がない」「わがまま」と捉え、注意や叱責をすることが多くなり、その子への評価を下げる。自己評価も下げる。

（知覚・感覚）

求められている行動をしようすると、特定の事に意識や集中を向けさせられ、自分自身で制御困難に陥り、集団の行動を乱すこととなる。また、授業道具・提出物を忘れさせて、周りからは「だらしない子」と捉えられ、何度も注意を受ける。

全ての音のボリュームも大きくし、必要な情報を取得しづらくされる。授業中のざわつきに堪えられなくなり、クラスにいることを苦しくさせる。周りの人は「そのくらい大丈夫では？　大したことではないのに……」と、その子を耐性が弱い子と捉えていく。

### ②人と人のつながりの分断

①で挙げた「理解困難」なところが多いために、周りにいる人は「発達障害」の子に対して、「わがままな子」「だらしない子」や時には「反抗する子」という否定的な感情を持ちやすくなる。原因追究しやすく、保護者の育て方が悪い、教師の指導・対応の仕方が悪い、本人のやる気がないのが悪いなど、周りの人とのつながり

を分断させてしまう。そして、孤立してしまいやすい。周りは、その子とのやり取りに対して消極的になるなど疲弊しやすい。その子が「できるようになるために必要なことは？」になりづらい。

③二次障害

　①から②と進化が進むと、子どもは「自分なんてダメな子だ」や「自分は何もできないんだ」と自己否定に追い込まれる。すると、教室に入れない、学校へ行かれないという状況になる。頑張って学校へ行った時には、何事もなかったかのように振る舞うことやハイテンションでいることもあり、周りからは「やはりズル休みでは？」「自分の好きな時にしか来ない」と誤解されやすい。そうかと思うと、急に落ち込んだりし、周りは訳が分からず振り回されることとなる。この時に、無理に学校へ行くこと進めると、部屋に閉じこもる、逃げ出すなどの行動となる場合もある。そして、気分が不安定になるなどが見られ、周りの人が手を出せない状況となってしまう。

④負のスパイラル

　①、②、③の順に進化し、それがループ化する。

　例）周りの子どもたちが、どうしてアイツはいつも話に割り込んでくるのか？と疑問に思う。（理解困難）→いつもそうなので、嫌になってくる→ケンカになる（人とのつながりを「分断させる」）→大人が介入し、仲直りさせられる。→再度、ケンカとなる→周りは関わりをもちたくなくなる→ターゲットとなった子どもも、周りと関わりをもちたくなくなる。→孤立化→自己否定→気持ちが不安定になる。（二次障害）→周りと関わりをもちづらくさせられる→周りはターゲットとなった子どものことが理解できない→孤立化→ターゲットとなった子は自己否定……負のスパイラルを断ち切ることができない。

# †攻略法１：「SOS をキャッチ !!」
## 〜困り感のある子を発見する〜

　誰が「発達障害」で困っているのかを発見することから支援が始まる。周りの子とトラブルになるなど、支援者が困っているとわかりやすい。しかし、支援者から見て「わかりづらい子」を見つけることも大切である。

**オススメ・チーム編成の例**

　02 🏃 担任　＋　03 👤 教師集団（特別支援コーディネーター）　＋　04 👓 管理職　＋　06 🔍 スクールカウンセラー

　普段の生活の様子（授業中の様子、テストの結果、提出物や忘れ物の状況、他児とのトラブルなど）から「困り感を抱えている子」はいないか探してみよう。担任

やそれ以外の視点からチェックリストを使用してピックアップをしてみよう。特別支援コーディネーターや管理職、スクールカウンセラーによる授業参観などから、困り感のある子どものピックアップも可能である。

## †攻略法2：子どもから見える世界の風景を知ろう<br>〜「発達障害」を体験的に理解する〜

発達障害の子どもが体験している日常生活を味わうことによって、子どもたちの生活の困難さを知る。障害のある子ども側から見える世界を知ることは、「なまけているのでは？」「ふざけているのでは？」という誤解を知ることになる。分断された気持ちを再構築する際には、大変重要な役割を果たすだろう。そして、どのような工夫や支援があると発達障害のあるこどもの学校生活が快適となるかと考えるきっかけとしたい。

**オススメ・チーム編成の例**

02 ●|| 担任　＋　03 ⬆ 教師集団（特別支援コーディネーター）　＋　04 👓 管理職　＋ 06 🔍 スクールカウンセラー

特別支援コーディネーターやスクールカウンセラーが講師を担当して、教職員全体にむけての研修をする。「発達障害」の子どもの担任も「困っている」場合が多く、学校全体で「困難を抱える子」へ対応するのだという意識を高めたい。

## †攻略法3：「得手をのばせば、不得手はついてくる」<br>〜その子の「強み」をみつけよう〜

「最初に、その子の良いところをみつけてみよう！」上手くいかないところばかりみていると、あれもダメこれもダメとなりやすい。「発達障害」の子どもは、私たちでは思いつかないような角度から物を見たり感じたりできる。当たり前の見方・考え方では、想像のできないものを生み出す力をもっている。その子の良いところを見つけ、支援者の「なんとかしたい」という想いを力に変えていこう。得意なところの特徴をつかみ、それを支援の糸口とし、その子の力を伸ばしていこう。

**オススメ・チーム編成の例**

01 ☺ 本人　＋　02 ●|| 担任　＋　03 ⬆ 教師集団（特別支援コーディネーター）　＋ 04 👓 管理職　＋　16 🏠 保護者　＋　06 🔍 スクールカウンセラー　＋　14 🏢 児童相談所

ここからは、困っている本人自身の協力が必要となる。「困っていること」を少しでも良くするためにできることを一緒に考えたいことを本人・保護者に伝える。担任、特別支援コーディネーターを中心に、日常生活の様子から、その子の「良い

ところ」を見つけ出していこう。そして、必要に応じて、専門機関での知能検査の実施を提案しよう。

## †攻略法 4：自分とクラスメイトの「いいとこ、みっけ!!」 ～クラスで自他尊重の機運を高める～

　学級にいるすべての児童・生徒を対象に授業を行う。その中で、子どもたちには、自分の「いいところ」や「不得意なこと」が誰にでもあることを知ってもらう。そして、それを克服していくために周りの大人が支援をしてくれるのだということを意識付けする。同時に、クラスメイトの良いところや自分との違いを知り、お互いを尊重する雰囲気づくりをする。

オススメ・チーム編成の例

02 担任　＋　03 特別支援コーディネーター　＋　06 スクールカウンセラー

　担任とスクールカウンセラーがタッグを組み、授業を行う。特別支援コーディネーターは、その授業づくりの手伝いや他の教員集団への広報活動などを行い、学校全体への取り組みへと広げていく。

## 模擬事例

　以下のような状況にあるとき、どのように対応するのがよいのか、考えてみましょう。

---

　Ａくん（小5）は、普段から物静かで、授業中も他の児童の学習の妨げとなることもない。そのため担任のＢ先生（20代女性）からは特段気に留められることがない。しかし、Ａくんは、授業中いつ本読みを当てられるのかドキドキしていた。それは、Ａくんは教科書を読むことが苦手であったからだ。縦書きのものは何とか読めるが、横書きとなると段を飛ばしてしまうことがしばしばあるのだ。また、教科書を読むことだけでなく、黒板を書き写すことにも苦労していた。授業中の先生の説明を聞きながら、提示された資料に目をやり、黒板の内容をノートに書き写し、また教科書を読む。同時に行う作業が重なると、ちんぷんかんぷんになってしまうのだ。そして、1時間の授業が終わるとぐったりと疲れてしまう。いつも「もう限界だな」と思っているけれど、それを言い出すことができない。だって、みんな同じように苦労していて、頑張っていると思っているからだ。Ａくんは、この大変さが自分だけとは気づいていない。頑張りすぎてしまうと、お腹が痛くなり保健室を利用することがある。Ａくんはどうしてお腹が痛くなるのかはわかっていない。

---

問 1：それぞれの状況に対して、ご自身は、どのような立場で関わりますか？

問 2：「発達障害」の子どもを支援するのに必要な支援者側のスキルとは何でしょうか？

問 3：A くんに必要な支援を行うために、あなたは、誰とどのようなチームを作りますか？　また、支援プランはどのようなものを考えますか？　チーム構成員の役割分担も考えてみましょう。

## 回答例と解説

**解説 1：さまざまな立場が考えられます。**

　A くんの担任、同じ学年の教諭、教科担任、管理職、教務主任、特別支援コーディネーター、特別支援教諭、学習支援員、養護教諭、スクールカウンセラー、巡回相談員、パートナーティーチャー、外部の専門機関の職員（医師、心理職など）、保護者などどのような立場であれ、それぞれの立ち位置で、発達障害に悩む子どもをサポートできる可能性がある。

**解説 2：「（妖怪つまり「発達障害」に憑りつかれていることを）わかりやすく本人や周りの人へ伝えるスキル」を見つける力です。**

　特殊スキルとして「理解困難」を挙げた。この「理解困難」を攻略するために、私たちの観察力と想像力が必要とされる。その子に起きていることが何か？　トラブルを起こしやすい子については、その場面の状況を観察し、「どうしてそのような結末となったのか？」を推察する力が必要となる。そして、それをわかりやすく本人や周りの人へ伝えるスキルが求められる。

**解説 3：継続可能な支援体制の構築から、支援プランを考える。**

　理想的なのは、A くんの周りにいる大人が集まり、担任だけが頑張るチームではなく、担任の負担を軽くし、支援の持続可能なチームづくりと考える。最近、クラスの中には担任だけでなく、学習支援員や個別指導ができるように教員の加配がされている場合がある。授業を進めるのは担任や教科担任であるが、その指導内容をこどもたちが理解し活動をできているのかを見ていくのは、それ以外の大人が適任である。このチーム運営には、A くんの日常を見ている大人同士の情報交換や戦略づくりがとても重要である。

　まずは、A くんの困難さに気づく必要がある。それは、担任なのか？　それ以外に授業に入り関わっている大人なのか？　それとも度々腹痛を訴えて来室して対応する養護教諭なのか？「テストの点数が悪いのはなぜだろうか？　最近元気がないのはなぜか？」と疑問に思う保護者なのか？　気づくことができる人は、全て

の人であり、早い方が良い。このような状況下では、こどもたちの日常の様子を情報交換しやすいシステムや関係性があると発見が早いだろう。

　次に、Aくんの抱えている困難さについて整理する必要がある。それを担任が中心となって行うよりも、特別支援コーディネーターなどが中心となって情報整理をすると良い。担任は、Aくんのことだけではなく、授業の準備や他児への支援もある。こういった役割分担は、担任の負担を軽減するだけでなく、継続的にかかわることを容易にする。

　状況の整理の仕方として、次のようなことがポイントとなる。何が得意で、何が不得意なのか。それは知能検査をしなければわからないものばかりではない。授業の中での、音読をしているAくんの様子。字を書いている様子や書字の状態などを見てわかるものもある。ノート、テストの書字の状況、解答の仕方などの中にも情報はある。そして、他児との会話のテンポや内容、話していることがお互いかみ合っているだろうか？　など日常のクラスメイトとのかかわり方からわかることもたくさんある。その上で、外部の専門機関で知能検査を実施してもらう。その結果から明確となった得意な能力と日常の様子を重ね合わせることによって、具体的な支援内容が見えてくるだろう。

　このような手順で支援を開始しても、初めから全てが上手くいくわけではない。常にトライ＆エラーを繰り返しながら、少しずつ進んでいくものである。それ故、短期目標と長期目標をたて、その修正も必要となってくる。また、支援方法として、さまざまなバリエーションを用意しておきたい。最近、電子機器の活用が増え、読み書きに困難さのあるお子さんに対して使用し、負担を減らそうという助言があるが、それが必ずしも当てはまらない場合もある。それは、視覚過敏のお子さんがいるからだ。あらゆる可能性を考えながらの助言が必要になってくる。

　最後に、保護者とはAくんの日常生活の中での困難さについての情報共有をし、その負担軽減するにはどのようにしたら良いのかについて協議していくことが必要となる。保護者からも、日常の情報を得ることにより、支援のヒントとすることも可能だ。常に情報の共有ということが、チームが円滑に維持され、目標に向かって進んでいけるのではないか。

[蝦名美穂]

# 04 勇者に降りかかった呪い

# アタッチメントに関わる課題

## 概要

　アタッチメントとは、「愛着」と訳されてしまったために親子の「愛情」と混同されがちであるが、元々の意味は英語の Attachment そのままに「くっつく」という意味からきている。ヒトが何らかの危機に瀕して、恐れや不安などのネガティブな感情を抱いたときに、身体的にも心理的にも特定のヒトにくっつくことで、安心を得たり危機を回避・解消しようとしたりする傾向のことである。生きのびる力がまだ弱い子どもという幼体が、より力のある成体にくっつくことで生きのびようとする生物学的なメカニズムに基づいた生存戦略のひとつであり、ヒトが生まれながらに持っている傾向である。

　具体的にいえば、子どもが不安や恐れなどの心理的な危機状況や、空腹や心身の不快感、不調などの物理的な危機状況を経験したときにアタッチメントは始動する。自分のことを世話してくれる特定の親などの養育者を泣いて呼び寄せたり、自分からしがみついていったりなどして、その対象との近接を実現する行動をアタッチメント行動という。一者の感情の崩れを二者の間で安定を取り戻そうとする仕組みと言える。こうして子どもが危機状態にある時に、いつも応えてくれ、不安や危機を解消してくれる対象がアタッチメント対象となる。不特定多数ではないが限られた数人から 1 人が対象となり、血のつながりや性別などは関係なく、この機能を果たしてくれる相手であれば誰でもアタッチメント対象になり得る。

　このように誰か特定の人との近接が実現し、「もうだいじょうぶだ」と安心の感覚を得ることが繰り返されることによって、守られる価値のある人間であり他者は安心でき信頼できるもの（自他に対する基本的信頼感）で、自分は安全である（基本的安心感）という感覚を獲得し、先の見通しを持てるようになる。そして、一人でいるときにもその内在化された認知によって、一人でいら

れる力や一人でやり遂げる力、つまり自律性の発達を遂げることが可能となる。他にも、アタッチメント形成のプロセスにおいて経験する、自分の状態を他者が察し理解してくれることが、共感性の発達や思いやり、自分や他人の心を的確に理解する力の発達に関係する。

　一方で、アタッチメントに課題を抱えると、自分に自信が持てず、他者に対する不信が強まり、共感性や情動制御の力が育たず、その結果反抗的になったり人間関係で様々なトラブルを抱えたりすることになる。

# 特殊スキル

## ◉否定的な内的ワーキングモデル

　子どもがアタッチメント関係を通して経験した、自己や他者、関係に対する認知や環境に関する主観的な確信は、発達早期から徐々に形成され、おおよそ学齢期にあたる頃には内的ワーキングモデル（Internal Working Model：IWM）と呼ばれるイメージとして内在化される。内在化された後も経験を通して IWM は変化しうるが、子どもは自他のイメージや自分の身に起こることの解釈、人間関係を、基本的にはこのひな形を通して理解するようになる。IWM という名の自分の「色眼鏡」を通してすべてを見ることになるため、実際のありようとは異なる解釈をしたり、特定の傾向が強まることがある。安定したアタッチメント関係を経験し、肯定的な IWM を形成した子どもは、自分や他者に対して肯定的イメージを持ち、未来に対しても肯定的な予測（困ったことがあってもなんとかなる、将来は明るい、希望がある）を持つようになる。

　すなわち、アタッチメントの問題を抱えるということは、否定的な IWM の形成をもたらす。否定的な IWM が形成されると、自他のイメージや世の中、人間関係、未来の予測も否定的なもの（どうせ誰も助けてくれない、この先いいことなんてない）となるため、教師などの身近で大切な大人との関係もうまくいかなくなる。

## ◉情動調整（感情コントロール）の獲得不全

　アタッチメント関係は、子ども（一人）の感情の崩れを養育者との関係（二人の関係）を通して調整しようとする営みだともいわれる。子どもが一人でコントロールすることができないネガティブな感情をアタッチメント対象の力を借りて調整し、平穏な状態を取り戻すことが繰り返し行われる。筋トレと同じく、それを繰り返す中で感情コントロールの力がつき、やがては自分自身の力で感情をコントロールできるようになる。つまり、安定したアタッチメント関係は、情動調節の力を獲得し、「すぐにキレる」子どもにならないためにとても重要になる。

　アタッチメントに問題を抱えると、その子どもはネガティブな感情に圧倒され、感情をコントロールすることが困難になりがちである。

◉「しつけ」を取り入れる基盤の形成不全

　アタッチメント関係においては、アタッチメント対象は子どもの心の状態に寄り添い、同調し、鏡のように子どもの心身の状態を映し出す役割を果たしている。子どもの側からすると、子どもは他者に自分の情動が理解され受け入れられることで負情動を制御することが可能となり、また、他者という鏡に映った自分の姿を見ることで、自分の心身の状態を理解することができるようになる。こうして自分が理解され共感され感情がなだめられる経験と、自分の心身の状態をしっかり理解することができる経験を通して、子どもの中に自身の情動を制御し、他者の心の有り様を理解する力が育ち、共感する力が育っていく。また、アタッチメント対象に対する信頼は、やがてアタッチメント対象以外の他者や社会一般への信頼へと拡大されていく。自分を取り巻く環境を信頼することができ、安心できることは、人が社会で生きていく上で「生きやすさ」に大きく貢献する。自分のことを十分に理解してくれて自分にとって悪いことをするはずがないと思える、信頼できるアタッチメント対象が子どもに伝える規範や道徳、社会のルールなどのしつけは、子どもに積極的かつ肯定的に取り入れられることとなる。安定したアタッチメント関係は、子どもがよりよくしつけられ、社会を生きやすいところと感じるための基盤となる。

　反対に不安定なアタッチメントを経験しているこどもは、学校の規則やルールなどに従いにくく、友達に対しても過度に支配的だったり優位を保とうとしたり、また教師などの大人に対しても反抗的な態度をとりやすくなる。

◉不安と不信の関係性の反復

　内的ワーキングモデル（IWM）で説明したように、初期のアタッチメント関係を基に形成されたIWMは、その後の自他のイメージや未来の予測、対人関係のひな形となる。そのため、人間関係のテンプレートとして、他者との関わりにおいて使われていくこととなる。その結果、アタッチメント対象との関係性に似た性質の対人関係を繰り返しやすくなる。安定したアタッチメントを経験することができた子どもは、困ったときに容易に他者を頼ることができ、人からの助けも得やすくなる。

　アタッチメント欲求が十分に満たされなかった子どもは、他者に助けを求めたり頼ったり期待をしたりすることができず、他者の感情も悪意に取りがちとなり、その結果人からの助けが得にくく、よい人間関係も築きにくくなる。

## †攻略法：養育者が安心して子どもを育てられるよう支援する

　安定したアタッチメント関係が築かれるための基本は、養育者（アタッチメント対象）の子どもへの応答の質である。いかに養育者が危機状態にある子どものメッセージを敏感に感じ取り、適切に応答し、子どもの緊張を緩和できるかにかかっているといえ、そのための養育者への支援が欠かせない。養育者の子どもへの関わりの質を向上させることは、単に心理的支援のみでは達成されない。養育者の精神的なゆとりを生み出すためには、経済的な状況や時間的なゆとり、養育者自身のメンタルヘルスの向上など、子育て以外の基本的な生活状況の安定が必要となる。それらを欠いた状況では、養育者が子どもに適切に応答するための精神的ゆとりを得ることはできない。このような経済的支援や子育て支援などの物理的支援の充実が図られた上に、心理的な支援を提供する重層的な支援体制が必要である。心理支援についても、単に養育者のストレスを軽減したり、養育者の悩みに寄り添い、子どもへの関わり方を考えさせるような受容的な心理支援だけでは不十分である。養育者の感情コントロール力を向上させたり、適切なしつけの方法や具体的なペアレンティングの手法などを含んだ心理教育を行うことが重要である。養育者の子どもへの関わりを通して子どもが抱えているアタッチメントの課題へのアプローチを図るとともに、子どもと関わりの深い担任教師やカウンセラーなど家庭外の大人が、子どもが抱えるアタッチメントの課題とそこから生じている子どもの問題行動や内的枠組みを理解し、不安定な内的ワーキングモデルが内在化されている子どもに対して、叱責ではない修復的な関わりを根気強く提供していくことが必要である。

**オススメ・チーム編成の例**

　02 👥 担任教師　＋　05 🔊 養護教諭　＋　06 🔍 スクールカウンセラー　＋　16 🏠 保護者　＋　00 👥 保健師　＋　00 👥 自治体などの子育て支援担当職員

　子育て支援およびアタッチメントの観点からの支援を行う上では、生まれたときからの切れ目のない支援を提供することが重要である。保護者が学校での支援を受ける以前から、地域を担当する保健師や子育て支援担当職員から必要とされる支援を、継続的に受けられていることが理想である。またそれらが十分に提供されていなければ、養育者が現在活用できる子育て支援策などの社会資源の情報を得て、経済的支援や物理的な子育て支援を十分に利用することができるようにサポートする必要がある。そうした制度的、物理的支援を得た上で、養護教諭やスクールカウンセラーによる心理支援を保護者に提供していく。その際には、保護者の子育てにおける悩みや葛藤、生活上のストレスなどに耳を傾け、受容的に傾聴していくことを

基本として保護者との関係を構築しつつ、その上で子どもとのアタッチメント形成に必要な応答や適切なしつけの方法、養育者の感情コントロール力を向上させる取り組み、具体的なペアレンティングの方法などの心理教育を中心に行うことが必要不可欠である。

　また、学齢期以降の子どもにおいては、具体的なアタッチメント対象との関係が不安定なIWMとして内在化されている。そのため、教師にとっては当たり前と思われる指導やニュートラルな子どもへの声かけも、子どもはネガティブな文脈でとらえがちになり、トラブルの元となることが多くある。「自分はどうせダメな子だ」という自己に対するIWMを持ち、「他者は意地悪で自分を叱責する存在」という他者に対するIWMを持ち、「世の中には自分の味方はいない」「うまくいかないことばかり」という世界と未来に対する否定的なIWMを持っている子どもにとっては、教師が算数の時間に「この計算、違っているよ」と単に計算間違いを指摘しただけであっても、それは「君はやっぱりバカでダメだね」とバカにされ突き放されたように感じてしまう体験となり、怒りを誘発し、反抗的な態度をとるきっかけになりかねない。スクールカウンセラーと連携し、教師がこうした子どもの内的枠組みを理解した上で教師としての関わりを持つことが、子どもの否定的なIWMを強化しないために重要となる。その上で、養護教諭の身体的なケアを含めた受容的な関わりや、スクールカウンセラーによるアプローチが求められる。

## 模擬事例

　以下のような状況にあるとき、どのように対応するのがよいのか、考えてみましょう。

　　小学2年生の男子児童Aは、明るく、元気な児童である。やや過度に思えるほど人なつっこいところがあり、担任にスキンシップを含めてベタベタと甘えたり、やって来たばかりの教育実習生ともすぐに仲良くなり、独占しようとする姿が見られる。その一方で、落ち着きがなく、些細な刺激でも興奮しやすく、すぐにキレたり、思い通りにならないと大人に対しても反抗的な様子が見られる。また、他の児童の気持ちを推し量ることが苦手で、自己中心的なところが見られる。並んでいる人の列に割り込んでしまうなど、ルールを守れず自分勝手な行動をとることがある。そのようなときに他児から注意を受けると、怒り出すことも少なくない。友達と意見が食い違うと、キレたり、相手を脅したり、それでも思い通りにならないとパニックを起こしたように泣き叫んだりその場からいなくなってしまうこともある。特に週明けの月曜日に、こうした

不安定な姿が目立つように見える。身だしなみもだらしがなく、冬になっても半袖を着てきたり、季節に合わない服装をしていることがある。また宿題や持ち物などの忘れ物も多く、家庭から学校への提出物もいつも滞っている。

　Aの様子が気になった学級担任が保護者と連絡を取ろうとするが、連絡帳にそのことを書いても保護者からの返信はない。どうも連絡帳も確認されていないようである。電話をしてもつながらず、保護者となかなか連絡をとることができなかったが、学級担任が何度も電話をするなかでようやく母親と話をすることができた。母親は覇気がなく、学級担任の問いかけにもなかなかはっきりとした応答が返ってこなかったものの、Aの学校での様子を伝えると、「わたしがちゃんとしてないので……」「Aにはちゃんとするよう言い聞かせます」と力なく語った。学級担任が家庭での様子を尋ねると、母親はぽつりぽつりと父親がAに対して体罰をふるっていること、母親もDVと思われる暴力を受けておりそのせいで抑うつ的な状態となっていることなどをようやく語ってくれた。

問1：この状況を放っておくと、どのようなことが起こりそうでしょうか？　それは、なぜでしょうか？

問2：上述のような状況では、それぞれ、誰を援助対象とするべきでしょうか？

問3：その児童生徒たちに必要な援助を行うためには、どのようなメンバーが必要となりますか？　また、どのように役割分担を行いますか？

## 回答例と解説

**例1：児童虐待、DVが深刻化するかもしれません。**

　上記のような状況は、子どもへのマルトリートメントとDVという児童虐待が発生しているということであり、すぐに管理職に報告し、校内連携はもちろん、関係機関との校外連携を含めて緊急対応が必要な場面である。もしも、この状況を放置しておいたら、どうなるだろうか？　父親からの暴力がエスカレートし、Aに深刻な身体的被害が生じる恐れがある。また、母親に対するDVがエスカレートし、A同様に深刻な被害が生じる懸念がある。子どもの面前でのDVは心理的虐待に該当するため、Aは心理的被害もさらに被ることとなる。母親がDVにより精神的ゆとりをなくし、また抑うつ状態が進めば、家庭状況は更に悪化し、母親の養育能力は更に低下し、Aにたいして適切な養育的関わりをすることがいっそう難しくなる。Aは衣食住などの基本的な養育環境、そして宿題や持ち物、提出物のサポートなどの学校生活において必要な養育者の支援をうけることができず、不安定

な IWM が強化され、学校での問題行動もますます大きくなる懸念がある。

**例2：A と母親、父親の家庭全体を援助対象とするべきです。**

　アタッチメントの課題も、児童虐待、DV の問題も、家族の関係の中で生じている問題であり、家族全体を支援の対象とするべきである。問題の発生は学校内ではなく家庭で起きており、家庭に直接アプローチできる関係機関との連携が必須である。関係機関との綿密な連携のもと、それぞれの役割分担を明確にし、学校で行える家庭と児童へのアプローチを図ることが重要である。

**例3：自治体の子育て支援課、配偶者暴力相談支援センター、児童相談所などとの連携が必須です。常駐メンバーとして、担任教師、教師集団、管理職、養護教諭、スクールソーシャルワーカー、スクールカウンセラーが協力して、家庭支援と A の支援、指導に当たることが必要です。**

　まずは児童虐待、DV 問題への支援が必要である。家庭への介入と支援の中心は、自治体の子育て支援課等が中心を担うことになる。問題の深刻度によっては、配偶者暴力相談支援センターや児童相談所の介入が必要となる場合もある。その上で、外部機関との連絡調整窓口を、管理職もしくは校務分掌に則り担当教諭が行う。学校では A の見守り支援を担い、A の課題に関わる保護者支援を学級担任、養護教諭、ソーシャルワーカーそしてスクールカウンセラーなどが担うことが望ましい。A への対応としては、学級担任が中心となり、スクールカウンセラーによる解説にもとづき、教師集団が A の自他や環境に対する内的枠組みを十分に理解した上であたる。アタッチメントの課題に対する保護者と A へのアプローチは、環境の安全が図られた上で、養護教諭やスクールカウンセラーなどから行われることが適当であろう。

[加藤尚子]

# 05 偽りの姿を纏う ゴースト

# 児童虐待

## 概要

　近年、核家族化や少子化といった家族の生活形態の変化や地域の養育力の低下により、潜在的な子育てニーズが表面化しやすくなっている。こうした社会背景を基に、家庭の経済的問題や離婚・夫婦関係不和、養育者自身の心身の疾病や障害、子どもの健康や発達上の課題等々、さまざまな要因が絡み合うことで子育てをめぐる問題が複雑・重篤化している。そうした養育上の歪の象徴が「児童虐待」である。児童虐待は今や重大な社会問題の一つであるが、家庭内のみに留まらず学校現場にも様々な形で児童虐待という社会の歪が立ち現れることとなった。児童虐待の問題は、言わば実体のつかめない「ゴースト」のようであり、不登校、非行、発達障害、いじめ、不安定な対人関係等々、当初はさまざまな状態像をもって学校現場に現れる。児童虐待という問題との対峙はそのような問題への対処として始まる一方、虐待の渦中にある児童のSOSを的確に捉えることや、当該児童との信頼関係構築の難しさ、多くの問題を抱えている家庭環境や養育というデリケートな家族問題へのアプローチの躊躇等々から、支援が消極的になることや、支援の緒が見出しづらいことも多い。

　学校現場に児童虐待という問題が現れた状況は、目指すべき方向を狂わす「霧に覆われた樹海」のようであり、道標がなければ支援の方向性を見失い、問題を徐々に複雑・深刻化させる。この問題状況を切り抜けるためには、"道標を示すためのガイド"が必要であり、そのガイドをもとにしてチームを組み、チームが同じ方向を向きながら支援にあたることが重要である。そして、ガイドはコーディネーターとしてその問題状況を正しく認識し、子どもの問題を虐待による影響という観点から理解しようと働きかけ、"チーム学校"を編成する。また、編成されたチーム学校が、単なる役割分担に終始するのではなく有機的に機能するための"作戦"が必要である。

　虐待の問題が重篤な場合、子どもの命を脅かす危険性を孕んでいるため、学校場面でも、虐待の存在に気づき、適切な支援を行うために、児童相談所や保健センター、地域の民生児童委員等々児童福祉の専門職と機関連携を図り、積極的な支援ないし保護を図ることが求められる。こうしたソーシャルワークとしての支援の重要性を踏まえつつも、学校内における支援場面にクローズアップし、学校に児童虐待の問題が立ち現れた際、問題状況下にある子どもにどのようなことが起きるのか、また、そうした子どもに向き合う学校現場の職員集団にどのようなことが起きるのか、そして、チーム学校としていかに協働していけばよいのかを提示する。

## 特殊スキル

### ●発達保障の阻害

　「児童虐待」はその被害者である子どもの基本的信頼感や自己調整する力、自尊心などの育ちの土壌を奪う。子どもの発達に広範なダメージを与え、その回復は容易なものではない。そして、子どもの育ちのプロセスに様々な形で影を落とす（犬塚, 2013）。例えば、発達の遅れやアンバランスな能力特性が基底にあることで、学業不振によりやる気や希望を失い悲観的で投げやりな性格傾向を強めてしまうということや、対人関係が上手くいかず自分に自信が持てないことで周囲に対して疎外感を抱き、自己肯定感が損なわれる中、ますます対人関係が希薄になっていく等、虐待の影響で備わってしまった脆弱性は次々と負の連鎖を呼び込み、子どもたちの成長しようとする力を削いでいく。

### ● SOS 表現の歪曲化

　「児童虐待」は、その被害者である子どもたちの SOS を歪曲化する。虐待を受けた子どもたちは根深い大人への不信感から学校に居場所がない（信頼して相談できる人がいない）と感じている子どもが多い。また、共感性や適切な他者理解の未熟さ、感情統制の拙さを有し、うまく人間関係を構築することができず、さらに疎外感を強める。疑心暗鬼に陥った子どもたちの SOS は、授業参加への意欲の低下、投げやりな態度、また暴言暴力等一見 SOS というよりむしろ真逆の言動で表現されるため、大人から適切な支援を得る機会を逸する。

### ●虐待的環境の再現

　「児童虐待」は、関わる支援者の人間関係を蝕んでいく。虐待を受けた子どもたちの対人関係は不安定であり、当該児童と担任教諭やその他の職員、またクラスメイトとの間に不安や不信感、また種々のネガティブな感情を生起させ、相互不信を蔓延させる。また、保護者や保護された先の施設職員等と教職員が互いに問題の原因追究を始め、相互不信に陥ることもある。

当該児童との関係構築の難しさにより、関わる教職員が落胆や苛立ちを日常的に感じ、当該児童に対する否定的な認知を常態化させ、支援の意欲を失わせるに留まらず、職場組織に対し疑惑と不満を募らせることさえ生じかねない。ここまでくると学校は支援する子どもを抱える環境ではなくなり、最悪の場合、虐待的環境が再現される（例えば、体罰）。

◉他の問題への潜伏

　「児童虐待」は学力の問題、不安定な対人関係、教職員への暴言暴力、不登校など様々な状態像をもって現れ、直ちにそれとして認識されづらい側面がある。当該児童の落ち着きのない言動や集団への馴染めなさ、また学習意欲の低さ等に対し個別対応を要し、クラス運営も揺らぐ。保健室登校や特別支援学級への転入も検討されるが、適切なニーズ把握のプロセスを経ないまま支援方針が協議、決定されていくことにより、そうした選択が功を奏さないことが多々生じる。支援が定まらず場当たり的対応で凌ぐことを余儀なくされ、現場は混乱していく。

## ✝攻略法１：子どもの問題を虐待の観点から理解する

　「児童虐待」がもたらす不安定な支援状況に巻き込まれないよう、子どもの問題を虐待の観点から捉え直すことが必要であり、特に、以下の観点からの理解が不可欠である。すなわち、①アタッチメントに問題を抱えており、健全なSOSが出せない、②自尊心の傷つき、感情のコントロールの未熟さがある、③基底にある不安感や不満感、不信感から怒りの感情が生起しやすく、否定的な認識やものの考え方、被害的感覚になりやすいこと。こうした理解が学校内で共有されることで、これまでとは違った視点を獲得し、当該児童が発信するSOSの本当の姿に出会うことができる。

　しかし、それでも尚、当該児童の攻撃的な言動や人との関係を断つあり方によって、感情的に巻き込まれ、適切な援助関係を維持できなくなる。虐待を受けた子どもたちへの支援は長期的視野で臨むという理解とチームでの意思共有が最大のポイントである。

オススメ・チーム編成の例

　04 👥 管理職　＋　03 👤 教諭（主任等）　＋　02 🎻 担任教諭　＋　05 🔊 養護教諭　＋　06 🔍 スクールカウンセラー　＋　16 🏠 保護者　または　14 🏥 児童福祉職員など

　当該児童に向き合う担任教諭や主任等のその他の教諭が、ガイド役を担い問題状況を正しく認識するための風土作りを推進する。管理職やスクールカウンセラーに要請し、ケース会議や校内研修を行い、教員集団の被虐待児に対する基礎的理解の

徹底を図ることが求められる。ときには保護者や児童福祉職員から当該児童について情報を得ながら個々のケースに応じた理解が必要である。また、養護教諭が保健室において垣間見た当該児童の姿から、理解を深める契機になることもあり、教員間による日常的かつきめ細やかな情報共有が求められる。

## †攻略法 2 ：テーラーメイドの支援計画を立案して、振り返る

　「児童虐待」は支援ニーズの把握の混乱をもたらす。よって、当該児童へ支援を行う際に、的確なニーズの把握と支援方針を立てることが早急に求められる。その際、適切な情報収集を行って、当該児童自身についてだけではなく、当該児童を取り巻く環境や環境との相互作用について、対人関係の特徴、問題が生じやすい場面、問題の時間的推移など、エコロジカルな視点で総合的に問題状況を理解することが重要となる。そして、一人一人の子どもの個別的な状況が十分に考慮されたテーラーメイドの支援内容を組み立てていくことが求められる。また、支援経過の中で支援方針やチーム学校としての機能の働き方についてチェックしながら、支援内容を適宜修正していくことも、当該児童との安定した関係構築と効果的な支援を継続する上で不可欠となる。

オススメ・チーム編成の例

　04 👓 管理職　＋　03 👤 教諭（主任等）　＋　02 👥 担任教諭　＋　05 🔊 養護教諭　＋　06 🔍 スクールカウンセラー　＋　07 ⌛ スクールソーシャルワーカー　＋　11 🐭 学習ボランティア　＋　14 🏁 児童相談所　＋　16 🏠 保護者　または　14 🏁 児童福祉職員など

　当該児童と比較的安定した関係にある職員をキーパーソンとし、当該児童と面接を重ねながら、現在差し当たって困っていると訴える事柄に焦点を当てて、現実的かつ具体的な支援をスタートさせる。その過程で仮説検証を繰り返し本質的な支援ニーズに到達していくイメージをもつと良い。当該児童と比較的距離を置きやすい、養護教諭やスクールカウンセラー、学習ボランティア等がキーパーソンに位置づけられることが多いが、それも個々のケースや支援の経過状況に応じて柔軟に決めていくことが大切であり、この弾力性が子どもを抱える環境を醸成していく。

　支援経過においては、当該児童の担任教諭が一人での消耗戦とならないよう、主任や養護教諭等がバックアップする体制を構築することや、スクールソーシャルワーカーによる保護者対応によって家庭の状況を把握することも欠かせない。また、管理職が俯瞰で支援状況を捉え、状況に応じて校内ケース会議、保護者や児童福祉職員を含めた関係者会議を行いながら支援の適切性のチェック機能を働かせる

ことが必要である。

　子どもとの関係性の深まりによって、家族背景や子どもの心情がより立体的に見えてくる。深刻な虐待の存在を把握した場合は、児童相談所等、児童福祉の専門職と迅速に機関連携を図っていくソーシャルワークの機能が学校組織として機能することも重要である。

## ✝攻略法３：学校に安心できる居場所を作る

　「児童虐待」によって様々な発達的課題を抱えてしまうことになった子どもたちであっても、個別に配慮された対応がなされることで集団適応していける潜在可能性を秘めている。当該児童が抱える"できなさ""わからなさ"に丁寧に対応する必要があり、様々な場面で"お膳立て"が必要となる。このことはその他の子どもたちに対する支援と何ら変わりはない。特に虐待を受けた子どもたちの支援としては、そうした丁寧な個別的関わりによって学力の向上が図られれば、低下した学びの意欲を賦活することにつながり、このことは子どもたちの傷ついた自尊心への手当てにもなる。学習支援で子どもの安心や自信を育み、学校が居場所となって、子どものやり抜く力（レジリエンス）を高めることが肝要である。

オススメ・チーム編成の例

　04 👀 管理職　＋　03 👤 教諭（主任等）　＋　02 👥 担任教諭　＋　05 🔊 養護教諭
　＋　11 🐝 学習ボランティア

　注意の持続や、ものごとを順序立てて考え、じっくりと取り組むことが苦手な子どもたちである。特有の情報の処理の仕方、認知の仕方に配慮するために"わかりやすい"環境作りを要する。ユニバーサルデザインの構築に向けた管理職のリーダーシップのもと、担任教諭のクラス運営を支えるために、主任が養護教諭や学習ボランティアと連携しながら実働的なサポートシステムを構築する。

　担任教諭はクラス運営にグループワークを活用する。当該児童が引き起こしやすい悪循環を断ち、良好な関係性を醸成するために、グループダイナミクスを意図的かつ効果的に活用しながら生徒の相互作用のもつ治療・教育的効果を引き出していくことも同様に求められる。

## 模擬事例

　以下のような状況にあるとき、どのように対応するのがよいのか、考えてみましょう。

　　小学校４年生の女子児童Ａは人懐っこい性格の一方、コミュニケーション

が不得手で、クラスメイトとのトラブルが絶えない。トラブルの際、担任教諭が仲裁に入るも「いつも私ばかり怒られる」「どうせ私が全部悪いんだ」が口癖で、担任教諭の思いがなかなか A に届かないことに苦心していた。

　A については家庭が不安定な生活状況であり、児童相談所が定期的に家庭訪問していることがわかっていた。学校での様子も、いつも同じ服で登校していることや、提出物が未提出のことが多いこと、学校行事に保護者が訪れることも少ないこともあり、担任教諭は A の養育が家庭で行き届いていないのではないかと気にかけていた。

　夏休み後から、授業に集中できない様子が顕著になり、ちょっとした指導に対しても憤怒し、教室を飛び出すことが続いた。担任教諭への反抗的態度や暴言もエスカレートし、次第に担任教諭だけではなく、周囲の教員も拒否するようになっていった。

問 1：A 自身や A が置かれている問題状況についてあなたはどのように理解し、支援をスタートしますか？
問 2：A に必要な支援を行うために、あなたは誰とどのようなチームを作りますか？　また、どのような「作戦」を立てますか？
問 3：A への支援経過でどのようなことが想定されるでしょうか？

## 回答例と解説

例 1：A の不安定な言動の背景に児童虐待という問題の存在を見据える。

　この模擬事例のように対象となる子どもに虐待の問題が推察される（もしくは把握された）場合、まずは児童虐待という文脈から問題状況を捉え直すことから始めることで、支援の緒を見出すことができる。

　事例の担任教諭は、A の言動を、A の家庭環境やこれまでの学校の様子から児童虐待という文脈で捉え直すことを試みた。まずは職員会議で A の現状を説明し、その後スクールカウンセラーに要請した校内研修により、「A がこれまで示してきた不調を SOS として認識しよう」と共通理解を図った。

例 2："チーム学校"が有機的に機能するために互いにフォローし合い協働していく。

　A が安心できる学校環境作りの工夫について協議。予測される A の激しい心の揺れを受け止め、真の支援ニーズの把握に到達するために、学校全体が有機的に機能するためのチーム作りが必要と考え、校長、教頭、主任、担任教諭、養護教諭、学習ボランティア、スクールカウンセラー、スクールソーシャルワーカーでチームを構成。A の問題を虐待の観点から理解する方針を維持するためのガイド役はス

クールカウンセラーと担任教諭が担い、Aとの面接を継続し大人との信頼関係を構築するキーパーソンは、Aが日頃からよく顔を出していた保健室の養護教諭とした。

**例3：Aのためのテーラーメイドの支援内容が具体化されていく中で、Aにとって学校が安心できる居場所となっていく。**

　支援が継続される中で、Aが苦手な算数の時間、グループでディスカッションする場面で特に不安定になりやすいことがわかったため、Aのグループには担任教諭がファシリテーターとして加わりながら、Aの不安の軽減とグループメンバー相互の円滑なコミュニケーションとなるよう働きかけた。また、気分の波が激しくどうしても落ち着いた空間を要する場合は、落ち着きを取り戻すための物理的な居場所もAの意向を汲みながら検討され、特別支援学級やその他の空き教室等を活用しながら、学習の場を確保するため主任や学習ボランティアが対応した。Aとの関係構築は容易ではなかったが、校長や教頭、養護教諭がフォローする体制を整え担任教諭を支えた。

　担任教諭やその他の教員との一貫し安定した関わりが得られる中で、Aは次第に大人に心をゆるすようになると、「親が家にいないことが多い」「よく叩かれる」と養護教諭に吐露した。一方、スクールソーシャルワーカーによる継続した家庭訪問により、Aの家庭がさまざまな社会資源や公的サービスを上手に利用できずに困難な状況に陥っていることがわかり、児童相談所等関係機関と協議しながら、ネットワークを形成し、Aの家庭への見守りと積極的な支援がなされた。

　このように、支援の方向性を見失わないようチーム学校として職員集団が協働し、的確なアセスメントのもと、人的、物理的な資源を柔軟に活用した支援が図られることによって、Aを抱える環境が構築されていった。そのことにより、Aが少しずつ大人を信頼し、学校がAにとって居場所と感じられる場となることで学びの意欲が賦活され、Aは落ち着いた学校生活を送れるようになった。

［和田晃尚］

# 06 気まぐれな恐怖の大王

# 自然災害

## 概要

　災害は、これまで当たり前のように存在していたものが失われたり破壊されたりする危機的な状況である。災害と一言に言っても、その種類は台風や長雨による水害から、地震による津波や火災、噴火、またCOVID-19のような感染症のまん延もまた災害の一つであり、短期的なものから長期的に私たちの生活に影響を与えるものまで多岐にわたる。

　2011年３月に発生した東日本大震災の際には、岩手県釜石市内の小・中学生たちが「津波てんでんこ」の教えをもとに高台へ率先避難をしたことで多くの命が助かった。これが「釜石の奇跡」と呼ばれ、その後様々な形で報道された。「てんでんこ」とは「てんでばらばらに」という意味で、その背景には「大きな地震が来たら、津波がくるだろうから、各自一刻も早く逃げて命を守りなさい」という意味が込められている。釜石の地域に住む人たちは長いことそう教えられてきたし、それを想定した避難訓練を繰り返してきたのである。

　この「奇跡」と呼ばれた出来事は、「災害が自分たちの身にいつ起こってもおかしくない」と我が事として彼らが備えてきた結果であり、偶然できたことではない。災害はいつやってくるか想定が難しいものではあるが、住んでいる地域の特性や過去の災害から、想定される災害をイメージし、備えることができる。もちろん、備えていたとしても災害そのものを避けることはできないが、災害による被害を抑えること、つまり「減災」が可能となる。

　災害は、子どもたちにとって見慣れた風景を一瞬で激変させるほどの恐ろしい力を持っている。目の前で毎日見ていた景色が破壊されていく様子を目の当たりにし、為す術もない無力感に支配されてしまう。その無力感が、時に悪夢や睡眠障害、行動や情緒の反応として追い討ちをかけるようにダメージを与え、日常生活に強い影響を与える。この無力感こそがこのモンスターと向き合

う時の最大の厄介ごとである。本章では、災害の中でも自然災害に焦点を当て
て話を進めるが、自分たちの力ではどうにもできない事態に直面した時、子ど
もたちにどのように接したら良いかに関する基本的なことを記したつもりであ
る。災害時、私たちに何ができるか、またどのような準備が必要か具体的にイ
メージしていきたい。

## 特殊スキル

### ◉恐怖の再来

　災害は繰り返し、何度もやってくる。その被災の歴史が辛く苦しい思い出として
人々の恐怖感を高め、被害の爪痕は住民たちに深い恐怖を与え、見慣れた景色を一
変させてしまうこともある。注意を喚起するためのニュースや災害情報は、住民自
らの危険回避行動を促すために最悪の事態を想定し、速報の不気味な通知音はさら
に人々の不安を高めていく。災害の足音が聞こえて来た時、「また、あの時のよう
な大変なことが起こったら…」と人々は強い恐怖を抱き、不安な日々を過ごすこと
になるのである。

### ◉不安と辛苦のまん延

　災害による被害は、人々に様々な苦痛と不安を与える。被災して家を失う人、住
むことはできたとしても生活に大きな影響を受ける人、家は無事だったが友人や家
族を失い心に大きな傷を受ける人、被災の程度は人それぞれであり衝撃の程度も一
様ではない。そして災害という恨むべき相手のいない、やり場のない感情が人々の
心身に反応を引き起こすのである。

### ◉神出鬼没

　「うちの地域は大丈夫」と思っていても、いつか来てしまうのが災害である。も
ちろん、被災する頻度が極めて少ない地域はあるが、それでも近年、異常気象の影
響による想定を上回る降雨や積雪、超大型台風の発生などにより、以前は被害を免
れていた地域が被災するケースが見られるようになってきている。「まさかうちの
地域では起らないだろう」ではなく、「いつ、どこで起こってもおかしくない」と
考えることが大事である。しかし、それでも「今まで経験したことがないし、この
あたりが被災した話なんて聞いたことがない」と準備を先延ばしにしている間にや
ってくるのもまた、「まさか」につけ込む神出鬼没なモンスターの恐ろしいところ
である。

# † 攻略法 1：地域連携と防災・減災教育で出現に備える

先述の通り同様の被害を繰り返し受けている地域は少なくない。被災のしやすさや被害の程度は地形に大きく左右されるため、災害も含めた地域の歴史をよく知っておくことは自分たちの身を守る上で非常に重要になる。現在は各自治体で防災ハザードマップをまとめており、災害時の危険性に関する情報は容易に手に入る。自身の勤務校の校区、通勤経路、また居住地域がどのような場所に位置しているかを把握しておくことで被災のイメージをするための助けとなるだろう。

ここでのポイントは災害の脅威を強調するのではなく、災害時の身の守り方や、被害を最低限に抑えるための取り組みを伝えることである。災害の発生を回避することはできなくても、災害が起きた時に為す術がないわけではない。方法を知っていれば対処可能であることや、これらの方法を子どもたち自身が知っていることが児童生徒の危険に対する認識能力を高めるだけでなく、「自分の身は自分で守る」という感覚を育む好機となる。

**オススメ・チーム編成の例**

02 🕴 教師　＋　03 🕴 教員集団　＋　05 🔊 養護教諭　＋　16 🏠 保護者　＋　11 🐰 学校ボランティア　＋　00 👥 社会福祉協議会

地域での連携というポイントで考えると、今までできていなかったことを被災した時に突然行うことは不可能に等しい。緊急時に効果的な連携を図るためには学校の外にある様々な資源（人、もの、情報、お金など）に関する情報を平時から知り、日常的に繋がっていることが望ましい。これは何も特別なことばかりではなく、PTA との関わり、学校近隣の自治組織との関わり、行政との関わりを密にすることも含まれる。災害の後、学校が避難所になることは少なくない。避難所運営を中心に行うのは自治体職員らであるが、学校を解放する以上、地域住民との様々な関わりが想定される。

例えばコミュニティスクールの活動等で学校の活動に関わってくれている地域住民や学校ボランティアとの信頼関係を築いておくことで、緊急時に地域の様々な情報が学校に集まって来やすくなる。これは管理職やコミュニティスクール担当教員だけでなく、部活や少年団等に関わる教員など、外部の人と直接関わる機会のある教員たちが平時の関わりからコミュニケーションを取りやすい関係作りに努めることが助けになるだろう。

養護教諭や特別支援コーディネーターは平時からリスクの高い児童生徒をピックアップしておくことをお勧めする。保健室を頻繁に利用する児童生徒を把握しておくなどして、発達や育ちの環境に不安がある児童生徒にとって、緊急事態が起こっ

た後の動揺は他の子どもたちよりも深刻化・長期化しやすい傾向にあることをイメージして関わるのが良いだろう。

　一方で、防災・減災教育といっても、どのようなことをしたら良いのかイメージしづらいかもしれない。過去に災害を経験している地域であれば、災害の語り部として地域の方を学校ボランティアとして活用することは容易であろう。もし、被災経験が少ない地域であったとしても、社会福祉協議会の職員の中には、災害ボランティアセンターの運営等に携わった経験のある者もいるため、協力を要請することもできるだろう。過去に大規模災害に見舞われた地域であれば、近くに防災や減災教育に取り組んでいる市民活動団体やNPO団体などもあるので、そういった市民団体等に協力を得ることも効果的である。

## †攻略法2：被災したら心理教育で被害を抑える

　被災後、多くの人が災害によるストレス反応を示す。本人が気づかないものから、日常生活に影響を与えるものまで程度は様々だが、現れた反応が「誰にでも起こる、当然の反応である」ということを伝えることで、多くの人々は安心することができる。中には、強く反応が出ると「災害によって自分がおかしくなってしまったのではないか」と感じてしまう人もいるが、これは“反応”であって、一時的なものであり、時間の経過によって自然回復するということを理解することで、“よくわからない得体の知れない症状”という認識から、“理由が明確な対処可能な反応”と認識することができるようになる（もちろん反応が強く、長期化する場合には、専門家による継続支援が必要な場合もある）。このように、ストレスの回復過程や反応への対処方法を伝えることを「心理教育」と呼んでいます。

オススメ・チーム編成の例

　02 教師　＋　03 教員集団　＋　04 管理職　＋　05 養護教諭　＋　16 保護者　＋　06 スクールカウンセラー

　被災による心理的反応の現れ方は被災の程度や個人の特性等によって異なるが、通常被災後1か月程度でそれぞれのペースで落ち着いていく。家が片付いたり、自宅や学校周辺の状況が落ち着いたりしてくるのと同じように気持ちも落ち着いていくが、普段から環境の変化に弱い子どもたちや、家庭の状況が不安定な子どもたちは、周りの子どもたちよりもゆっくりとしたペースでその過程をたどることも少なくない。そこで重要なのが心理教育である。一般的に災害に直面した時、人々がどのような反応や回復過程をたどるのかについて教員自身が知っていることは子どもたちを支える上で非常に有効であるだけでなく、被災した教員自身のセルフケアの点からも有効である。心理教育の実施においてはSCを活用することをお勧めす

る。各都道府県の臨床心理士や公認心理師が在籍する職能団体には災害支援経験の
ある心理士（師）が在籍しており、対応が可能である。管理職は教育委員会を通し
て緊急支援 SC の派遣の要請を検討すると良いだろう。できるだけ早期に支援を行
うことで、事態の深刻化を防ぐことが可能となる。

　また、子どもが不調を訴えるのは就寝時や留守番中などであることが多く、SC
とともに家庭向けのおたよりを作るなどして、災害後のケアに関する情報提供をし
ていくのが良いだろう。不安が強くなることで、保健室の利用が一時的に増えた
り、心理的反応の影響で揉め事や怪我が増えたりすることも多くなるため、心身両
面からのケアが必要となる。家庭と学校との連携を密に行っていくことで様々な角
度から子どもたちの様子を把握することができるだろう。

## 模擬事例

　以下のような状況にあるとき、どのように対応するのがよいのか、考えてみまし
ょう。

　ひと月ほど前に、勤務している学校の地域で震度 6 弱の地震が発生。しばら
く余震が続いていたが現在は落ち着き、周辺地域も発災直後よりもだいぶ落ち
着きを取り戻しはじめてきた頃である。被災のひどかった地域の公立学校へは
都道府県の教育委員会から緊急派遣 SC が派遣され、現在も月に 1 回 5 時間程
度の訪問が続けられている。直後に入った SC たちが早期に災害後の心のケア
に関するプリントを発行し、教職員に対する研修を行うことができたことか
ら、強い不安を訴えていた児童生徒たちも比較的早い段階で安定することがで
きていた。

　しかし、ある生徒（A さん）は、被災後 1 か月を経過した今も、クラスで繰
り返し災害時の恐怖を語り、授業に集中できない、友達とのトラブルなどの問
題行動が増えていた。A 宅の被災はそれほど深刻だったわけではなく、発災直
後の数日間だけ避難所へ入ったが、ライフラインの復旧に合わせて自宅へ戻っ
ている。

　A は以前から落ち着きのなさが指摘されていたが、他の生徒たちの中にはし
つこく地震の話を語る様子に「もういい加減にしてほしい」と感じているもの
も少なくない。また、A よりも被災の深刻な家庭もある中で、繰り返し不安を
語る様子に、A の反応は「大げさだ」と感じている生徒もいるようである。一
部の教員も、繰り返し「怖い、よく眠れない」などと語る A に対してどのよ
うに接したらいいのかわからず、最近では「わかったから、その話はそろそろ

やめなさい」と止めに入る様子が時折見られている。

問 1 ：学校再開において、どのようなことに気をつけたら良いと思いますか？

問 2 ：その児童生徒たちに必要な援助を行うために、どのような工夫や配慮が必要だと思いますか？

問 3 ：上述のような状況において、あなたは誰とどのように連携を行いますか？

## 回答例と解説

例 1 ：出来るだけ早く通常のサイクルに戻そう。

　学校は、日常のサイクルを構築しやすい環境である。一年の流れが一定で、時間割があり、決まった時間に授業が始まって終わる。学校に行けば、毎日一緒に過ごしてきた先生やクラスメイトがいる。学校が変わらずにそこに存在し続けることが、そこに通う子どもたちだけでなく地域の人をも安心させる。それだけ学校の存在というものは地域にとって大きい。裏を返せば、学校が被災しそこで子どもが亡くなるという状況は、それだけ地域コミュニティへのショックも大きくなるということである。

　このような状況でまず大切なことは、できるだけ早い段階で学校を通常に近い業務に戻し、子どもたちを迎え入れることである。自宅が被災し片付けに追われ、落ち着かない状況が続いていても、学校に来れば一定のリズムが整っているということは、児童生徒たちにとって大きな安心感を与える。事例に挙げた A のような生徒にとっても、学校の再開は非常に大きな支えとなる。しかし児童生徒一人ひとりの被災状況は大きく異なることが予想されるうえ、個々に異なる背景を抱える児童生徒たちに対する支援は容易ではない。その際には SC と連携して個別の対応を行ったり、どのような声かけが必要か検討したり、保護者とどのように連携していくかについて検討するなど細やかな対応が必要となるだろう。

　前述した通り、養護教諭や特別支援コーディネーターは日頃からリスクの高い児童生徒をピックアップしておくことをお勧めする。緊急事態が起こった後の動揺は、ハイリスクの子どもたちにとって他の子どもたち比べて深刻化・長期化しやすい傾向にあるためである。

例 2 ：大人も子どもも、被災体験をタブー視せずに表現できる場を作ろう。

　災害後の支援において問題となることの一つに「被災のギャップ」がある。例えば地震が起こったとしても、その被災の程度は様々で、全く被害を受けなかった家庭もあれば、全壊や半壊などで自宅に戻れない状況になっている家庭もある。しかし、被災による精神的なダメージににもまた個人差があり、必ずしも被災の深刻さ

と比例するわけではなく、その人がもともと持っている気質や性格が大きく影響する。つまり、被災が深刻ではないから反応が弱く出るというわけではないのである。また、被災が深刻ではないとみなされた地域では「うちは大したことがなかったから」と住民がストレスや不安に関して語ることを控えてしまうケースもよく見られる。程度の差はあれ、災害を経験した誰もが被災者であると捉えて関わることが大切で、誰もが不安について語れる雰囲気を作ることが重要となる。

　このケースでは、生徒 A はもともと落ち着きがない様子が見られていたことから、周囲の変化から強い影響を受けている可能性が高い。また自己のコントロールが苦手なタイプであり、他の生徒よりも回復に時間がかかる可能性がある。このような場合には、家庭でも落ち着けるよう家族の協力が必要だが、学校では教室以外の場所で A が安心して不安を吐露できる状況を整えるのが良い。養護教諭や SC などを活用し「ここでなら話してもいいよ」という環境を作ることで、A が少しずつ安定に向かう手助けとなる。災害について語ることをやめさせ、タブー視することは状況の改善を先延ばしするだけでなく、不安を慢性化させることに繋がりかねない。

**例 3：過去の経験を生かし、家庭や外部支援者の力を大いに活用しよう。**

　この地震がどの季節の、どの時期に起きたのかということを想像してみると、より具体的な支援のイメージが可能になるだろう。学校は一年の流れがおおよそ決まっている。夏休みなどの休み期間中の被災だったのか、学校祭や運動会などの行事が近い時期かもしれないし、新しいクラスがスタートしたばかりの時期か、卒業式や修業式が近い年度末の時期であるかもしれない。上記の期間は災害がなくとも児童生徒が落ち着かず不安定になりやすく、混乱が起こりやすい。もともとハイリスク（発達にばらつきがある、精神的な不安定さが見られる、社会的なサポートが得にくいなど）の子どもたちにとっては大変な時期であることに変わりはない。災害による混乱が大きいようであれば、学校だけでなく家庭でのサポートも重要になるため、家庭でどのような関わりが可能か SC と状況を整理しながら保護者へのガイダンスや情報提供を行うのが良い。また、家庭のサポート機能が弱い（保護者に病気や障害、精神疾患等があるなど、家庭での積極的な支援が困難である）場合には、保健師やスクールソーシャルワーカーらをチームに入れるのも効果的である。

　以前、豪雨災害後に緊急派遣 SC として支援に入った際に、ある養護教諭からこんな話を聞いた。その近隣地域では、前年度に同様の災害が起こり、学校が被災。その際にも被災した学校に SC が派遣され、災害後の心理教育が行われた。その翌年、自分の勤務校が被災。被災直後に前年度被災した学校の養護教諭から連絡があり、自分たちの学校で被災後に配布した心理教育の資料を送ってくれた。加えて、

当時派遣されていたSCに連絡をし、資料の使用許可をとってくれていた。そのようなやりとりが、筆者が派遣される直前に行われていたため、児童生徒への対応は非常にスムーズに進み、派遣直後手薄になっていた教職員たちへのストレスマネジメント支援へとスムーズに移行することができた。このような教員同士の横のつながりもまた、大きな支えとなるのだ。災害大国日本は、災害というモンスターと戦うための方法をたくさん知っている国でもある。そして、災害に立ち向かうには多職種連携が求められる総力戦となる。だからこそ、学校だけで完結させようとせず学校の外には、たくさんの専門家や支援者がいるということを知っておこう。

[山元隆子]

# 07 忍び寄る混乱の刺客

# 「危機」対応（自殺など）

## 概要

　学校では毎日のように大小さまざまなトラブルが生じるが、遠景として眺めるならばそれらは平和な日常風景の一コマに過ぎない。しかし時に、生命に関わる事故や事件、天災など平時とは異なる「危機」が出現する。昨今報道で大きく取り上げられるようになった生徒の自殺という痛ましい出来事は、その最たるものである。

　「危機」はあたかも突如として出現して、平和な日常世界を切り裂く刺客のように感じられる。だが、「危機」という刺客は異次元から突然やって来るのではなく、実は我々の日常の影から生まれ来るのかもしれない。影は普段は意識されないが、事が起きる前から日常と共に存在しているのだ。

　このモンスターは一旦出現してしまうと、児童生徒や我々を混乱に陥れ傷つけ続け、その被害を拡大していく。だから攻略するためにまず大切なことは、「危機」が日常の影から生まれ得ることに気づいて、そこに光を当て備えることで予防することである。また万が一出現してしまった際にも、我々がいち早く混乱から脱することができれば、それ以上に被害が拡大することを止められるかもしれない。

## 特殊スキル

### ●ショックの拡散

　「危機」はショックを拡散させ関わるものをさらに傷つけていく。児童生徒の自殺という出来事は、まず何よりも本人が傷ついてきたことの悲劇的結果と考えられるが、出来事自体が及ぼす破壊的なショックもまた関わりのある人を傷つける。この傷つきはまさに心的外傷的な性質を持っており、心身の不調など様々な反応を生

じさせる。また、人間関係や学校組織にも悪影響を生じさせ続ける（これを「"場"が傷つく」という）。平時は水面下に潜んでいた人間関係の行き違いや組織の脆弱さが、危機的状況下では拡大して表出され、関係の離断や組織の機能不全を招きやすい。

　危機対応に際しては、傷つきの深さに個人差はあるが、ご遺族はもちろん児童生徒、対応にあたる教職員など関わる皆が傷ついているという認識を持ち続けることが肝要であろう。もちろん自分自身も埒外ではない。

●事実のタブー化

　「危機」に対応する初期段階から猛威を振るう厄介なスキルに「事実のタブー化」がある。これは我々の心の防衛機制である「否認」を引き起こさせ、恐怖や苦しみを伴う事実をあたかも"無かったこと"とし、直面できなくさせる。"無かったこと"化が最大の特徴であるから意識されづらく、自分ではそれと気付かないままに「事なかれ主義」に陥り、「過小評価」や「見て見ぬ振り」「隠蔽」「寝た子を起こさない」などの行動をとらされてしまう。他の児童生徒が連鎖的に死ぬことを恐れ、級友の死があったことを伝えまいと思うのは、この一例であろう。

　しかし出来事は事実であるので、「タブー化」はまやかしに過ぎない。いずれ事実が明らかとなった時に「タブー化」があったことも知れることとなり、それは不信感を生んで危機対応のための作業を困難とさせ、連鎖を防ぐどころか再発防止の妨げとなる。このスキルに抗うために必要なものは結局のところ、痛みを伴おうとも事実を見つめ取り扱おうとする勇気や率直さ、そしてそこから回復の道のりが始まるのだという認識であろうか。

●焦燥感の惹起による原因『探させ』

　「危機」が人の心に生じさせる「焦燥感」の威力は強い。このスキルを受けた者は過覚醒状態となって冷静な判断をできなくなり、視野狭窄から拙速な対応をして更なる混乱を引き起こす。視点は過去に囚われ原因探しに終始させられ、今ここで何をすべきか（現在）、収束に向けてのイメージ（未来）に目を向けることが難しくなりもする。

　このスキルに抗うために必要なのは、傍目八目と睡眠や休息である。傍目八目とはこの場合、他職種や外部から入った支援者など少し引いたポジションにいる人からの意見・助力をむしろ積極的に求めることである。また、危機対応の最中では休むことがためらわれがちであるが、お互いの状態を見極めて睡眠や休息を取ることを勧め合うよう心がけたい。

●怒りによる不利益の強化

　怒りは普遍的な感情であるが、「危機」が関係者の心に生じさせる「怒り」はと

ても強い。児童生徒の自殺というショックによる傷つきを源とする怒りは、いわば「喪失」や「自責」といった手負い傷の痛みに対する反応なので時に激しい。それが自分自身に向かえば自責感・罪悪感から抑うつとなり、他者に向かえば原因追究や犯人探し、あるいは危機対応の進め方を巡っての批判や非難の応酬となるだろう。

　一方で「怒り」は傷つきからの回復の過程で不可避的に湧いてくる感情でもあるから、適切な表現の場が与えられる必要がある。だからその感情を誰かに聴きとめ、受けとめてもらうことが必要である。

### ●二次被害

　危機対応チームが上述のような危機のスキルに対処し損なったとき、二次的に否定的な事態を引き起こすスキルである。生徒の自殺という出来事で想定される二次被害としては、根拠のない噂のSNSや口頭などでの流布、マスコミによる報道の過熱、そしてそれにより関係する者がさらに傷つけられ、混乱することなどが考えられる。

　これを防ぐためには、各種スキルに適切に対処し、スキルの発動前に封じ込めることが肝要である。上述の対応に加え、"組織"の体面を守ることではなく、一番弱い立場や辛い状況に置かれている人がさらに傷つくのを防ぐことに重きを置くこと、そして、次項以下に記すようなチームの役割分担の明確化、情報の整理と伝達などがポイントとなる。生徒の自殺という出来事に際し、傷つき辛い心境にある遺族、児童生徒がさらに傷つくことを防ぐためには何をすれば良いのか、また何をするべきではないのかを第一に考えることが、結果として二次被害を防ぐことになり得るだろう。

## †攻略法1：刺客の出現に備える

　危機対応とは常に事後にそうせざるを得ずに行うことである。しかし危機はいつどこでも誰にでも生じうるのだと捉えるのならば、予防することが大切であろう。そのためには自殺の迷信に惑わされないことが必要である。「自殺したいと言う人は、自殺しない」「自殺に関して話題にすると、むしろ自殺を引き起こしてしまう」「特別に心の弱い人のみが自殺する」などは、自殺に関わる迷信である。惑わされてはいけない。

　その上で、考えられる具体的な危機に対応した授業や講話（例えば「命の授業」や「自死遺族の講話」など）を積極的に開催していくことが有効であろう。より本質的には、教職員 − 児童生徒 − 保護者間の、またそれぞれの集団内が風通しよく率直なやり取りのできる文化を持つように、常日頃から「"場"を耕していく」ことが、児童生徒の自殺という危機の出現を防ぐことになろう。困ったときに安心して

弱音を出せる関係性が自殺予防につながる。

オススメ・チーム編成の例

01 ☺児童生徒 ＋ 02 👨‍🏫教師（担任） ＋ 03 🎓教師集団 ＋ 04 👓管理職 ＋
05 🔊養護教諭 ＋ 06 🔍スクールカウンセラー ＋ 13 ✚病院 ＋ 16 🏠保護者

　児童生徒と教職員、保護者、支援者は、皆、前提として「自殺したいと言う人は、自殺しない」などの言説が迷信であることや、自殺衝動は「誰にでも生じうる」ことを知っておくことが望ましい。そのために、児童生徒には授業などを、教職員や保護者、支援者には研修会などを通して、自殺予防のための心理教育を行う。また、児童生徒には、自殺衝動が生じたときは誰か大人に支援を求めればよいことを伝えておく。一方、教職員や保護者、支援者には、児童生徒から支援を求められた時には辛い気持ちに耳を傾け、必要があれば精神医療の専門家につなげばよいことを伝えておく。そして希望者を対象として、ゲートキーパーとしての傾聴の方法をトレーニングする機会を設けたり、しかるべき研修会を紹介したりする。

## ✝攻略法2：役割分担、情報収集、危機後の心理教育を迅速に行い、回復の旅を始める

　危機対応で最も大切なのは初動段階である。適切な初動は二次被害の発生を抑え、その後の対応の複雑化をある程度防ぐことに繋がるので、徒らに時間を経過させずに迅速に危機対応を開始する。

　第一には、大まかに予測される危機対応の流れに沿ってチームの役割分担を明確に決めることが大切である。危機対応に際しては、その時その時での状況判断が必要となってくるのだが、我々一人一人も平時の冷静な心理状態とは異なり、上述したような様々なスキルの影響下にある。そのために個々人の対応力も、組織としてのそれも大幅に低下していると考えた方が良い。学校内危機対応チームは平時の学校の組織をベースにして作られるが、危機対応のために必要と考えられる役割を把握してあらためて担い直し、それが教職員全員に明確に共有されていることが大切である。

　第二には、情報の整理と伝達である。危機的状況においては様々なうわさや憶測が乱れ飛び、情報が混乱する。また、組織も傷ついて疑心暗鬼が生じ、平時であればスムーズに行われていた情報の伝達がうまくいかなくなり、意図せずとも歪曲が生じやすい。特に自殺の原因など繊細且つ心理的な負荷が大きい事柄についての伝達で歪曲は生じやすい。それを防ぐためには早期に事実関係の確認を行い、その時点で分かっている事実と分かっていないことをはっきり整理して、危機対応チーム、そして教職員全員で正確に共有することが大切である。保護者や児童生徒、そ

して必要となった場合マスコミへの説明を行う場合も同様に、その時点で分かっている事実を整理した上で正確に伝達することが必要である。事実を可能な限り正確に伝えることが、結局、うわさや憶測、疑心暗鬼を軽減し、そこから生じる二次被害を防ぐことに最も有効である。

第三には、心理教育である。生徒の自殺という危機に際して、関わりがあった人は程度の差こそあれそれぞれに心的外傷的な状態となる。わが国でも幾度かの震災経験を経て心的外傷についての理解が市井にも広がりつつあるが、いざ自分が当事者となった時に自らに生じている事を理解することは難しい。そこであらためて心的外傷的なストレスによって生じる心身の諸反応を教示し、それが危機に際しての当たり前の反応であり、個人差もあるが時間の経過とともに収まることを保障し、自己対処法のアイディアを提供する、などの心理教育が有用である。これが適切に行われれば多くの人の傷つきへの対応ができることが期待されるが、それでも収まらなかった人にはスクールカウンセラーによる面接など、より個別的な対応が必要となってくる。

児童生徒の自殺という出来事が発生してしまうことは学校にとって一つのカタストロフィ（破局）である。それは対応に携わるものを目先のことに囚われ易くさせるし、時として「敗戦処理」「事後処理」的な無力感に囚われさせる。しかし危機対応とは、そこからの“回復の旅の始まり”なのだということをいつだって忘れずにいて欲しい。

**オススメ・危機対応チーム編成の例**

03 🚹 教師（主任等） ＋ 04 👓 管理職 ＋ 05 🔊 養護教諭 ＋ 06 🔍 スクールカウンセラー ＋ 00 👥 外部支援（教育委員会・臨床心理士会など）

児童生徒の自殺などの危機対応の初動では、まずは危機対応チームが事実関係を確認・整理して、それを全教職員が正確に共有することが必要である。ここでのズレやブレは児童生徒や保護者の不安や不信を招くことになる。

次に危機対応の核となるチームの成員に留まらず全教職員が危機対応全体の流れの大まかなイメージを持つ方が良い。もちろん事態は現在進行形であるのだから完全な予測は不可能であるのだが、それでも先行事例などでの流れと、収束のために自分たちが取り組んでいく作業の全体像を知っておくことは、自分がその時に行っている作業がどのような意味を持つのかを知ることになり、心的外傷的な不安や無力感をいくばくか軽減しよう。

各クラスの児童生徒の様子は平時であれば担任が把握しているが、生徒の自殺があった場合、当該クラスの担任はかなりのダメージを受けていることが予測され、他の教職員がサポートに入ることが必要である。スクールカウンセラーはまずは教

職員に対する心理教育を行う（これは教職員が児童生徒に対応するためのみならず、教職員自身のためでもある）とともに、それぞれが事態をどのように受け止めているのかを語り合えるように働きかけ、そのための場作りをする。次に児童生徒に対する心理教育、必要であればストレスチェックなどの手はずを整えて、基本的には各担任が児童生徒に実施できるように支援する。また養護教諭と共に児童生徒や教職員、管理職の傷つきや疲れに気を配り、必要であれば個別の相談などの支援を行う。管理職はまず遺族に対応し、その意向を第一に尊重する。またPTA役員と連絡を取り保護者向け説明会の準備をするとともに、教育委員会と共にマスコミ対応を一元化して担う。

　これらの全てを学校内部のみで行うことは、実はほぼ不可能である。それは、学校に関わる構成員個々も、学校という組織自体も傷ついており、危機対応のために必要な作業を行う機能水準が低下しているからである。教育委員会やスクールカウンセラーの背後にある臨床心理士会の緊急支援チームなど、外部からの支援を活用して対応する必要がある。

## 模擬事例

　以下のような状況にあるとき、どのように対応するのがよいのか、考えてみましょう。

　　ある日の放課後、職員室の電話が鳴った。校区にあるマンションから中学生が飛び降りて救急搬送されたという知らせだった。教頭が病院に行ったところ既に家族も駆けつけており、搬送された生徒のA君は既に亡くなられていた。
　　事態を受けて緊急職員会議が開かれた。黙祷ののち、教頭からはご家族から得られた情報とご意向が伝えられた。遺書は特に見つかっていないが警察は自殺とみていること、ご家族は自殺の事実を公表した上でいじめを含め学校生活上の悩みがなかったかを調べて欲しいと考えている、とのことだった。担任や教科担任からは普段とその日のクラスでのA君の様子が伝えられた。大人しく真面目な生徒で、友人はあまり多くはいないが特に何か悩んでいるようには見えなかったこと。クラスも落ち着いており、いじめがあったとは考えづらいこと。また各学年団からは既に生徒や保護者が事件を知って問い合わせの電話をかけてきていること、マスコミの取材も始まっているらしいことの報告があった。勤務日ではなかったが駆けつけたスクールカウンセラーから、ある説明がなされた……（続く）。

問 1：学校関係者はスクールカウンセラーからどのような説明を得るべきでしょうか？　また、スクールカウンセラーはどのような事項を説明するべきでしょうか？

例1：【傷つきのケアという視点】【傷つきの影響と、回復の過程、セルフケアの心理教育】【すべき作業の全体像、見通しの提示】を得られるとよいでしょう。

　この出来事がご遺族はもちろんのこと、生徒、教職員、学校という場にとって心が傷つく事態であり、心のケアという視点も持って対応していくべきであることが最初に共有できるとよい。【心の傷つきとケアという視点の提供】

　次に、心的外傷的なストレスを受けた人に現れる一般的な反応とその回復までの段階的変化と、ストレス解消の工夫とこのことにまつわる感情を誰かに聞いてもらうことの大切さなど、セルフケアの心がけに関する情報が得られるとよい。【傷つきの影響、回復の過程、セルフケアの心理教育】

　そして、生徒にも同様に説明をする必要があること、必要ならばストレスチェックを行い得ること、高リスクの生徒に対しては個別の面談などの対応を行い得ること、これらを外部の支援も受けつつ2、3日から1週間程度で行うこと、その後は中・長期的な対応に移行することなどの計画をたてられるとよい。【すべき作業の全体像、見通しの提示】

　（続き）会議の最後に管理職は現時点で確認されている事実と今後の対応をもう一度整理して確認し、それを校内の危機対応チームで文字にまとめて全教職員が共有することとした。また翌日、学年ごとの朝会で校長から生徒に確認された事実を伝えること、その後各教室で担任が生徒の様子をよく見ながら心理教育を行うこと、夕刻に保護者への説明会を開くことを決めた。教頭と学年団、教育相談部は会議後も深夜まで学校に残り、共有すべき資料のまとめをするとともに、いじめアンケートの再精査を行った。校長は市教委に出向き、ご遺族、地域、マスコミへの対応などについて話し合った。

　翌日の学校は張り詰めた雰囲気と沈んだ雰囲気が同時に感じられた。全校朝会では泣き出す生徒がおり、A君と親しかった生徒を中心に幾人かのストレスチェックは要注意の結果であった。

問 2：上述のような状況で、誰をどのように援助対象として気遣うべきでしょうか？

例2：全体に対するケアを行いつつ、必要な人に個別ケアを行う必要があります。また対応する大人のケアも必要です。

　まずは全ての生徒、教職員に対しては、外傷ストレスの影響と回復、セルフケアについての心理教育を行う。ストレスチェックはスクリーニングとして一定の役割を果たすが、皆が傷ついている状況下でいつ、どのように実施するかについては状況に応じた吟味が必要であろう。

　その上でA君と親しかった生徒、ストレスチェックが要注意であった生徒など傷つきの深さが心配される生徒には、スクールカウンセラー、養護教諭、外部緊急支援チームの臨床心理士などが個別面接を行い、級友の自死に直面した気持ちを受けとめながら状態を見立てることが必要である。危機対応にあたっている教職員、特に傷つきが深いと予想される担任に対しても同様な対応をすることが必要である。

　管理職は全体を見渡しつつ必要な判断をしていく立場なのだが、それゆえ孤独になりやすいのでスクールカウンセラーや外部緊急支援チームの臨床心理士などが対応し苦労を汲む必要があろう。

［山本創］

# 08 怒りと悲しみにとらわれたキーパーソン

# 保護者支援

## 概要

　「保護者支援」を学校で起きる諸課題の一つとして取り上げる所以は、学校と保護者が子どもの成長を促進させるパートナーとして連携していくことが難しい場合が少なからず存在するからである。読者の皆さんは、どのような場合に、連携が難しいと考えるだろうか。

- 報告や相談があっても、連絡がつかない保護者
- 学校の教育活動に批判的な保護者
- 子どもの成長上の課題を前向きに考えることが難しい保護者
- 先生に任せます、子どもに任せますと、親としての役割に消極的な保護者

など、枚挙にいとまがないかもしれない。また、「特に、〜な保護者との連携がうまくいかない」あるいは、「何となく気が進まない」などという個人的な感覚を持つ場合もあるであろう。

　パートナーとして連携するということは、子どもの成長にかかわる人間が、自らの役割は何かを考え、互いを尊重しながら、よりよいかかわりを検討し続けることにある。したがって、保護者には、親として考え行動し続ける知恵が必要となる。そして学校にも、担任・養護教諭・管理職・SC等々、それぞれが自らの役割を考え行動し続ける知恵が必要となる。地域の専門機関での支援者についても同様だろう。子どもを育んでいく過程は、筋書き通りにいくものではなく、苦しさや迷いを抱えながらの道のりである。そして、連携する当事者である“保護者”も“支援者”も生身の人間であり、そこに生じる相互作用に影響を受ける。もちろん、その相互作用が子どもの成長のために功を奏することを願っての道のりである。しかし、願いどおりに進まないこともあるのだ。そのようなとき、知識と同時に、手と手を携えていくための知恵が助けと

なるであろう。

　「保護者支援」はさまざまな視点で語られる。無理難題を持ち込んでくるモンスター化した保護者に多くの学校が悩まされていた時期には、保護者を類型化し、それに沿った対処や対応を提案する書籍や研修会を多く目にした。そのような提案は、多くの教師の助けになったであろう。"このようなつまずきの子にはこのような手立てを"と類分けして指導法を絞っていく教科指導のスタンスに慣れ親しんでいる学校文化には理解しやすい提案であったのではないか。

　しかし、この章では、保護者と支援者との間で生じる相互作用に重きを置いて、「保護者支援」攻略の術を探っていくことを試みたい。攻略すべき対象を"保護者"ととらえるのではなく、"連携を阻む事態"と考える。そして、その事態を生じさせる「とらわれ」を"特殊スキル"と名付けて述べる。

## 特殊スキル

### ◉「自分だけが」という感覚

　保護者には、どんな過程を経てきたにせよ、我が子を育ててきたという自負がある。我が子のことは自分が最も理解しているという自負がある。「自分だけが守ることができる」という気持ちの強さが、第三者の考えを受け入れにくくさせてしまう。また、「自分だけが」という気持ちが強いゆえに、子どもに困難が生じると、「助けることができない自分が悪い」という罪悪感が生まれることもある。この罪悪感は、保護者のエネルギーを奪う場合もある。罪悪感にさいなまれることを避けるために、責任を他者に転嫁させてしまうこともあるだろう。このように、保護者が連携を望まない場合、当然、支援する側の願いやかかわりは、届きにくい事態となる。

　また、このような感覚は、支援者側にも生じることがあるという認識が必要である。保護者を理解し、対応策を検討する過程で、「自分が一番理解し対応できる」という錯覚に陥ってしまうことがないだろうか。専門性という枠組みは、自らの役割を明確にするものであるが、時に他の視点を受け入れにくくさせてしまう。そして、支援者がもつ相談者のためにという強い思いは、保護者同様、うまく進まないときに、「役に立っていない」という不全感や罪悪感、場合によっては、責任の所在を他に求める心理も働くであろう。つまり、両者が役割や領分を自覚したうえで「自分が」と行動することができれば、効果的な相互作用が期待できるであろう。しかし、両者が「自分だけが」という感覚に陥ってしまうと、保護者と支援者との間に綱引きが始まり、"連携がうまくいかない事態"を生じさせてしまうだろう。

### ●不満と不信の惹起

　保護者自身にもいろいろな人生がある。幼いころの育てられ方は自らの子育てに影響を持つ。また、自らの学校生活がどのようなものであったかということが、我が子の学校生活を想像する際に、影響を持つ。つまり、どのような学校体験を経てきたか、対人関係において、どのような対処法を積み重ねてきたかということが大きく影響する。例えば、権威的な親に育てられ、権威に対して反発をもっている保護者が、我が子の教師に対しても、初めから不信という感情を携えて出会うかもしれない。不信は不満材料を見つけやすいものである。また、何らかの不満が、"対人不信"の体験を想起させるかもしれない。

　それでは、支援者側はどうであろうか。どのような保護者と出会ってきたか、どのような保護者を理想としているか、ということが目の前の保護者に対する眼差しに影響することがあるであろう。例えば、子どもの良さを見つけることができない保護者に強い不信感を持ったり、支援者の話に耳を傾けることができない保護者に強い不満を持ったりするかもしれない。それらは、支援者が持つ保護者像という物差しでみた眼差しである。このように、ある特定の保護者に対して、不信感を抱きやすかったり、ある特定の問題に不快な感情が生じたりすることがあるのではないだろうか。さかのぼれば、自らの体験（親子関係・対人関係）の投影であるが、このような心の動きに無自覚であれば、相手への不信や不満が正当なものであるという認識に至りやすい。然るに、両者の間には距離ができ、対立の様相をなす場合もあるであろう。

### ●これが当たり前という思い込み

　家族構成、経済的状態、価値観などにより、その家族にとっての当たり前は千差万別である。親の選択により、その家族の当たり前が作られていく。当然、子どもはその選択が"当たり前"なものとして育つ。毎日手作りのご飯を用意することが当たり前の家庭もあれば、その日の夕食が儘ならない家庭もあるのだ。教え諭しながら、社会性を身につけさせる家庭もあれば、激しい叱責や力ずくの指導がしつけの一環だという家庭もあるのだ。保護者は、自らに身についた知識や基準で、物事を判断、選択していく。時に、自らの基準が最も正しい基準だという考えにとらわれてしまうこともある。

　同様に、支援者側にも家庭で身についた"当たり前"があるであろう。同時に、その専門性がもつ"当たり前"が存在する。たとえば、不登校の子どもの理解をする際に、学校に来ることを前提として考えるか、不登校になっている事態の意味を考えるか、個人の病理でとらえるか、その専門性によって、前提が異なることは往々にしてある。

それぞれにとっての"当り前"が異なることにより、互いに気付きを生むことにつながれば、その相互作用は功を奏していくであろうが、理解できない対象という認識に至ると、やはり、両者の間には距離ができてしまうであろう。

　このような特殊スキル（とらわれ）の発動によって、"保護者支援を阻む事態"が生じていく。そして、時に、支援者は、保護者のとらわれのみを問題とし、自らのとらわれに無自覚であることがある。自らのとらわれが保護者のとらわれに影響を及ぼしているのかもしれないのだ。冒頭で述べた連携が難しい"保護者"の部分を"支援者"に置き換えてみると、保護者側の視点に気づくであろう。つまり、連携は互いの相互作用で進むという前提を今一度確認したい。

## † 攻略法：気づき、仮説を立て、動き出す

段階①：特殊スキル（とらわれ）に気づき、それによって生じている相互作用について仮説を立てる

　前述した特殊スキルに自覚的であること、つまり、保護者と支援者との間で生じていることを客観視することによって、いたずらにネガティブな感情に惑わされることをさけることができるだろう。それは、本来の子どもの課題とそのための保護者支援に視点を戻す支えとなるであろう。例えば、保護者の言葉や行動から「なぜ、担任の連絡を避けているのか」「なぜ、子どもの課題を矮小化するのか」などその意味を考えてみる。また、支援者においても「なぜ、保護者の言葉に過敏、あるいは、鈍感になっているのか」「なぜ、対応する内容に得手不得手があるのか」などを考えることにより、保護者や支援者自身のとらわれを理解することができる。また、とらわれの大きさや内容により、両者の間に生じていくであろう相互作用を予測することができるであろう。

段階②：求められる役割に応じた人物を想定し［チーム編成し］、動き出す

　例えば、「知的な遅れを抱えた子どもの課題を矮小化している保護者」との連携のためには、どのような支援者が求められるか。後述の事例でも取り上げるが、「できないことが許されない環境や思考に保護者自身が縛られ、現実を受け入れることができない場合」や「子どもの発達に関心が低く、大きな問題ではないと考える場合」などがあるかもしれない。矮小化という同じ状況に見えるが、その背景は大きく異なるのである。前者の場合は、保護者を縛る環境や思考に働きかけるための人物が必要となる。しかし、後者の場合、年齢相応の発達課題やどのような支援が子どものためになるかを教える役割を担う登場人物が必要となるであろう。適切な人物を検討していく作業がチーム編成である。

**オススメ・チーム編成の例**

　攻略法の項で述べたように、チームに加わる人物はケースによる。第２章の様々な職種の中から、適宜、選出される。学校における支援と考えると、子どもの学習のアセスメントが必要な場合は、「担任教師」「特別支援級担当教師」「スクールカウンセラー」「教育センター」「医療機関」等が思い浮かぶであろう。また、家庭への介入が必要な場合は、「スクールソーシャルワーカー」「児童相談所」「行政機関の該当する課」「警察」などではないか。さらに、事件や事故後の支援ということになると、校内の職員はもとより、「教育委員会」「警察」「関連する機関」と幅広く考えられるであろう。

## 模擬事例

　以下のような事例では、どのようなことを検討し、どのような支援をするとよいでしょう。

---

　小学校３年生男子児童Ａは、家庭学習を毎日欠かさず提出し、放課後は友達を積極的に誘い、自分の家で毎日のように遊んでいる。努力をしながら学校生活を楽しんでいるように見えた。しかし、３年生後半から、一斉指導の学習についていくのが難しくなり、学習意欲が著しく低下してきていた。また、友達同士の会話では、相手の話が理解できずに、口ごもっている場面も見られた。教師歴５年目の担任教師もそのことに気づいていた。

　入学時の幼稚園からの引き継ぎでは、「基本的な生活習慣は身についているが、物事の理解に時間がかかる。学年が進むにつれて学習についていくことができるか心配である。保護者に専門機関でのアセスメントを提案したが、小学校３年生くらいまでは様子を見たいといっている」という記録があった。学校としても様子を見ていこうという考えであったが、引き継ぎの内容を見て、学習の遅れを想定していた担任は、そろそろ、専門機関でのアセスメントを保護者に提案してもよいだろうと考えた。父親は、仕事が忙しく、行事に参加する姿がほとんど見られなかったが、母親はPTA活動にとても積極的であり、教室に子どもの様子を見に来ることもしばしばであった。そこで、担任は、「Ａの保護者（母）は連携がしやすいと思うんです！　大丈夫です！」と周囲の教師に伝え、保護者に専門機関への相談を提案した。

　しかし、それ以来、保護者は体調不良を理由に連絡がとれなくなってしまった。Ａはこれまで同様に家庭学習を行っていたが、学習時間に窓の外を眺めていることも多くなった。他の保護者からの話では、Ａの母は自分の家で子ども

---

たちが遊ぶことに積極的であることは変わらなかった。しかし、一つ上の姉の担任教師に「3年生として、宿題は多すぎるのではないか」「弟の先生の教え方がわからないと言っている保護者がいる」と不満を述べていたという。一方、子どものために家庭教師を探しているという情報もあった。保護者の不満を耳にした担任は今後の関わり方を考えあぐねていた。

問1：保護者と担任に、どのような特殊スキルが発動し、どのような相互作用が生じているか検討してみましょう。

問2：連携のために、どのようなことを目標にするとよいか検討してみましょう。

問3：初動の手立てを検討してみましょう。

## 回答例と解説

例1：「『自分だけが』という感覚」と「これが当たり前という思い込み」の発動から生じた両者のズレに気づく

　保護者には「子どものために、親である自分ができることをする」という気持ちが強く働いているのではないか。子どもが育つことよりも自分が何とかする、しなければならないという気持ちにとらわれているのではないか［「自分だけが」という感覚］。しかし、"自分だけでは何とかできない"という現実に直面して、罪悪感や責任転嫁の気持ちが生じたのかもしれない。担任教師への不満は、その延長線上にあるものであろう。ぎりぎりまで、自分で行動するが、限界に達すると、不満や不信を他者に向けるという対処法に転じたのかもしれない［不満と不信の惹起］。

　担任は「PTAに一生懸命な保護者は連携しやすい」というやや短絡的な基準にとらわれていたかもしれない。また、「学習に遅れがあるのであれば、専門的なアセスメントが必要だ」という専門職にとっての"当たり前"に簡単に陥っていたのかもしれない［これが当たり前という思い込み］。

　つまり、子どもの課題に気づきながらも、向き合うことができない保護者の心情［自分だけがという感覚］への洞察をしないまま、思い込みで動いてしまった担任教師［これが当たり前という思い込み］との間に、ずれが生じてしまったと考えられないだろうか。自分だけが支えることができると思っている保護者にとって、相談機関にわが子を委ねることは辛いことであり、それを推し進める担任は、不満と不信の対象となってしまった。その結果、現状では、提案から逃げ出す選択をしている。以上のようなことを一つの仮説として提案したい。

例2：大前提の目標に向かうために、小さな目標を検討する

　大前提の目標は「親が親として考え行動すること」であり、同時に、「担任は担

任として考え行動すること」である。したがって、「保護者が一人で抱え込まずに、子どもの課題に向き合うことができるようになること」「学校は、改めて、Aのアセスメントを行い、保護者とコミュニケーションをとることができるようにすること」が目標となるであろう。

　その際に、親としての不安や願いを聴き取る作業なしでは、保護者支援は成立しないであろう。担任の不安や願いが先んじた目標とならないようにしたい。

### 例3：アセスメントを行い、具体的なチーム編成をする

　前述したように、学校（担任）と保護者の間にどんなことが起こっているのかというアセスメントが必要である。そのためには、学年内の教師、教育相談担当の教師、養護教諭などが担任とともに、Aや保護者について情報共有し、今までのかかわりを振り返り、理解を深めることが大切だろう。また、生じているとらわれ（特殊スキル）の理解は、スクールカウンセラーや巡回相談員、SSWなど、俯瞰してみることができる外部の専門家の意見を参考にすることも一案であろう。そのうえで、具体的なチーム編成（いつ・どこで・だれが・何を・どのように）を考えていってはどうか。

　例えば、

・Aくん理解の中心となる人：担任の日常観察と評価からAのアセスメントと日常指導の方針を明確にする。その際、スクールカウンセラーや巡回相談員とのコンサルテーションが有効であろう。

・保護者との連携のきっかけを作る人：今、最も保護者が話をしやすい人は誰であろうか。学校との連携は必須であるため、心を閉ざしている保護者と子どもの話をする役割を担う人は誰かについて検討する。

　　そして、Aくんのアセスメント、保護者のアセスメントが進んだ段階で、次にどのような支援が必要かを検討する。Aくんの指導に工夫の余地があるのであれば、具体的に動き出すことも必要であろうし、保護者のとらわれの解放のために、もう少し、専門的な視点が必要であれば、SCや専門機関につなぐなどの方法が考えられるであろう。

　チーム学校という視点から考えると、外部の専門職との連携を選択しやすいが、まずは、校内の資源に目を向けて、校内においても、それぞれの役割を促進していくことが大切だと考える。

　改めて、保護者支援の目的は何かと問われると、『保護者が親としてできることを考え行動する力を促進すること』と考える。保護者が親として考え行動することが困難な場合、学校は、パートナーとしての関係性を一旦休止し、保護者をも支え

る役割を担う。しかし、支える過程の先には、保護者が親としての力を取り戻し行動する姿を見据えている。同時に、専門職も専門職としてできることを考え行動し続ける自分の姿を見据えていくことが大切だと考える。

[小菅淳子]

# 終章にかえて－大魔王の正体とは－

　本書では、わたくしたちが学校現場で挑むべき数々の問題を RPG のモンスターに喩えて表現してきました。「教育界の大厄災」「仮想的【無能感】のアリジゴク」「偽りの姿を纏うゴースト」「気まぐれな恐怖の大王」……いずれも、いわゆる魔王級、すなわち、それぞれのゲームで最終的に乗り越える障害といっていい、手強い問題たちでした。しかし、ゲームに詳しい読者の中には、こう思った方々がいるかもしれません。

「大魔王は、いないんですか？」

　大魔王とは、魔王たちの頂点に君臨する、いわば大ボスです。
　伝説によれば、この大魔王は「絶望をすすり、憎しみを食らい、悲しみの涙で喉を潤す」そうです（堀井，1988）。RPG における大魔王は、そのために人々から希望を奪い、人々に苦難を与えます。つまり、大魔王とは、絶望や憎しみ、悲しみを、拡大する存在だといえましょう。それでは、支援の過程でこれらの気持ちを味わうことはないのでしょうか？
　実は、支援の過程で絶望や憎しみ、悲しみを味わうことは、それほど難しいことではないように思います。

　へこたれるな。
　できるまで頑張れ。
　どうしてできないんだ。
　そんなこともできないのか。
　一人でできないのは支援者失格だ。
　…

　わたくしたちの心は、しばしば、このような自分の心の声に脅かされます。こうした声に脅かされると、わたくしたちは、うまくいかないこと、できないことが悪いことだと感じます。そして、一人で頑張り始めます。
　しかし、残念ながら、支援というものは、頑張ったら頑張っただけうまくいく、とは限らないものです。頑張れば頑張るほどに、ますますうまくいかなくなること

もあるでしょう。すると、その支援者は、「絶望」したり、「悲しみ」を味わったりするかもしれません。また、うまくいっているように見える他の支援者や専門家に「憎しみ」を抱いたり、自尊心を保つためにその人々をこき下ろしたり、し始めるかもしれません。闇堕ち支援者の一丁あがり。もはや大魔王の思うツボですね。

　このように見てくると、大魔王の正体が、おぼろげながら見えてくるのではないかと思います。すなわち、わたくしたち一人ひとりが心中に宿す、「自分の不完全性を認められない」その心。一人でできると慢心したり、一人でできないことを恥じたり、本当は頼れる他者を信じられない、その心。それこそが、大魔王の正体だといえましょう。振り返ってみれば、本書で紹介したモンスターたちの中には、人間関係を断ち、孤独にさせる能力を持つものが多くおりました。大魔王がわたくしたちに孤独を志向させるのならば、それも至極当然だといえましょう。

　本書は、そのような誰もが持つ「大魔王」に与する心性へのアンチテーゼです。
　当然ながら、わたくしたちは誰もが不完全な存在です。わたくし（スクールカウンセラー）の立場でいうなら、子どもと毎日関わることができません。学校内部の日々の変化も分かりません。診断、投薬もできなければ、社会資源の知識も中途半端です。それぞれの子どものために、愛とお金を用意することもできません。……このようにみてくると、まるでできないことばかりのように思えてきます。しかし、現実的には、何もできないわけでもありません。心理面の見立てとカウンセリングとコンサルテーションならば、少なくとも他職種の方々よりは得意です。
　このように、できないこともあるけれども、できることもあるのは、他の支援者の皆様や、支援を学んでいる学生の方々も同じではないでしょうか。これまで、何時間、支援に関する理論や実践を学んでこられたでしょうか？　あるいは、何時間、実際に支援をしてこられたでしょうか？　そうしてかけてきた時間はいわば「経験値」。必然的に、レベルも上がっているはず。そうであるならば、できないことがあっても、何もできないことはないのです。
　こんなふうに、何かができないことと、何もできないことは同義ではありません。それは恥じることでも、相手を責めるべきことでもありません。不完全な存在なればこそ、補えばよいのです。今や本書の中には盛り込めなかった専門職の仲間たち、たとえば法曹関係者や子ども食堂の方々なども、続々とわたくしたちの旅に加わろうとしてくれています。社会の中に、役割や専門性を超えた、こうした連携、協同の精神がもっと、もっと広まることを、心から願っています。

# 文献一覧

青木 紀久代（1996）．拒食と過食－心の問題へのアプローチ－　サイエンス社

青木 紀久代（2016）．子どものトラウマ　藤森 和美・青木 紀久代（編著）トラウマ　福村出版

青木 紀久代（2017）．子どもの不安　青木 紀久代・野村 俊明（編著）不安　福村出版

青木 万里（2012）．子どもの仲間関係　鎌倉女子大学児童学部（編）こども心理学の現在　北樹出版

足立 自朗（1994）．認知革命とピアジェの発達心理学　心理科学, 16, 22-44.

阿部 和彦（1997）．子どもの心と問題行動　日本評論社

家近 早苗（2016）．コーディネーション委員会　日本学校心理学会（編）学校心理学ハンドブック第2
　　版　教育出版

石川 丹・田野 準子（2013）．子育て親育ち読本Ⅱ－子どもの好ましい行動を育てるための親力アップを
　　目指して“好い事作り療法”からのお薦め－　社会福祉法人　楡の会こどもクリニック・発達研究
　　センター

石隈 利紀（1999）．学校心理学－教師・スクールカウンセラー・保護者のチームによる心理教育的援助
　　サービス－　誠信書房

石隈 利紀・家近 早苗（2018）．石隈・田村式援助シートによるチーム援助入門－学校心理学実践編－
　　図書文化

磯邉 聡（1993）．児童期：後期－小学校4～6年－　馬場 禮子・永井 撤（共編）ライフサイクルの臨床
　　心理学　培風館

板垣 昭代（2004）．アクティブ・リスニング、積極的傾聴　小林 司（編）カウンセリング大事典　新曜
　　社

伊藤 美奈子・平野 直己（2003）．学校臨床心理学・入門－スクールカウンセラーによる実践の知恵－
　　有斐閣アルマ

乾 吉佑（1980）．青年期治療における“new object”論と転移の分析　小此木 啓吾（編）．青年の精神病
　　理2　弘文堂

乾 吉佑（2009）．思春期・青年期の精神分析的アプローチ－出会いと心理臨床－　遠見書房

犬塚 峰子（2013）．育ちにくい養育環境で暮らした子どもの発達の特徴　相澤 仁・犬塚 峰子（編）子ど
　　もの発達・アセスメントと養育・支援プラン（やさしくわかる社会的養護3）明石書店

井上 映子・中村 洋・宮澤 純子・小林 みゆき・橋本 理子・横井 悠加・北村 昭夫・安齋 紗保理・光本 篤
　　史（2020）．大学生の専門職連携教育における協働的能力自己評価尺度の開発　城西国際大学紀要,
　　28, 1-18.

岩内 亮一・本吉 修二・明石 要一（編）（2006）．教育学用語辞典第4版. 学文社

岩川 淳・杉村 省吾・本田 修・前田 研史（2000）．子どもの発達臨床心理・新版　昭和堂

上野 一彦（2017）．特集限局性学習症（学習障害）総論：教育より　児童青年精神医学とその近接領域,
　　58（3）：343-350.

岩田 昌太郎・花谷 祐輔・柿手 祝彦・嘉数 健悟（2011）．体育における中学生のメタ認知の実態に関する
　　調査研究　広島大学大学院教育学研究科紀要, 60, 237-242.

上長 然（2007）．思春期の身体発育のタイミングと教室にいる時の気分との関連　神戸大学発達・臨床心
　　理学研究, 6, 39-48.

氏家 武（2009）．子どもの摂食障害　奥山 眞紀子・氏家 武・井上 登生（著）子どもの心の診療医にな
　　るために　南山堂

采女 智津江（編）（2016）．新養護概説〈第9版〉少年写真新聞社

榎本 淳子（2003）．青年期の友人関係の発達的変化－友人関係における活動・感情・欲求と適応－　風間
　　書房

大友 秀治（2019）．スクールソーシャルワークにおけるスーパービジョン実践モデルの生成－参加型評価
　　を活用したエンパワメントに着目して－　学文社

大橋 正夫・鹿内 啓子 (1977). 対人関係の発達と学級集団 藤永 保・三宅 和夫・山下 栄一・依田 明・空井 健三・伊吹 秀面 (編) テキストブック心理学 (4) 児童心理学 (pp. 161-163) 有斐閣ブックス

岡田 努 (2010). 青年期の友人関係と自己−現代青年の友人認知と自己の発達− 世界思想社

岡本 真彦 (2012). 教科学習におけるメタ認知 教育心理学年報, 51, 131-142.

小倉 清 (1996). 子どものこころ−その成り立ちをたどる− 慶應義塾大学出版会

小此木 啓吾 (1979). 対象喪失−悲しむということ− 中公新書

小此木 啓吾・馬場 禮子 (1972). 精神力動論 医学書院

葛西 真紀子 (2014). 児童期・思春期のセクシャル・マイノリティを支えるスクールカウンセリング 針間 克己・平田 俊明 (編著) セクシャル・マイノリティへの心理的支援−同性愛、性同一性障害を理解する− 岩崎学術出版社

片山 紀子 (2017). どうしたらチームになれるのか？ 月刊生徒指導 2017 年 11 月号, 14-17.

加藤 隆勝・加藤 厚・斉藤 誠一 (1985). 思春期の身体発達の開始と心理的適応に関する縦断的研究 筑波大学心理学研究, 7, 61-85.

カフカ, F. 高橋 義孝 (訳) (1952). 変身 新潮文庫

河合 隼雄 (1996). 大人になることのむずかしさ・新装版 岩波書店

河瀬 諭 (2014). アンサンブル演奏における社会的スキルの役割 電子情報通信学会技術研究報告, 114, 75-78.

河村 茂雄・武蔵 由佳・苅間澤 勇人・水谷 明弘 (2016). 組織で支え合う！ 学級担任のいじめ対策−ヘルプサインと向き合うチェックポイントと Q-U 活用法− 図書文化社

神田橋 條治・岩永 竜一郎・愛甲 修子・藤家 寛子 (2010). 発達障害は治りますか？ 花風社

空閑 浩人 (2016). ソーシャルワーク論（シリーズ・福祉を知る 2) ミネルヴァ書房

草野 剛 (2019).「一匹狼」の先生をどう巻き込むか 月刊生徒指導 2017 年 11 月号, 22-25.

楠 凡之 (2008).「気になる保護者」とつながる援助−「対立」から「共同へ」− かもがわ出版

黒沢 幸子 (2011). 思春期臨床と親支援（第 3 回）"同質"と"異質"のはざまで−思春期の仲間関係発達モデルと親子への支援− 臨床心理学, 11, 604-611.

黒沢 幸子・有本 和晃・森 俊夫 (2003). 仲間関係発達尺度の開発−ギャング、チャム、ピア・グループの概念にそって− 目白大学人間社会学部紀要, 3, 21-33.

黒沢 幸子・有本 和晃・森 俊夫 (2004). 中学生の仲間関係、及び心理的発達とメンタルヘルスに関する縦断的研究−3 年間の継時的変化と性差の観点から− 目白大学人間社会学部紀要, 4, 15-27.

警察庁 (2021). 令和 2 年中における自殺の状況

小石 寛文 (1995). 人間関係の展開 小石 寛文 (編) 人間関係の発達心理学 3 児童期の人間関係 培風館

郷式 徹 (2018). 心の理論 日本発達心理学会 (編) 発達科学ハンドブック 9 社会的認知の発達科学 新曜社

古村 健太郎・戸田 弘二 (2008). 親密な関係における対人葛藤 北海道教育大学紀要教育科学編, 58, 185-195.

子安 増生・西垣 順子 (2006). 小学生における物語文の読解パターンと"心の理論"の関連性 京都大学大学院教育学研究科紀要, 52, 47-64.

酒井 健 (2012). 児童期の心身の発達 永井 撤 (監修) 青木 紀久代・平野 直己 (編) ライフサイクルの臨床心理学シリーズ 1 乳幼児期・児童期の臨床心理学 培風館

中沢 辰夫 (2017). 本当に教師は協働できるのか 月刊生徒指導 2017 年 11 月号, 18-21.

坂本 いづみ・茨木 尚子・竹端 寛・二木 泉・市川 ヴィヴェカ (2021). 脱「いい子」のソーシャルワーク−反抑圧的な実践と理論− 現代書館

佐々木 健一郎・唐沢 千寿穂・橘田 節子・宮坂 真紗規 (2011). 病児、障がい児の自然体験を可能とする公園ニーズの把握及び公園サービスの開発に関する研究−そらぷちキッズキャンプでの実践を例に− 公園管理研究, 5, 57-61.

佐々木 掌子（2016）．セクシャル・マイノリティに関する諸概念　精神療法, 42, 9-14.

三宮 真智子（2018）．メタ認知で〈学ぶ力〉を高める－認知心理学が解き明かす効果的学習法－　北大路書房

益子 洋人（2018）．教師のための子どものもめごと解決テクニック　金子書房

清水 由紀（2009）．児童期②：友人とのかかわりと社会性の発達　藤村 宣之（編著）発達心理学－周りの世界とかかわりながら人はいかに育つか－　ミネルヴァ書房

下川 昭夫（2017）．支援が届きにくい子どもたちに目を向ける必要性　心理臨床学研究, 35, 168-179.

下川 昭夫（編著）（2012）．コミュニティ臨床への招待　新曜社

下坂 幸三（1983）．アノレクシア・ネルヴォーザ覚書　下坂 幸三（編）食の病理と治療　金剛出版

新村 出（編）（1998）．広辞苑（第5版）　岩波書店

杉山 登志郎（2009）．そだちの臨床－発達精神病理学の新地平－　日本評論社

鈴木 忠・飯牟礼 悦子・滝口 のぞみ（2016）．生涯発達心理学－認知・対人関係・自己から読み解く－　有斐閣アルマ

鈴木 忠（2016a）．認知発達の基盤2　鈴木 忠・飯牟礼 悦子・滝口 のぞみ（2016）．生涯発達心理学－認知・対人関係・自己から読み解く－　有斐閣アルマ

鈴木 忠（2016b）．認知能力の生涯発達　鈴木 忠・飯牟礼 悦子・滝口 のぞみ（2016）．生涯発達心理学－認知・対人関係・自己から読み解く－　有斐閣アルマ

鈴木 宏昭（2000）．"発達段階に応じた教育"再考－認知科学から現代科学教育への示唆－　科学, 70, 890-897.

須藤 春佳（2010）．前青年期の親友関係「チャムシップ」に関する心理臨床学的研究　風間書房

須藤 春佳（2014）．友人グループを通してみる思春期・青年期の友人関係　神戸女学院大学論集, 61, 113-126.

スポーツ庁（2021）．令和2年度体力・運動能力調査報告書　https://www.mext.go.jp/sports/index.htm

関根 剛（2012）．児童期の発達課題と心の病理　永井 撤（監修）青木 紀久代・平野 直己（編）ライフサイクルの臨床心理学シリーズ1　乳幼児期・児童期の臨床心理学　培風館

関根 廣志（2016）．学校において組織的な取組をどう進めるか　新潟県総合教育センター（編）新潟県総合教育センター研究主任資料　8-11.

妹尾 昌俊（2015）．変わる学校、変わらない学校　学事出版

妹尾 昌俊（2017）．思いのない学校、思いだけの学校、思いを実現する学校　学事出版

瀬野 由衣（2017）．乳児期・児童期の発達研究の動向と展望　教育心理学研究, 56, 8-23.

征矢 英昭（2012）．内分泌機能の発達と加齢変化　高石 昌弘（監修）樋口 満・佐竹 隆（編著）からだの発達と加齢の科学　大修館書店

そらぷちキッズキャンプ（2009）．ホームページ　http://www.solaputi.jp/index.html

高石 昌弘・樋口 満・小島 武次（1981）．からだの発達－身体発達学へのアプローチ－　大修館書店

高野 久美子（2012）．教育相談入門　日本評論社

高橋 祥友（2004）．自殺未遂－「死にたい」と「生きたい」の心理学－　講談社

滝川 一廣（2017）．子どものための精神医学　医学書院

滝沢 武久（1985）．子どもの思考と認知発達　大日本図書

田端 健人（2012）．学校が災害を襲うとき－教師たちの3・11－　春秋社

田村 美由紀（2012）．青年期の脳発達に及ぼす思春期の役割　人間総合科学, 22, 69-76.

中央教育審議会（2008）．子どもの心身の健康を守り、安全、安心を確保するために学校全体としての取組を進めるための方策について（答申）　https://www.mext.go.jp/b_menu/shingi/chukyo/chukyo0/toushin/1216829_1424.html

中央教育審議会（2015）．チームとしての学校の在り方と今後の改善方策について（答申）　https://www.mext.go.jp/b_menu/shingi/chukyo/chukyo0/toushin/1365657.htm

塚本 千秋（2018）．心を操るな、脳に責任を負わせるな－教育の立場から－　こころの科学, 200, 113-118.

土井 隆義（2008）．　友だち地獄−「空気を読む」世代のサバイバル−　ちくま新書

土井 隆義（2016）．　ネット・メディアと仲間関係　佐藤 学・秋田 喜代美・志水 宏吉・小玉 重夫・北村
　　友人（編）岩波講座　教育変革への展望3　変容する子どもの関係　岩波書店

土井 隆義（2016）．　現代思春期の友人関係−社会の流動化と承認不安−　外来小児科, 19, 292-296.

友田 明美（2016）．　被虐待者の脳科学研究　児童青年精神医学とその近接領域, 57, 719-729.

友田 明美（2017）．　子どもの脳を傷つける親たち　NHK出版新書

中垣 啓（2011）．　ピアジェ発達段階論の意義と射程　発達心理学研究, 22, 369-380.

中司 利一（1988）．　障害者心理−その理解と研究法−　ミネルヴァ書房

中道 圭人（2013）．　児童における算数問題解決、ワーキングメモリ、およびプランニング能力との関連
　　教科開発学論集, 1, 91-101.

成田 善弘（2010）．　精神療法の多面性−学ぶこと、伝えること−　金剛出版

成瀬 昂・阪井 万裕・永田 智子（2014）．　Relational coordination 尺度日本語版の信頼性・妥当性の検討
　　日本公衆衛生雑誌, 61, 565-573.

西垣 順子（2000）．　児童期における読解に関するメタ認知的知識の発達　京都大学大学院教育学研究科紀
　　要, 46, 131-143.

西川 伸一（2018）．　思春期を科学的に理解することの重要性

公益財団法人　日本学校保健会（2021）．　学校保健の課題とその対応−養護教諭の職務等に関する調査結
　　果から−（令和2年度改訂）

野嵜 茉莉（2018）．　遊び・仲間関係　開 一夫・齋藤 慈子（編）　ベーシック発達心理学　東京大学出版会

服部 雅史・小島 治幸・北神 慎司（2015）．　基礎から学ぶ認知心理学−人間の認識の不思議　有斐閣ステ
　　ゥディア

馬場 禮子（2008）．　精神分析的人格理論の基礎−心理療法を始める前に−　岩崎学術出版社

林 創（2012）．　"メタ認知"から考える"教える"ということ　発達, 130, 18-26.

林 創（2014）．　思考の深まり　坂上 裕子・山口 智子・林 創・中間 玲子　問いから始める発達心理学
　　有斐閣ストゥディア

日野林 俊彦・赤井 誠生・安田 純・山田 一範・金沢 忠博・南 徹弘（2009）．　発達加速現象の研究・その
　　23　日本心理学会第73回大会発表論文集, 1150.

平野 直己（1997）．　児童期：前期−小学校1〜3年−　馬場 禮子・永井 撤（共編）　ライフサイクルの臨
　　床心理学　培風館

平野 直己（2003）．　児童生徒へのアプローチ　伊藤美奈子・平野直己（編）学校臨床心理学・入門　有斐
　　閣　アルマ

福岡県臨床心理士会（編）窪田 由紀（編著）（2005）．　学校コミュニティへの緊急支援の手引き　金剛出版

藤井 博之・斉藤 雅茂（2018）．　医療機関における多職種連携の状況を評価する尺度の開発　厚生の指標,
　　65, 22-28.

藤田 主一・齋藤 雅英・宇部 弘子・市川 優一郎（2018）．　こころの発達によりそう教育相談　福村出版

藤村 宣之（2005）．　児童期−思考の発達と友達関係の変化−　子安 増生（編）　よくわかる認知発達とそ
　　の支援　第2版　ミネルヴァ書房

ベネッセ教育総合研究所（2009）．　第2回子ども生活実態基本調査−小4生から高2生を対象に−
　　https://berd.benesse.jp/shotouchutou/research/detail1.php?id=3333

保健体育審議会（1972）．　子どもたち等の健康の保持増進に関する施策について　昭和47年12月保健体
　　育審議会答申

保健体育審議会（1997）．　生涯にわたる心身の健康の保持増進のための今後の健康に関する教育及びス
　　ポーツの振興の在り方について　平成9年保健体育審議会答申

保坂 亨（1998）．　児童期・思春期の発達　下山 晴彦（編）　教育心理学Ⅱ　発達と臨床援助の心理学（pp.
　　114-116）東京大学出版会

保坂 亨（2010）．　いま、思春期を問い直す　東京大学出版

保坂 亨・岡村 達也（1986）．　キャンパス・エンカウンター・グループの発達的・治療的意義の検討　心

理臨床学研究, 4, 17-21.

北海道教育委員会 (2014).　いじめを速やかに解消した事例集　https://www.dokyoi.pref.hokkaido.lg.jp/hk/ssa/ijime_kaisyo.html

北海道臨床心理士会スクールカウンセリング委員会 (編) (2012).　緊急支援マニュアル－スクールカウンセラーのすること－　未公刊

堀井 雄二 (1988).　ドラゴンクエストⅢ－そして伝説へ…－　エニックス

益子 洋人 (2013).　大学生における統合的葛藤解決スキルと過剰適応との関連－過剰適応を「関係維持・対立回避的行動」と「本来感」から捉えて－　教育心理学研究, 61, 133-145.

松井 豊 (1990).　友人関係の機能　斎藤 耕二・菊地 章夫 (編著) 社会化の心理学ハンドブック－人間形成と社会と文化－　川島書店

松永 あけみ (2017).　対人関係と集団参加の発達　近藤 清美・尾崎 康子 (編) 社会・情動発達とその支援　ミネルヴァ書房

松本 恵美 (2016).　児童期と青年期における友人関係研究の概観と展望　東北大学大学院教育学研究科研究年報, 61, 135-145.

松本 俊彦 (2014).　自傷・自殺する子どもたち　合同出版

的場 康子 (2008).　小学生の放課後の過ごし方の実態と母親の意識－小学生の放課後生活と教育に関するアンケート調査から－　第一生命経済研究所　ライフデザインレポート, 16-23.　https://www.dlri.co.jp/report/ld/01-14/notes0807a.html

溝口 純二 (1997).　思春期・青年期の発達　山内 宏太朗 (編著)　人間の発達を考える①－胎児から青年まで－　北樹出版

道又 爾・北崎 充晃・大久保 街亜・今井 久登・山川 恵子・黒沢 学 (2003).　認知心理学－知のアーキテクチャを探る－　有斐閣アルマ

三橋 義典・中村 圭左 (2004).　軽度発達障害児の他者認知に関する検討－感情認知課題と間接発話課題からみた特性－　福井大学教育地域科学部紀要　第4部　教育科学, 60, 41-52.

皆川 邦直 (1980).　青春期・青年期の精神分析的発達論－ピーターブロスの研究をめぐって－　小此木啓吾 (編) 青年期の精神病理Ⅱ　弘文堂

皆川 邦直 (1986).　児童期と個人精神療法　精神科 MOOK 15, 187-195.

皆川 邦直・生田 憲正・柴田 恵理子・守屋 直樹 (2018).　精神科医の思春期子育て講義　岩崎学術出版社

向井 隆代 (2010).　思春期の身体的発達と心理的適応－発達段階および発達タイミングとの関連－　カウンセリング研究, 43, 202-211.

森 俊夫 (2001).　"問題行動の意味"にこだわるより"解決志向"で行こう　ほんの森ブックレット

森川 友子 (1999).　アクティブリスニング　氏原 寛・小川 捷之・近藤 邦夫・鑪 幹八郎・東山 紘久・村山 正治・山中 康裕 (編) カウンセリング辞典　ミネルヴァ書房

守口 善也 (2018).　心の理論に関する脳内機序　日本発達心理学会 (編) 発達科学ハンドブック9　社会的認知の発達科学　新曜社

森口 祐介 (2018).　社会的認知と心の発達　日本発達心理学会 (編) 発達科学ハンドブック9　社会的認知の発達科学　新曜社

守山 正樹・柏崎 浩・鈴木 継美 (1980).　日本における初潮年齢の推移　民族衛生, 46, 22-32.

文部科学省　特別支援教育　https://www.mext.go.jp/a_menu/01_m.htm

文部科学省 (2007).　児童生徒の教育相談の充実について－生き生きとした子どもを育てる体制づくり－　https://www.mext.go.jp/b_menu/shingi/chousa/shotou/066/gaiyou/1287754.htm

文部科学省 (2007)　特別支援教育推進について　https://www.mext.go.jp/b_menu/hakusho/nc/07050101/001.pdf

文部科学省 (2007).　養護教諭のための児童虐待対応の手引　https://www.mext.go.jp/a_menu/kenko/hoken/08011621.htm

文部科学省 (2008).　中学校学習指導要領解説－特別活動編－　ぎょうせい

文部科学省 (2009).　教師が知っておきたい子どもの自殺予防　https://www.mext.go.jp/b_menu/shingi/

chousa/shotou/046/gaiyou/1259186.htm

文部科学省（2010）．児童生徒が抱える問題に対しての教育相談の徹底について（通知）https://www.mext.go.jp/a_menu/shotou/jinken/sankosiryo/1348938.htm

文部科学省（2010）．生徒指導提要 https://www.mext.go.jp/a_menu/shotou/seitoshidou/1404008.htm

文部科学省（2013）．教育支援資料−障害のある子供の就学手続と早期からの一貫した支援の充実−

文部科学省（2016）．不登校に関する調査研究協力者会議「不登校児童生徒への支援に関する最終報告−一人一人の多様な課題に対応した切れ目のない組織的な支援の推進−

文部科学省（2016）．性同一性障害や性的指向・性自認に係る、児童生徒に対するきめ細やかな対応等の実施について（教職員向け）https://www.mext.go.jp/b_menu/houdou/28/04/1369211.htm

文部科学省（2017）．現代的健康課題を抱える子供たちへの支援−養護教諭の役割を中心として−https://www.mext.go.jp/a_menu/kenko/hoken/1384974.htm

文部科学省（2017）．発達障害を含む障害のある幼児児童生徒に対する教育支援体制整備ガイドライン−発達障害等の可能性の段階から，教育的ニーズに気付き，支え，つなぐために−https://www.mext.go.jp/a_menu/shotou/tokubetu/1383809.htm

文部科学省（2021）．令和2年度学校保健統計調査 https://www.e-stat.go.jp

文部科学省（2021）．障害のある子供の教育支援の手引−子供たち一人一人の教育的ニーズを踏まえた学びの充実に向けて−https://www.mext.go.jp/a_menu/shotou/tokubetu/material/1340250_00001.htm

八巻 寛治（2019）．仲良くなる職員室の仕掛け 月刊生徒指導2019年1月号, 26-29.

山口 豊一・松嶋 くみ子（2018）．学校心理学にもとづく教育相談 金子書房

山野 則子・野田 正人・半羽 利美佳（2016）．よくわかるスクールソーシャルワーク（第2版）ミネルヴァ書房

山本 晃（2010）．青年期の心の発達−ブロスの青年期とその展開− 星和書店

湯澤 正通（2018）．知的発達の理論と支援−ワーキングメモリと教育支援− 本郷 一夫（監修）金子書房

渡邉 貴樹・上阪 直史・狩野 方伸（2016）．生後発達期の小脳におけるシナプス刈り込みのメカニズム 生化学, 88, 621-629.


Aldridge, M. & Wood, J.（1998）．Interviewing children: A guide for child care and forensic practitioners. Chichester: John Wiley & Sons Ltd.［オールドリッジ, M・ウッド, J. 仲 真紀子（編訳）（2004）．子どもの面接法 北大路書房］

American Psychiatric Association（2013）．Diagnostic and statistical manual of mental disorders. Fifth Edition: DSM-5. Washington, D. C: American Psychiatric Association.［高橋 三郎・大野 裕（監訳）（2014）．DSM-5 精神疾患の分類と診断の手引き 医学書院］

Blanck, G.（2001）．Primer of psychotherapy: A development perspective. Maryland: Jason Aronson.［ブランク, G. 馬場 謙一（監訳）篠原 道夫・岡元 彩子 他（訳）（2013）．精神分析的心理療法を学ぶ−発達理論の観点から− 金剛出版］

Blos, P.（1962）．On adolescence: A psychoanalytic interpretation. Free Press.［ブロス, P. 野沢 栄司（訳）（1971）．青年期の精神医学 誠信書房］

Blos, P.（1985）．Son and father: Before and beyond the oedipus complex. New York: Norton.［ブロス, P. 児玉 憲典（訳）（1990）．息子と父親−エディプス・コンプレックス論をこえて 青年期臨床の精神分析理論 誠信書房］

Boston Change Process Study Group（2010）．Change in psychotherapy: A unifying paradigm. New York: W. W. Norton & Company.［ボストンチェンジプロセススタディグループ. 丸田 俊彦（訳）（2011）．解釈を越えて−サイコセラピーにおける治療的変化プロセス− 岩崎学術出版社］

Brown, B. B.（1989）. The role of peer groups in adolescents' adjustment to secondary school. In Berndt, T. J. & Ladd, G. W.（Eds.）Peer relationships in children development. New Jersey: John Wiley & Sons.

Emde, R.（1999）. Moving ahead: Integrating influences of affective processes for development and for psychoanalysis. International Journal of Psychoanalysis, 80, 317-339.［エムディ, R. N. 生地 新（訳）（2018）. 前進に向けて－発達と精神分析に対する情動過程の統合的影響－ 中久喜 雅文・高橋 豊・生地 新（監訳）精神分析と乳幼児精神保健のフロンティア 金剛出版］

Engel, J. L.（1962）. Psychological development of health and disease. Washington: W.B. Saunders Company.［エンジェル, J. L. 小此木 啓吾（編）慶應大学医学部精神分析研究グループ（訳）（1976）. 心身の力動的発達 岩崎学術出版社］

Erikson, E. H.（1950）. Childhood and society. New York: W. W. Norton & Company［エリクソン, E. H. 仁科 弥生（訳）（1977）. 幼児期と社会1 みすず書房］

Erikson, E. H.（1959）. Identity and the life cycle. Madison: International Universities Press.［エリクソン, E. H. 西平 直・中島 由恵（訳）（2011）. アイデンティティとライフサイクル 誠信書房］

Freud, A.（1965）. The writings of Anna Freud, Vol. Ⅵ : Normality and pathology in childhood; Assessments of development. Madison: International Universities Press.［フロイト, A. 牧田 清志・黒丸 正四郎（監修）黒丸 正四郎・中野 良平（訳）（1981）. アンナ・フロイト著作集 第9巻 児童期の正常と異常 岩崎学術出版社］

Freud, A.（1969）. The writings of Anna Freud Vol.Ⅴ 1956-1965: Research at the Hampstead Child-Therapy Clinic and other papers. Madison: International Universities Press.［フロイト, A. 牧田 清志・黒丸 正四郎（監修）牧田 清志・阪本 良男・児玉 憲典（訳）（1983）. アンナ・フロイト著作集 第7巻 ハムステッドにおける研究（上）岩崎学術出版社］

Freud, A.（1974）. The writings of Anna Freud, Vol.1: Introduction to psychoanalysis, Lectures for child analysts & teachers. Madison: International Universities Press.［フロイト, A. 牧田 清志・黒丸 正四郎（監修）岩村 由美子・中沢 たえ子（訳）（1981）. アンナ・フロイト著作集 第1巻 児童分析入門 岩崎学術出版社］

Freud, S.（1949）. Three essays on the theory of sexuality. England: Imago Publishing.（Original work published 1905）［フロイト, S. 渡邉 俊之（訳）（2009）. 性理論のための三篇 渡邉 俊之・越智 和弘・草野 シュワルツ 美穂子・道旗 泰三（訳）フロイト全集6 岩波書店］

Gathercole, S. E. & Alloway, T. P.（2008）. Working memory and learning. England: Sage Publications.［ギャザーコール, S. E. & アロウェイ, T. P. 湯澤 正道・湯澤 美紀（訳）（2009）. ワーキングメモリと学習指導－教師のための実践ガイド－ 北大路書房］

Goodman, R. & Scott, S.（2005）. Child psychiatry: 2nd edition. England: Blackwell Publishers.［グッドマン, R. & スコット, S. 氏家 武・原田 謙・吉田 敬子（監訳）（2010）. 必携児童精神医学 岩崎学術出版社］

Hawton, K., Rodham, K. & Evans, E.（2006）. By their own young hand: Deliberate self-harm and suicidal ideas in adolescents. England: Jessica Kingsley Publishers.［ホートン, K., ロドハム, K., エヴァンズ, E. 松本 俊彦・河西 千秋（監訳）自傷と自殺－思春期における予防と介入の手引き－ 金剛出版］

Herman, J. L.（1992）. Trauma and recovery. New York: Basic Books.［ハーマン, J. L. 中井 久夫（訳）（1999）. 心的外傷と回復〈増補版〉 みすず書房］

Lewin, K.（1951）. Field theory in social science: Selected theoretical papers. New York: Harper & Brothers.［レヴィン, K. 猪股 佐登留（訳）（1979）. 社会科学における場の理論 誠信書房］

Mahler, M., Pine, F., & Bergman, A.（1975）. The Psychological Birth of the Human Infant. New York: Basic Books.［マーラー, M.、パイン, F.、バーグマン, A. 高橋 雅士・織田 正美・浜畑 紀（訳）（2001）. 精神医学選書 第3巻 乳幼児の心理的誕生－母子共生と個体化－ 黎明書房］

Music, G.（2011）. Nurturing natures: Attachment and children's emotional, sociocultural and brain development. England: Psychology Press.［ミュージック，G. 鵜飼 奈津子（監訳）(2016).　子どものこころの発達を支えるもの－アタッチメントと神経科学、そして精神分析の出会うところ－　誠信書房］

Nelson, C. A., Fox, N. A. & Zeanah, C. H. (2014).　Romania's abandoned children: Deprivation, brain, development, and the struggle for recovery. Massachusetts: Harvard University Press.［ネルソン，C. A.，フォックス，N. A. & ジーナー，C. H. 上鹿渡 和宏・青木 豊・稲葉 雄二・本田 秀夫・高橋 恵理子・御園生 直美（監訳）(2018).　ルーマニアの遺棄された子どもたちの発達影響と回復への取り組み　福村出版］

Piaget, J. (1970). Genetic epistemology　New York: Norton library.［ピアジェ，J. 滝沢 武久（訳）(1972).　発生的認識論　白水社］

Rogers, C. R. & Farson, R. E. (1955).　Active listening. Chicago: Industrial Relations Center, the University of Chicago.［ロジャーズ，C. R.・ファーソン，R. E. 友田 不二男（訳）(1967).　積極的な聴き方　ロージァズ全集第 11 巻所収　カウンセリングの立場　岩崎学術出版社］

Rogers, C. R. (1961).　On becoming a person: A therapist's view of psychotherapy. Boston: Houghton Mifflin.［ロジャーズ，C. R.　諸富 祥彦・末武 康弘・保坂 亨（訳）(2005).　ロジャーズが語る自己実現の道　ロジャーズ主要著作集 3　岩崎学術出版社］

Sexton. M., & Orchard. C. (2016).　Understanding healthcare professionals' self-efficacy to resolve interprofessional conflict. Journal of Interprofessional Care, 30, 316-323.

Stern, D. N. (1990).　Diary of baby. New York: Basic Books［スターン，D. N. 亀井 よし子（訳）(1992).　もし、赤ちゃんが日記を書いたら　草思社］

Sullivan, H.S. (1953).　The interpersonal theory of psychiatry. New York: W. W. Norton & Company.［サリヴァン，H. S. 中井 久夫・宮崎 隆吉・高木 敬三・鑪 幹八郎（共訳）(1990).　精神医学は対人関係論である　みすず書房］

Sullivan, H.S. (1966).　Conceptions of modern psychiatry. New York: W. W. Norton & Company.［サリヴァン，H. S. 中井 久夫・山口 隆（共訳）(1976).　現代精神医学の概念　みすず書房］

Tanner, J. M. (1989).　Foetus into man: Physical growth from conception to Maturity. 2nd Edition. England: Castlemead Publications.［タナー，J. M. 林 正（監訳）(1994).　成長のしくみをとく　東山出版］

Thomas, K. W. (1976).　Conflict and conflict management. in M. D. Dunnette (Ed.).　Handbook of industrial and organizational psychology (pp. 889-938).　Chicago, IL: Rand Mcnally.

Tudor, K. & Merry, T. (2002).　Dictionary of person-centered psychology. England: Wiley.［チューダー，K. & メリー，T. 岡村 達哉（監訳）小林 孝雄・羽間 京子・箕浦 亜子（訳）(2008).　ロジャーズ辞典　金剛出版］

Tyson, P. & Tyson, R. L. (1990).　The Psychoanalytic theories of development: An integration. England: Yale University Press.［タイソン，P.・タイソン，R. L. 皆川 邦直・山科 満（監訳）(2008).　精神分析的発達論の統合 2　岩崎学術出版社］

Vandergoot, S., Sarris. A., Kirby. N., & Ward. H. (2018).　Exploring undergraduate students' attitudes towards interprofessional learning, motivation-to-learn, and perceived impact of learning conflict resolution skills. Journal of Interprofessional Care. 32, 211-219.

Winnicott, D. W. (1984).　Deprivation and delinquency. England: Routledge.［ウィニコット，D. W. 西村 良二（監訳）(2005).　ウィニコット著作集　第 2 巻　愛情剥奪と非行　岩崎学術出版社］

Wittenberg, I. S., Williams, G. & Osborne, E. (1993).　The emotional experience of learning and teaching. England: Karnac Books.［ウィッテンバーグ，I. S.，ウィリアムズ，G. & オズボーン，E. 平井 正三・鈴木 誠・鵜飼 奈津子（訳）(2008).　学校現場に活かす精神分析　岩崎学術出版社］

Youell, B. (2006).　The learning relationship: psychoanalytic thinking in education. England: Routledge［ヨーエル，B. 平井 正三（監訳）鈴木 誠（訳）(2009).　学校現場に生かす精神分析【実践編】－学ぶことの関係性－　岩崎学術出版社］

# おわりに

　明石書店の編集部の方から「教育相談の本を出さないか」とお話をいただいたのは 10 年以上前のことでした。一度は、私の教え子たちに声をかけて原稿を集めたものの、生来のサボり癖が出て、それっきりに。このままでは、お蔵入りになりそうなところに救世主の如く現れたのが、共編者である益子洋人先生でした。益子先生が、その持ち前の明るさと温かさで、樹氷の如く、硬く凍てついてしまった教育相談のテキストづくりに再び生命を呼び起こしてくれました。

　さらに、これまでも研究や実践の現場で苦楽を共にしてきた先輩・同僚・友人でもある青木紀久代先生、下川昭夫先生、庄井良信先生、武田信子先生にも、新たにこのプロジェクトに参加していただけることとなり、これで順調に進んでいける！と思いましたが、再びこのテキストづくりの旅は難航してしまいます。またもや私のサボり癖が再発してしまうのです。

　ここでも益子先生の笑顔に助けられ、執筆者のみなさんにもお付き合いいただきながら、さらには明石書店の森さんと深澤さんの根気強さ、閏月社の徳宮さんの着実なお仕事ぶりに甘えながら、ようやく長年の宿題が形となりました。このテキストのタイトルのとおり、「みんな」がいてくださったからこそ、生まれることができました。みなさんに心からお礼を申し上げます。

　この本が世に出るころには、『生徒指導提要』の改訂版が発表されます。私の手元には、そのドラフトがありますが、生徒指導と教育相談がこれまで以上に一体化したものとなり、チーム学校による生徒指導体制に大きなページが割かれています。この新しい「冒険の書」を紹介できなかったことがこのテキストの課題です。本書の内容が描く冒険と、改訂版のそれの比較検討をしながら読んでいただけるとさらに教育相談に関する理解が深まることでしょう。

　かつて私は、教育相談にたずさわるからには、なんにでも対応できる知識と力を持たねばならないと思っていたところがありました。でも、そうではないことがなんとなくわかってきています。むしろ大切なのは、自分の足りない知識と力は、それを補ってくれる仲間と出会うチャンスになるということです。できないところや足りないところこそ、出会いのドラマを生む上での力になるのだとしたら、忘れ物

の多いことや、みんなと同じことが同じようにはできないことも、なおさせようと躍起にならなくてもいい、異なる視点や道がひらけてくることでしょう。

　こんな大事なことを教えてくださった、教育相談の現場で出会ってきた子どもたちと、彼らを日々支え続けるご家族と学校の先生方に、最後にお礼をお伝えしたいと思います。

平野　直己

　連携、協働に関するテキストがほしいなぁと思ったのは、およそ 20 年前、コミュニティ心理学という授業でその重要性を教えていただいた頃でした。重要性に関して疑う余地はなかったものの、その時分での連携、協働は、個人の社会性とコネクションを通じて行う、いわば「できる人だけが行う」ものであるように思えました。そして、自分を「できない側」だと位置づけていたわたくしは、どうしたら連携、協働を学べるのか、よいテキストはないものかと、考え続け、探し求めていました。もしも当時のわたくしと同じように悩む誰かがいるのだとしたら、本書がそうした方々の力になれば、嬉しく思います。

　本書には、子どもの支援に携わる方々に、できるだけたくさん参加していただこうと考えていました。しかし、実は、本書で扱いきれなかった職種も、まだまだ存在しています。例えば、スクールロイヤーの方々などです。今後の教育相談においては、こうした方々との連携も重要になってくるかもしれません。将来の取り組みの発展と深化を注視していきたいです。

　最後に、いくつか感謝を述べさせて下さい。まず、執筆者の先生方には、本書のユニークな（ある意味では、荒唐無稽な？）コンセプトにも関わらず、お原稿の執筆を快くお引き受け下さいました。慣れない体裁に戸惑いを覚えた先生方も少なからずいらしたのではないかと存じます。しかし、おかげさまで、コンセプトにぴったりな、想像を超える一冊の完成に至ることができました。本書自体が、本書の勧める多様な専門家同士のコラボレーションであり、様々なモンスターや大魔王に対する武器の一つになるだろうと、編者として満足しております。先生方のご協力に、心から感謝申し上げます。

　また、株式会社明石書店様、とくに森様、深澤様は、遅々としてお原稿の完成が叶わないわたくしたちを、粘り強くお待ちくださいました。また、閏月社の徳宮様には、適切なスケジューリングで、本書の発刊を後押ししていただきました。お三

方のお力添えなくして、本書を世の中に届けることはできませんでした。本当にど
うもありがとうございました。

　さらに、本書を共同で企画、編集して下さった平野直己先生。先生の「本を作り
ましょう」というお誘いと人脈がなければ、本書の内容はこれほど充実したものに
はならなかったと思います。おかげさまで、とても楽しく、学びの多い編集作業と
なりました。お礼申し上げます。

　そして、本書を手にとって下さった専門家の方々や、専門家を目指す学生さん、
院生さんたち。わたくしたちとしては、これから皆様が仲間に加わって下さり、一
緒に子どもたちを支援できますのを、とてもありがたく、また頼もしく思っていま
す。ぜひ、パーティを組みましょう。そして、ともにモンスターに、大魔王に挑み
ましょう！

益子　洋人

# 索引

執筆者紹介

**平野直己**（ひらの・なおき）　　　　　　　　　　　＊【編著者】1章1節、1章2節
編著者紹介を参照。

**寺崎真一郎**（てらさき・しんいちろう）　　　　　　　　　　　　　　　　＊1章1節
北海道教育大学大学院修士課程修了。臨床心理士。社会的養護の子ども達の心理臨床に従事した後、学校や保育現場で心理臨床に携わる傍ら、現在は子どもの心理相談室、「こどものこころの相談室がじゅまる」を主宰。

**畠山貴代志**（はたけやま・きよし）　　　　　　　　　　　　　　　　　＊1章2節
北海道教育大学大学院教育学研究科学校臨床心理専攻修了。小学校教諭・教頭・校長を経て、現在、中高一貫校のスクールカウンセラー、元北海道教育大学大学院非常勤講師。ガイダンスカウンセラースーパーヴァイザー、学校カウンセラースーパーヴァイザー。

**益子洋人**（ましこ・ひろひと）　　　　＊【編著者】2章01、2章06、3章5節6、4章01、終章にかえて
編著者紹介を参照。

**田辺園枝**（たなべ・そのえ）　　　　　　　　　　　　　　　　　　　　＊2章02
札幌市内中学校で国語の教員として長く務める。校務分掌は教育相談係から教育支援係に変化。国語の授業も他の仕事も、教育心理学や教育社会学の知見を生かしながら臨む。猫と本が何より大事（服も）。

**東岳史**（あづま・たけし）　　　　　　　　　　　　　　　　　　　　　＊2章03
札幌市教育委員会指導主事。北海道教育大学附属札幌中学校、札幌市立あやめ野中学校で学年主任や主幹教諭を務める。北海道教育大学教職大学院在学時には、「学校現場における、これからの教育相談活動」をテーマに、勤務校における実践を通して理論の構築にあたる。

**大矢正則**（おおや・まさのり）　　　　　　　　　　　　　　　　　　　＊2章04
東星学園小学校・中学校・高等学校校長。筑波大学人間総合科学研究科生涯発達専攻カウンセリングコース修了。公認心理師。学校心理士。ガイダンスカウンセラーSV。カウンセリング心理士SV。

**髙田真弓**（たかだ・まゆみ）　　　　　　　　　　　　　　　　　　　　＊2章05
北海道帯広市出身。平成4年、北海道女子短期大学卒業後、道東の中学校4校で養護教諭として勤務。

**大友秀治**（おおとも・しゅうじ）　　　　　　　　　　　　　　　　　　＊2章07
1973年、岩手県北上市生まれ。福島大学教育学部卒業、東北大学大学院教育学研究科博士前期課程修了（教育学修士）、大阪府立大学大学院人間社会学研究科博士後期課程修了（社会福祉学博士）。主に精神科病院と少年院に勤務し、現職は北星学園大学社会福祉学部教授。

**高野久美子**（たかの・くみこ）　　　　　　　　　　　　　　　　　　　＊2章08
1991年東京大学大学院教育学研究科博士課程単位取得退学。臨床心理士、公認心理師。創価大学名誉教授。非常勤心理職、東京都文京区教育センター教育相談室主事（心理）、創価大学教育学部教授を経て、現在はクリニック川畑心理士として勤務。

**濱﨑健**（はまざき・たけし）　　　　　　　　　　　　　　　　　　　　＊2章09
1971年生。北海道教育大学大学院教育学研究科学校教育専修・学校教育専攻・障害児心理分野修了。札幌市立北辰中学校、幌北小学校、真駒内養山小学校、南郷小学校の言語障害通級指導教室教諭を経て、現在札幌市立南月寒小学校言語障害通級指導教室教諭。学校心理士。ガイダンスカウンセラー。公認心理師。

**安川禎亮**（やすかわ・さだあき）　　　　　　　　　　　　　　　　　　＊2章10
北海道教育大学教職大学院長・教授。臨床心理士。主な著書『学力底辺校・本気で挑んだ学校改革』（合同出版、2022）、『中学生のためのストレスマネジメント教育』（合同出版、2020）、『教育現場の非行少年』（北樹出版、2015）、他多数。

**駒屋雄高**（こまや・ゆたか）　　　　　　　　　　　　　　　　　　　　＊2章11
東京都立大学学生サポートセンター准教授。臨床心理士・公認心理師。学生相談、地域支援、精神分析的心理療法を専門としている。地域支援の一環として、ボランティアや学生などの準専門家による学校現場への有効な関わり方の研究を続けている。

**山田大樹**（やまだ・ひろき）　　　　　　　　　　　　　　　　　　　　＊2章12
1972年生まれ。北海道大学文学部卒。訪問と居場所漂流教室（2002年設立）代表理事として、主として不登

校・ひきこもりの若者と関わっている。北海道セーフティネット協議会理事、余市教育福祉村理事。

**藤根美穂**（ふじね・みほ）                                    ＊2章13

　旭川医科大学医学部医学科卒業、同大学大学院中退。小児科専門医、臨床心理士、公認心理師。岩見沢市教育支援センター医療アドバイザー。2022年12月開業予定。2020年12月よりFFXIVにて白魔導士。

**加藤尚子**（かとう・しょうこ）                                ＊2章14、4章04

　立教大学文学研究科教育学専攻博士課程前期課程終了、立教大学コミュニティ福祉学研究科博士課程後期課程修了、博士（コミュニティ福祉学）。日本社会事業大学、目白大学を経て、現在は明治大学文学部教授。臨床心理士、公認心理師。

**飯田昭人**（いいだ・あきひと）                                ＊2章15

　北翔大学教育文化学部心理カウンセリング学科教授。一般社団法人北海道臨床心理士会代表理事（会長）。北海道いじめ問題審議会会長。元北海道警察本部少年課少年心理専門官。

**益子香織**（ましこ・かおり）                                  ＊2章16

　昭和女子大学大学院修了。臨床心理士・公認心理師。現在、ひこばえ心の相談室カウンセラー、札幌市スクールカウンセラー。

**後藤龍太**（ごとう・りょうた）                                ＊3章1節

　北海道教育大学大学院修士課程修了。病院や学校、地域などで主に子ども・若者への心理臨床に携わり、現在は徳島大学キャンパスライフ健康支援センター助教。臨床心理士。主な著書は、『コミュニティ臨床への招待』（共著、新曜社、2012）。

**小田切亮**（おだぎり・りょう）                                ＊3章2節1

　2004年北海道教育大学大学院学校臨床心理学専攻学校臨床心理専修修了。2004年札幌市児童福祉総合センター心理療法士。2006年札幌市スクールカウンセラー。現職陸上自衛隊丘珠駐屯地業務隊衛生科臨床心理士。

**小田切昌代**（おだぎり・まさよ）                              ＊3章2節2

　北海道教育大学大学院教育学研究科修士課程修了。臨床心理士・公認心理師。医療・教育・福祉において心理臨床経験を積み、北海道・札幌市のスクールカウンセラーを経て、現在は北翔大学学生相談室に勤務。

**高野創子**（たかの・つくみ）                                  ＊3章3節1

　北海道教育大学大学院学校教育専攻教育心理学修了。精神科・心療内科にて心理士、札幌市スクールカウンセラーを経て、札幌国際大学人文学部心理学科臨床心理専攻准教授。臨床心理士。

**中谷紫乃**（なかや・しの）                                    ＊3章3節2

　北海道教育大学大学院教育学研究科修士課程修了。臨床心理士。大学病院精神科など主に医療領域における臨床経験を経て、現在は北星学園大学にて学生相談室専任カウンセラーとして勤務。

**長屋裕介**（ながや・ゆうすけ）                                ＊3章4節1

　関西大学大学院心理学研究科博士課程後期課程修了。博士（心理学）。私立大学2校の学生相談室にてカウンセラーとして勤務。臨床心理士。

**牧野高壮**（まきの・たかまさ）                                ＊3章4節2

　北海道科学大学人間社会学科准教授。臨床心理士。2003年北海道教育大学大学院教育学研究科修士課程修了。北海道薬科大学講師を経て、現職。主な著書『コミュニティ臨床への招待』（分担執筆、新曜社、2012）

**武田信子**（たけだ・のぶこ）                                  ＊3章5節1

　一般社団法人ジェイス代表理事。臨床心理士。元武蔵大学教授。心理・教育・福祉の観点から、体と心と脳の発達を保障する養育環境の実現とマルトリートメントの予防に取り組む。著書に『やりすぎ教育』（ポプラ新書、2021）他多数。

**庄井良信**（しょうい・よしのぶ）                              ＊3章5節2

　広島大学大学院博士課程後期単位取得満期退学後、広島大学教育学部助手、県立広島大学准教授、ヘルシンキ大学在外研究員、北海道教育大学大学院教授を経て、現在、藤女子大学教授。博士（教育学）。

**青木紀久代**（あおき・きくよ）                                ＊3章5節3

　社会福祉法人真生会理事長／同白百合心理・社会福祉研究所所長。博士（心理学）、臨床心理士、公認心理師。お茶の水女子大学准教授を経て現職。著訳書に『トドラーの心理学』（福村出版、2021）、『子ども理解と援助』

（みらい、2022）他多数。

**伊藤直樹**（いとう・なおき）　　　　　　　　　　　　　　　　　　　　　　　　　　＊3章5節4

　1967年生まれ。東京大学大学院教育学研究科博士課程中退、博士（人間学）。現職：明治大学文学部教授。資格：臨床心理士・公認心理師。著書に『教育臨床論（増補新版）』（編著、批評社、2020）。

**下川昭夫**（しもかわ・あきお）　　　　　　　　　　　　　　　　　　　　　　　　　＊3章5節5

　東京都立大学大学院人文科学研究科臨床心理学分野教授、博士（学術）、臨床心理士、公認心理師。東京都立大学博士課程単位取得退学後、東京都老人総合研究所流動研究員、東亜大学助教授、首都大学東京准教授を経て現職。

**木下弘基**（きのした・こうき）　　　　　　　　　　　　　　　　　　　　　　　　　＊4章02

　北海道情報大学医療情報学部専任講師。北海道大学大学院教育学院博士後期課程単位取得退学。臨床心理士、公認心理師。精神科療法士として市立札幌病院静療院（現札幌市子ども発達支援総合センター）児童精神科勤務を経て、2021年より現職。

**蝦名美穂**（えびな・みほ）　　　　　　　　　　　　　　　　　　　　　　　　　　　＊4章03

　北海道教育大学大学院教育学研究科学校教育専攻障害児心理分野修了。臨床心理士、公認心理師。北海道内の小・中学校、高等学校、特別支援学校などのスクールカウンセラーを経て、現在は星槎道都大学社会福祉学部社会福祉学科専任講師。

**和田晃尚**（わだ・あきひさ）　　　　　　　　　　　　　　　　　　　　　　　　　　＊4章05

　札幌学院大学大学院臨床心理学研究科修士課程修了。現職児童養護施設札幌育児園心理療法担当職員。臨床心理士・公認心理師・社会福祉士。主著『トラウマセラピーのためのアセスメントハンドブック』（分担執筆、星和書店、2021）。

**山元隆子**（やまもと・たかこ）　　　　　　　　　　　　　　　　　　　　　　　　　＊4章06

　北海道大学学生相談総合センターアクセシビリティ支援室コーディネーター（臨床心理士・公認心理師）。北海道内の公立小中学校、高等学校でのスクールカウンセラー経験や、専門学校での教育相談経験を経て、2021年4月より現職。

**山本創**（やまもと・そう）　　　　　　　　　　　　　　　　　　　　　　　　　　　＊4章07

　北海道大学教育学部卒業（教育臨床心理学）。北海道大学附属病院精神神経科臨床心理室を経て、現在医療法人北仁会石橋病院心理室、札幌市・北海道スクールカウンセラー、特定非営利活動法人コミュネット楽創理事長。臨床心理士、公認心理師。

**小菅淳子**（こすげ・じゅんこ）　　　　　　　　　　　　　　　　　　　　　　　　　＊4章08

　小学校教諭として勤務しながら、2005年に北海道教育大学大学院修士課程修了。臨床心理士・公認心理師。現在は、札幌市・北海道スクールカウンセラー・大学学生相談室カウンセラー・医療機関心理職として勤務。

編著者紹介

**益子洋人**（ましこ・ひろひと）

明治大学大学院文学研究科博士後期課程修了。博士（人間学）。栃木県スクールカウンセラー、北海道教育大学准教授等を経て、北海商科大学准教授。公認心理師、臨床心理士、上級教育カウンセラー、学会認定ピアメディエーター、JSNS認定交渉アナリスト（補）。日本カウンセリング学会「学校カウンセリング―松原記念賞」（2013年）、日本学校メンタルヘルス学会「最優秀論文賞・中島一憲記念賞」（2017年）、（社）日本カウンセリング学会「奨励賞」（2018年）を受賞。著書に『教師のための子どものもめごと解決テクニック』（金子書房、2018）など。

**平野直己**（ひらの・なおき）

北海道教育大学 教授。臨床心理士。

東京都立大学大学院人文科学研究科博士課程在学中から品川区教育相談センター、明治大学学生相談室などで勤務。単位取得退学後、札幌少年鑑別所法務技官を経て、北海道教育大学の教員になる。大学教員の自由さを生かして、公立小中高校や私立高校でのスクールカウンセラー、フリースクールの主宰者などやりたい放題。現在はNPO法人余市教育福祉村の理事長として、子どもたちと家族がのびのびできる農場の運営に取り組んでいる。著書・訳書として、『ダイレクト・ソーシャルワークハンドブック』（共訳、明石書店、2015）、『学校臨床心理学・入門』（共編著、有斐閣、2003）、『教育相談』（分担執筆、学文社、2019）、『日常臨床に生かす精神分析学』（分担執筆、誠信書房、2017）などがある。

ガイドブック あつまれ！
**みんなで取り組む教育相談**
ケース理解×チームづくり×スキルアップ

2022年 10 月 1 日　初版第 1 刷発行
2024年 6 月 30 日　初版第 2 刷発行

|  |  |
|---|---|
| 編著者 | 益　子　洋　人 |
|  | 平　野　直　己 |
| 発行者 | 大　江　道　雅 |
| 発行所 | 株式会社 明石書店 |

〒101 0021 東京都千代田区外神田 6 9 5
電　話　03 (5818) 1171
Ｆ Ａ Ｘ　03 (5818) 1174
振　替　00100 7 24505
https://www.akashi.co.jp

装幀　　　　谷川のりこ
編集／組版　有限会社 閏月社
印刷／製本　モリモト印刷株式会社

（定価はカバーに表示してあります）
ISBN978-4-7503-5462-0

# ダイレクト・ソーシャルワーク ハンドブック

## 対人支援の理論と技術

ディーン・H・ヘプワース ほか 著　武田信子 監修

B5判／上製／980頁 ◎25000円

北米の大学院で長年使われているソーシャルワークの基本図書。ソーシャルワークとは何かから始まり、アセスメントや援助計画、効果的なコミュニケーション法、解決のための方略、資源開発、そして援助の終結まで最新の欧米の知見と豊富な事例をベースに論じる。

● 内容構成 ●

第1部　序論　ソーシャルワークの課題／ダイレクト実践――対象領域、理念、役割／援助プロセスの概要／ソーシャルワークの基本的価値の実現

第2部　探索、アセスメント、計画　コミュニケーションの確立――共感的でオーセンティックなコミュニケーション／相手の話に沿い、問題を探り、焦点を当てる技術／逆効果を生むコミュニケーション・パターンの除去／アセスメント――問題とストレングスの探求と理解／アセスメント――個人的要因、対人的要因、環境的要因／多様な家庭的・文化的背景を持つ家族の機能のアセスメント／ソーシャルワークにおけるグループの形成と評価／目標の設定と契約の締結

第3部　変化をめざす段階　変化をめざす方略の計画と実行／介入の方略としての資源開発、組織化、プランニング、およびアドボカシー／家族関係の強化／ソーシャルワーク・グループへの介入／専門家により深い共感、解釈、および直面化／変化の阻害要因の扱い方

第4部　終結の段階　最終段階――評価と終結

---

## 「チーム学校」を実現するスクールソーシャルワーク

理論と実践をつなぐメゾ・アプローチの展開

大塚美和子、西野緑、峯本耕治編著

◎2200円

## スクールソーシャルワーク ハンドブック　実践・政策・研究

キャロル・リッペイ・マサット、マイケル・S・ケリー、ロバート・コンスタブル編著　山野則子監修

◎20000円

## 学校版スクリーニングYOSS実践ガイド

児童生徒理解とチーム学校の実現に向けて

山野則子監修　三枝まり、木下昌美著

◎1800円

## 学校という場の可能性を追究する11の物語

学校教育のことはじめ

金澤ますみ、長瀬正子、山中徹二編著

◎2200円

## 子どもアドボカシーと当事者参画のモヤモヤとこれから

子どもの「声」を大切にする社会ってどんなこと？

栄留里美、長瀬正子、永野咲著

◎2200円

## すき間の子ども、すき間の支援

一人ひとりの「語り」と経験の可視化

村上靖彦編著

◎2400円

## 日本の児童相談所　子ども家庭支援の現在・過去・未来

川松亮、久保樹里、菅野道英、田﨑みどり、田中哲、長田淳子、中村みどり、浜田真樹編著

◎2600円

## 子どもの虐待防止・法的実務マニュアル【第7版】

日本弁護士連合会子どもの権利委員会編

◎3200円

〈価格は本体価格です〉